«La COVID-19 ha llevado a cient  a un aislamiento más profundo, es] luchando con adicciones y sufrimiei. liares y amigos más cercanos. *Plenitud de vida* te llevará por un recorrido probado y bíblico no solo a la sanación, sino también a una vida abundante».

—**Henri Aoun,** responsable de proyectos estratégicos, Norte de África/Oriente Medio, LifeAgape International

«En *Plenitud de vida,* Josh y Ben nos ayudan a enfrentarnos a nuestras luchas. Ese es el motivo por el que nos sentimos atascados en la vida, por el que nuestros intentos de crecimiento se estancan, y por el que abordar las cosas difíciles que evitamos nos posiciona para prosperar».

—**Lisa Bevere,** autora superventas del New York Times

«*Plenitud de vida* pone de relieve el llamamiento de Dios que subyace tras nuestros mayores dolores y luchas. Josh y Ben nos ayudan a ver las bellas formas en que Dios nos ha diseñado para que florezcamos aquí, ahora y siempre».

—**Kirk Cameron,** actor y productor

«Josh McDowell es uno de los mejores apologistas que conozco. Pero este libro es algo un poco distinto. *Plenitud de vida* es una obra vulnerable y honesta que nos ayuda a entender las ansias de una mayor libertad, alegría e integridad que pugnan en lo más profundo de nuestra alma y, después, nos ayuda a movernos hacia su consecución».

—**Matt Chandler,** pastor principal de la iglesia The Village Church y presidente de la asociación Acts 29 Church Planting Network

«En *Plenitud de vida*, Josh y Ben nos brindan una ruta acreditada para sanar nuestras heridas, ser libres de lo que no nos deja avanzar y experimentar la floreciente vida en Cristo para la que hemos sido creados».

—**Dr. Tim Clinton,** presidente de la Asociación
Estadounidense de Consejeros Cristiano

«Hemos preparado una generación de personas ocultas. Hemos ocultado nuestras luchas, nuestros fracasos y cosas que ni siquiera hemos tenido el valor de admitirnos a nosotros mismos. Estoy agradecido por hombres como Ben y Josh que han decidido que la verdadera prosperidad se encuentra en sacar a la luz los lugares ocultos, a través de palabras que durarán hasta la eternidad. Buen trabajo Ben y Josh».

—**Toni J Collier,** autor, orador y fundador
de Broken Crayons Still Color

«Muchos se esfuerzan por encontrar formas de ayudar a quienes sufren ansiedad, heridas traumáticas y adicciones. Afortunadamente, este libro ofrece claras respuestas directamente de la verdad de la Palabra de Dios».

—**Dr. Tony Evans,** presidente de The Urban Alternative y
pastor principal de la iglesia Oak Cliff Bible Fellowship

«En *Plenitud de vida*, Josh y Ben te ayudarán a entender el amor radical y el propósito de Dios para ti».

—**Miles McPherson,** pastor principal, iglesia Rock Church

«Profundo, oportuno y uno de los libros más claros sobre crecimiento, sanación y por qué la verdad es tan importante».

—**J. P. Moreland,** profesor emérito de Filosofía,
Talbot School of Theology, autor de *Finding Quiet*

«Las siguientes páginas son una llave para abrir una jaula en la que muchos no saben que están encerrados. Tristemente, otros han abandonado toda esperanza de salir de ella. Por medio de la vulnerabilidad y la experiencia profesional de dos guías muy dotados, Dios te mostrará un claro camino para que encuentres *Plenitud de vida*».

—**Jonathan Pokluda**, autor superventas, pastor, iglesia Harris Creek

«*Plenitud de vida* es un libro increíblemente importante para todas las generaciones. Es crudo y real, pero también increíblemente esperanzador. Mediante sus experiencias personales, Josh y Ben demuestran que Dios puede trocar las cenizas en belleza y, al hacerlo, transformar una vida y cambiar el mundo».

—**Rev. Samuel Rodriguez**, pastor principal, New Season Worship Center, presidente de la National Hispanic Christian Leadership Conference (NHCLC), autor de *Survive to Thrive: Live a Holy, Healed, Healthy, Happy, Humble, Hungry, and Honoring Life*

«No puedo pensar en un mensaje más oportuno, importante y sanador que el de este libro. Si estás desanimado y enfermo de corazón, Josh y Ben nos proponen un mapa claro y fiable para encontrar la vida que Cristo quiere para cada uno de nosotros».

—**Sheila Walsh**, autora de *Holding On When You Want to Let Go*

«Una de las mayores necesidades de nuestro mundo es la presencia de líderes sanos. *Plenitud de vida* te brinda una forma clara de enfrentarte a tu pasado, entender tus malos hábitos y avanzar hacia el más saludable de los futuros».

—**Andy Stanley**, pastor y autor de *Mejores decisiones, menos lamentos*

«Los escritos de Josh McDowell me han impactado durante una buena parte de mi ministerio, pero *Plenitud de vida* es, probablemente, lo mejor hasta el momento. Josh y Ben han traído claridad a la apologética en medio de las líneas borrosas y los límites rebasados de la generación Z. Voy a recomendar este libro durante muchos años a pastores, líderes de jóvenes, padres y estudiantes».

—**Dr. Jay Strack,** fundador de The Strack Center for Global Leadership & Ministry en la Universidad Charleston Southern, presidente y fundador de Student Leadership University

«Si estás buscando una perspectiva atractiva, compasiva y reveladora sobre el dolor, la sanación y la apologética, este libro es perfecto para ti. Es una obra oportuna, singular y posee autoridad: un fabuloso recurso de lectura obligada para la iglesia de nuestro tiempo. ¡Gracias, Josh y Ben, por esta inestimable aportación!».

—**Lee Strobel,** autor superventas, Strobel Center for Evangelism and Applied Apologetics, Colorado Christian University

«No es un secreto que nuestro mundo enfrenta problemas de salud mental a niveles devastadores. En *Plenitud de vida*, Josh y Ben nos ofrecen un camino claro y bíblico hacia la libertad de cualquier lucha que nos llevará a una vida floreciente y llena de propósito».

—**Rick Warren,** pastor principal, iglesia Saddleback

JOSH MCDOWELL
Y BEN BENNETT
PRÓLOGO POR EL DR. HENRY CLOUD

PLENITUD
DE VIDA

CÓMO TU **DOLOR**, TUS **LUCHAS**
Y TUS **ANHELOS** MÁS **PROFUNDOS**
PUEDEN **LLEVARTE** A UNA **VIDA**
EN **TODO** SU **POTENCIAL**

Vida

La misión de Editorial Vida es ser la compañía líder en satisfacer las necesidades de las personas con recursos cuyo contenido glorifique al Señor Jesucristo y promueva principios bíblicos.

PLENITUD DE VIDA
Edición en español publicada por
Editorial Vida. 2022
Nashville, Tennessee

© **2022 Editorial Vida**
Este título también está disponible en formato electrónico.

Publicado originalmente en EUA bajo el título:
Free to Thrive
Copyright © 2021 Josh McDowell Ministry
Publicado con permiso de Thomas Nelson.
Thomas Nelson es una marca registrada de HarperCollins Christian Publishing, Inc.
Todos los derechos reservados.

Prohibida su reproducción o distribución.

A menos que se indique lo contrario todas las citas bíblicas han sido tomadas de La Santa Biblia, Nueva Versión Internacional® NVI® © 1999, 2015 por Biblica, Inc.® Usada con permiso. Reservados todos los derechos en todo el mundo.

Las citas bíblicas marcadas «RVR1960» han sido tomadas de la Santa Biblia, Versión Reina-Valera 1960 © 1960 por Sociedades Bíblicas en América Latina, © renovada 1988 por Sociedades Bíblicas Unidas. Usada con permiso. Reina-Valera 1960® es una marca registrada de la American Bible Society y puede ser usada solamente bajo licencia.

Las citas bíblicas marcadas «RVC» son de la Santa Biblia, Reina-Valera Contemporánea® © Sociedades Bíblicas Unidas, 2009, 2011. Usada con permiso.

Las citas bíblicas marcadas «DHH» son de La Biblia Dios Habla Hoy, Tercera edición © Sociedades Bíblicas Unidas, 1966, 1970, 1979, 1983, 1996. Usada con permiso.

Las citas bíblicas marcadas «NTV» son de la Santa Biblia, Nueva Traducción Viviente, © Tyndale House Foundation, 2010. Usada con permiso de Tyndale House Publishers, Inc., 351 Executive Dr., Carol Stream, IL 60188, Estados Unidos de América. Todos los derechos reservados.

Los enlaces de la Internet (sitios web, blog, etc.) y números de teléfono en este libro se ofrecen solo como un recurso. De ninguna manera representan ni implican aprobación o apoyo de parte de Editorial Vida, ni responde la editorial por el contenido de estos sitios web ni números durante la vida de este libro.

La información contenida en este libro ha sido cuidadosamente investigada por los autores y está destinada a ser una fuente de información solamente. Si bien los métodos contenidos en este documento pueden y funcionan, se insta a los lectores a consultar con sus médicos o profesionales de la salud mental. Los autores y el editor no asumen ninguna responsabilidad por los daños sufridos durante o como resultado del uso o aplicación de la información aquí contenida.

Los nombres y características de algunos individuos ha sido cambiado para proteger su privacidad.

Traducción y adaptación del diseño al español: *www.produccioneditorial.com*

ISBN: 978-0-82977-163-3
eBook: 978-0-82977-164-0
Número de Control de la Biblioteca del Congreso: 2022934025

CATEGORÍA: Autoayuda / Conducta compulsiva / Adicción al sexo y la pornografía

IMPRESO EN ESTADOS UNIDOS DE AMÉRICA

22 23 24 25 26 LSC 9 8 7 6 5 4 3 2 1

A los que sufren, luchan y se sienten solos. A quienes dudan, cuestionan y se sienten confundidos. A aquellos que buscan plenitud, propósito y un mayor progreso. Quiera Dios que experimenten sanación, plenitud y una vida de crecimiento, y que conozcan y sean conocidos por Aquel que lo hace todo posible.

CONTENIDO

Nota de los autores

Las experiencias personales que aparecen en este libro son de la vida de ambos autores. En aquellos casos en que es importante que el lector sepa quién de nosotros tuvo la experiencia en cuestión, nos identificamos (Josh) o (Ben). Sin embargo, en otros casos dejaremos que sea el lector (si es necesario) quien discierna esta información a partir del contexto.

PRÓLOGO
De verdad hay esperanza

> La esperanza frustrada aflige al corazón;
> el deseo cumplido es un árbol de vida.
>
> —*Proverbios 13:12*

Cuando leo el libro de Josh y Ben, no se me ocurre un versículo que condense mejor su mensaje. El libro que estás leyendo es una historia de la humanidad, sobre la forma en que los abusos, maltratos y otras horribles realidades de esta vida pueden dejarnos paralizados con un anhelo insatisfecho de superar el dolor, la frustración de no saber siquiera por dónde empezar y unas intensas ansias de vivir una vida plena que no nos parece posible. Muchas personas pueden dar fe de estas realidades... del intenso dolor que sienten, de su incapacidad para detenerlo, de no tener ni idea de cómo hacerlo y de la pérdida de cualquier esperanza de saber vivir una vida plena cuando pase el dolor.

Pero hay buenas noticias.

Ni el versículo que acabo de citar en el encabezado ni este libro terminan con «la esperanza frustrada» o con una sanación que nunca llega, sino con una promesa muy potente en el sentido de que «el deseo cumplido es un árbol de vida». En otras palabras, cuando descubrimos las respuestas para acabar con el dolor, dentro de nosotros surge una fuente de vida que continúa desarrollándose y dando fruto en el futuro. La sanación que llega cumpliendo tus anhelos insatisfechos se convierte en un árbol de vida. Y esta es la verdad que ponen de relieve los testimonios de Josh y Ben. Las cosas pueden ir mal, pero cuando los deseos que Dios ha puesto en nosotros se cumplen impartiéndonos vida, se produce una sanación.

Como Josh explicará en este libro, cuando le conocí su vida no era lo que podríamos considerar un «desastre». Al contrario, era una persona increíblemente competente: como escritor había vendido millones de libros, y como conferenciante se había dirigido a más jóvenes que casi cualquier otra persona viva en aquel momento. Por otra parte, había abierto un camino para que los intelectuales supieran que tener fe y cerebro no son cosas incompatibles. Había mostrado que hay razones de peso para afirmar que nuestra fe es sólida, fehaciente desde un punto de vista histórico y digna de confianza; y estas razones habían sido de gran ayuda para millones de personas. Josh estaba felizmente casado y era un hombre hogareño y muy amado y respetado.

Pero como él mismo cuenta en este libro, había ciertas cosas en su vida que estaban sin resolver. Había áreas de dolor y lucha que —a pesar de su intelecto y éxito en la vida y en el trabajo— seguían siendo grandes obstáculos en su vida. Él mismo nos dice que estas áreas le dejaban en un estado permanente de agotamiento físico y emocional. En aquellas cuestiones, vemos que «la esperanza [de Josh] estaba muy frustrada» y su «corazón, muy afligido». Recuerdo que pensaba: «Nadie es inmune... Cuando vivimos cosas que nos causan heridas, sentiremos, de algún modo, sus efectos». Aunque seas Josh McDowell.

Pero frente a mí tenía otra verdad que me interpelaba. Yo sabía que *nada* de lo que Josh describía estaba más allá de la comprensión o la sanación. Sabía que Dios nos había dado el camino a la sanación que Josh necesitaba, y yo tenía total esperanza y certeza de que él lo encontraría. Y es así como él y yo comenzamos nuestro recorrido conjunto. Con el tiempo pude ver que Josh estaba comprometido con el proceso de su sanación. Y junto a él, fui testigo de algo que he visto con incontables personas: Dios tiene un camino de sanación, y si podemos encontrarlo y entrar en él, *funciona*. Dios actúa. Y sana. Y Josh, dicho sea a su favor, puso en práctica todo lo que aprendió. Consideró pasajes bíblicos que nunca había pensado que tenían algo que decir acerca de su sufrimiento y los aplicó a su vida.

Hace varios años, tuve también la alegría de pasar un tiempo con Ben, el otro autor de este libro, y me contó su propio recorrido de sanación. Me resultó muy gratificante ver a alguien que, con poco más de veinte años, había buscado sanación y libertad y había conseguido aplicar con éxito los principios que comparte en este libro, encontrando libertad no solo para vivir, sino para hacerlo con plenitud. Creo que su experiencia y sabiduría te aportarán también esperanza y muchas respuestas.

Como verás en este libro, tanto Josh como Ben descubrieron en su trayectoria vital *que la sanación es un proceso relacional que tiene que ver con dos relaciones clave: Dios y otras personas.* Muchos cristianos pasan por alto el segundo aspecto. No se dan cuenta de que Dios ha puesto en nosotros una serie de anhelos reales diseñados para ser satisfechos no solo por medio de Dios, sino también por medio de su pueblo. La sanación requiere relaciones personales con otras personas. Nos necesitamos los unos a los otros. Me alegra mucho que este libro comunique esta verdad una y otra vez.

Si sientes, pues, que tu esperanza se frustra y tu corazón está cansado y afligido, sabe que tienes una verdadera esperanza a tu alcance. Y como descubrirás leyendo este libro, aunque tus heridas y necesidades sean reales y verdaderas, ¡hay sanación para todas ellas! Y esto nos da esperanza, verdadera esperanza para hoy.

Dr. Henry Cloud
Los Ángeles, CA

INTRODUCCIÓN

Algo no iba bien.

El ministerio que Dios me había dado (Josh) como conferenciante, escritor y apologista cristiano estaba creciendo sin parar. Contaba con un equipo de personas con el que estábamos llegando a todo el mundo con el evangelio. Había escrito muchos libros y vendido millones de ejemplares; me había dirigido a millones de personas por todo el mundo y había visto a miles de ellas aceptar a Jesucristo en su vida. Mi equipo y yo habíamos desarrollado campañas nacionales para llegar a los jóvenes con las verdades de la Escritura y el transformador mensaje de Cristo. Tenía una hermosa familia y una relación fantástica con mi esposa y mis hijos. Era como si la vida no pudiera ser mejor. Pero sabía que algo no iba bien.

Me sentía constantemente al borde del agotamiento físico y emocional. Aceptaba invitaciones a dar conferencias y a participar en ministerios para las que realmente no tenía tiempo ni energía. Decía «sí» a ayudar a personas con sus problemas pagando un alto precio personal. Me resultaba casi imposible decir «no», pero no tenía ni idea de por qué. Me estaba agotando. Algo tenía que cambiar. No podía seguir funcionando de este modo. Toqué fondo.

Sin saber qué más podía hacer, llamé a un buen amigo —y el mejor psicólogo que conocía—, el Dr. Henry Cloud. Concertamos un encuentro. Durante todo un año, casi cada semana recorrí el trayecto de dos horas de ida y vuelta hasta su consulta. Él me aseguró que, juntos, podríamos descubrir lo que estaba sucediendo en mi vida. Me prometió que Dios podía llevarme a un lugar mejor. El Dr. Cloud me ayudó a entender los profundos anhelos insatisfechos de mi corazón que se habían ido acumulando y agravando desde mi infancia y el destructivo rastro que estaba dejando atrás en mis intentos de satisfacer estos anhelos por mi cuenta.

Crecí en una granja en una zona rural de Míchigan. Mi padre era el borracho del pueblo y a menudo se ponía violento maltratando físicamente a mi madre. Algunas veces llegué a pensar que iba a matarla. Comencé a defenderla verbalmente cuando tenía seis o siete años, y con el tiempo comencé a enfrentarme a él físicamente a medida que me hacía mayor. Si no la hubiera protegido en aquellas ocasiones, posiblemente la habría matado.

Mi madre era una mujer autoritaria y la que ejercía la disciplina en la familia. Era una persona emocionalmente distante y proclive a señalar constantemente mis fallos. Puesto que mi padre era un marido ausente, ella comenzó a depender de mí para que me ocupara de muchas responsabilidades domésticas, entre ellas cuidar de sus necesidades emocionales. Solo me sentía valorado y amado cuando la protegía de mi padre y satisfacía sus necesidades.

Cuando tenía seis años, mis padres contrataron a un hombre llamado Wayne Bailey para hacer las tareas domésticas que mi madre no podía hacer por su exceso de peso. A las pocas semanas de contratarlo, Wayne comenzó a acosarme. Venía a buscarme siempre que tenía la ocasión. Aparecía en cualquier lugar de la granja donde me encontrara solo, como un depredador en busca de su presa. A veces, cuando me despertaba temprano por la mañana, le encontraba acariciándome, sentado en el borde de la cama. Wayne siguió abusando sexualmente de mí durante siete años. Intenté hablar con mi madre, pero no me creyó. La primera vez que le dije algo al respecto me llamó mentiroso. Me hizo quitar la camisa y me azotó durante treinta minutos, hasta que sentí tanto dolor en la espalda que grité: «¡Es mentira! ¡Es mentira!».

Guardé estos abusos en lo profundo de mi corazón y me juré que nunca se lo diría a nadie más.

Estas experiencias me aplastaron. Tenía una constante sensación de que algo iba profundamente mal en mí. Durante mi niñez nadie entró en mi mundo para entenderme y conocerme. Nadie me afirmó como una persona que Dios había creado con un propósito. Rara vez recibí el amor y el cariño que necesita un niño. No digo esto para culpar a nadie, pero estas fueron realidades duras que tuve que aceptar.

Con la ayuda del Dr. Cloud, me di cuenta del profundo y persistente dolor que seguía emanando de esas experiencias. Aunque pensaba que habían quedado en el pasado, en realidad las había enterrado vivas. Entendí también que nunca podría enterrar los profundos anhelos insatisfechos que sentía de apreciación, aceptación y seguridad. Lo que había hecho era intentar satisfacer dichos anhelos de formas poco saludables. Desarrollé conductas no deseadas como el mal humor y un profundo deseo de agradar a otras personas por todos los medios. Intentaba satisfacer mis anhelos no resueltos del pasado mediante el éxito ministerial, pero en lugar de satisfacer mis anhelos, aquellos esfuerzos me dejaban agotado, furioso y lleno de vergüenza. Doy gracias a Dios por darme un amigo y terapeuta que pudo impulsar mi recorrido hacia la sanación y la libertad, ayudándome a entender mis anhelos insatisfechos y conductas no deseadas, y a saciar estos anhelos de formas saludables y satisfactorias.

Comparto esto contigo ahora porque, después de sesenta años en el ministerio, he visto a muchas personas luchando, como yo, para experimentar las verdades relacionales y morales de la Escritura. Son muchos los que luchan para vencer conductas que detestan y, sin embargo, vuelven a ellas una y otra vez. En mi ministerio por todo el mundo conozco con frecuencia a cristianos de todo tipo —pastores, padres o adolescentes— que ven pornografía y, al tiempo, desean desesperadamente dejar de hacerlo. Me encuentro con personas atrapadas en ciclos de ira y control y que no saben cómo vencer tales conductas. ¿Y qué de quienes evaden el estrés alejándose a un mundo de fantasía mediante las redes sociales, las plataformas de *streaming* o los videojuegos? Esto es algo del todo distinto.

Naturalmente, todo esto tiene un efecto directo sobre el testimonio cada vez menor de los cristianos y su credibilidad para alcanzar a la siguiente generación. Los no cristianos que, en otras circunstancias se sentirían atraídos hacia Jesús, ven a sus seguidores diciéndoles que Jesús puede hacerles libres mientras ellos mismos muestran las mismas conductas y patrones que el resto del mundo. En nuestra cultura contemporánea de la posverdad, donde la verdad se considera relativa para el individuo y las personas hacen lo que bien les parece, haciéndose daño a sí mismos y a los demás, los cristianos deben experimentar la sanación de sus heridas y anhelos insatisfechos que los llevan a buscar frenéticamente cualquier sustancia, conducta o relación con las que creen satisfacer tales necesidades. Solo entonces nuestras vidas y testimonios podrán atraer a otros. Esta es una de las razones por las que, además de escribir este libro, mi buen amigo y colaborador Ben Bennett y yo hemos puesto en marcha una iniciativa llamada *Resolution Movement*[1] a fin de ayudar a adolescentes y jóvenes adultos a entender y vencer sus luchas y a experimentar una vida plena y dinámica.

Hace cinco o seis hace años (en el momento en que escribo esto) conocí a Ben Bennett, y me sentí alentado por su trabajo para ayudar a las personas a sanar las heridas de su vida y a vencer determinados patrones malsanos de pensamiento y conducta. Mantuvimos el contacto durante un tiempo y entendimos que Dios nos llevaba a trabajar juntos. Comencé a invertir en él y a animarle para alcanzar a la generación siguiente. Antes de su vida como orador y escritor, Ben tuvo que hacer frente a múltiples adicciones, traumas y luchas con su salud mental en su recorrido hacia una vida plena y entusiasta. Tras muchos errores, tropiezos, comienzos fallidos y reinicios, Ben descubrió herramientas y principios bíblicos demostrados que le han ayudado a superar las heridas y luchas que obstaculizaban su camino hacia una vida plena. Durante la pasada década, ha trabajado con reconocidos terapeutas y líderes ministeriales para ayudar a personas de todas las edades a entender y analizar los factores subyacentes que impulsan los patrones malsanos en sus vidas. Su entusiasmo juvenil y recorrido personal hacia la libertad de conductas no deseadas y adicción a la pornografía, junto con mis décadas de investigación y experiencia ministerial, constituyen una singular combinación que puede conectar con las necesidades de cualquier persona, sea cual sea su edad, trasfondo o temperamento.

Quizá tú mismo te hayas visto atrapado en conductas, pensamientos o patrones relacionales poco saludables. Puede que sigas teniendo heridas abiertas, vergüenza o luchas con tu idea de Dios. El dolor y la confusión que comportan estas luchas puede ser devastador. Ben y yo queremos que sepas que hay esperanza y verdaderas respuestas que pueden darte una libertad permanente. O quizá estás leyendo estas páginas porque tienes la impresión de que Dios tiene más para ti y quieres experimentar una vida plena e integral de salud espiritual, emocional y relacional. También tú encontrarás verdaderas respuestas en este libro.

Es tiempo de afrontar los factores subyacentes que motivan nuestras conductas no deseadas y nuestras luchas y comenzar un recorrido hacia la sanidad por medio de principios bíblicos sólidos y de eficacia contrastada a lo largo del tiempo. No estás hecho para vivir en la duda y la indecisión, sino para algo más. Estás hecho para crecer y avanzar. Jesús te ofrece sanación, salud, plenitud y verdadera satisfacción. Mediante principios bíblicos intemporales y respaldados por la investigación, en este libro encontrarás soluciones que Dios usará para liberarte. Te invitamos a iniciar tu propio camino de sanación de tus heridas y a controlar tus conductas no deseadas enfrentándote a tus anhelos insatisfechos. La vida abundante te espera.

ANHELOS
LEGÍTIMOS

L levas toda la vida esperando.
No como Albert Einstein, que trabajaba como funcionario en la oficina de patentes mientras esperaba que se publicaran sus obras, se reconociera su genialidad y se le otorgara un puesto como profesor universitario. No como Jennifer Lawrence, que trabajaba en el cine independiente hasta que dio el gran salto a la fama con *Winter's Bone* y *X-men: primera generación*. Ni como Beyoncé Knowles, quien tras décadas de arduo trabajo se convirtió en la mujer más nominada de la historia de los Grammy.

No, no me refiero a este tipo de esperas. Este es el momento que has estado esperando toda tu vida. Es la cura, el billete, la respuesta que has estado anhelando y esperando. Es la clave para avanzar; para vivir en plenitud durante el resto de tu vida.

¿Cuántas veces has hecho buenos propósitos de Año Nuevo? ¿Cuántas promesas te has hecho a ti mismo de que ibas a cambiar algo, dejar algo o mejorar algo en tu vida de una vez por todas? ¿Cuántas veces te has puesto las pilas y te has dicho: «Esta vez las cosas serán distintas»? ¿Era una resolución de comenzar una dieta saludable y ponerte en forma? ¿De acabar con un mal hábito? ¿De poner en orden tus prioridades? Fuera lo que fuera, ¿cómo acabó?

1

A menos que seas una de esas raras excepciones, tu resolución duró poco. En un principio estabas contento con tus progresos, hasta que seguir avanzando se convirtió en algo demasiado ¿qué? ¿Tedioso? ¿Difícil? ¿Agotador? ¿Costoso? O quizá ninguna de estas cosas. Puede que, simplemente, fueras volviendo de forma inconsciente a la comodidad de las cosas como eran antes, como siempre han sido. Es posible que incluso te encogieras de hombros y dijeras: «Es que yo soy así».

Podría ser hasta gracioso si no fuera tan descorazonador, tan agotador. Lo cierto es que todos tenemos la sensación de que la vida es algo más que lo que estamos viviendo. Anhelamos algo mejor, más completo, y sabemos que nuestras conductas no deseadas y nuestros hábitos negativos no nos llevan donde queremos ir. Aun en nuestros mejores momentos, ansiamos *una vida plena* en lugar de la existencia vacilante y mediocre que con frecuencia vivimos.

Un cóctel de compulsiones

No eres el único. Todos hemos sido atormentados por malos hábitos y conductas no deseadas. Regresamos una y otra vez a los mismos ciclos, aun cuando desesperada y urgentemente queremos cambiar, ya sea nuestra forma de gestionar el cuerpo, nuestras prioridades, pecados secretos, relaciones personales o las «grabaciones» que decidimos escuchar una y otra vez en nuestra mente. Tomen la forma que tomen, las conductas no deseadas son inherentes a la condición humana. Es una lucha que ha agobiado a la humanidad desde que el pecado entró en el mundo, y sabemos que esta sensación de flaqueza e imperfección que experimentamos no refleja la forma en que deberían ser las cosas. El apóstol Pablo, líder de la Iglesia primitiva, confesó esta clase de lucha hace unos dos mil años:

> Porque lo que hago, no lo entiendo; pues no hago lo que quiero, sino lo que aborrezco, eso hago […]. Porque el querer

el bien está en mí, pero no el hacerlo. Porque no hago el bien que quiero, sino el mal que no quiero, eso hago (Romanos 7:15, 18-19, RVC).

Me gusta llamar a este pasaje el gran trabalenguas de la fe. «Pues no hago... eso hago... no hago...». ¿Entiendes lo que quiero decir? ¿Captas la frustración que expresan las palabras del apóstol? Se siente el peso de la constante lucha que experimenta. Pablo no entiende sus acciones. No hace lo que quiere hacer. Sigue volviendo a las cosas que aborrece. Tiene el deseo de hacer lo correcto, pero es incapaz de llevarlo a cabo, y sigue haciendo aquello que desprecia. ¿Te sientes identificado con esta experiencia?

Pablo, un hombre que escribió la mayor parte del Nuevo Testamento, que entregó su vida para hablar de Jesucristo a los demás y sufrió torturas, encarcelamientos y el desprecio de los líderes religiosos, estuvo atrapado en conductas no deseadas. No sabemos si tenía en mente una determinada conducta a la que volvía una y otra vez, pero vemos por sus palabras que se sentía frustrado por lo que estaba haciendo. ¿Has pasado por eso? #Igual.

Nuestra sociedad está luchando con un cóctel de compulsiones de este tipo. El 27 % de los adultos comen para combatir el estrés en sus vidas.[1] Más de 19 millones de estadounidenses sienten fuertes impulsos de comprar cosas y gastan en exceso, más incluso de lo que pueden permitirse.[2] Algunos estudios revelan que hasta un 38 % de la población lucha con una adicción a internet, y la utilizan como una forma de experimentar un sentimiento de euforia al tiempo que evitan el trabajo u otras prioridades.[3] Un 75 % de estadounidenses declaran haber tenido varios síntomas de estrés en el último mes, como insomnio, irritabilidad o ira, temor o fatiga.[4]

Aunque son cosas completamente distintas de las que estamos hablando, algunos problemas de salud mental como la ansiedad y la depresión están aumentando entre los jóvenes. Un estudio puso de relieve que un 70 % de adolescentes dicen que la ansiedad y la depresión son un importante problema entre sus compañeros.[5] En un estudio entre universitarios,[6] un 61 % afirmó haber sentido una abrumadora ansiedad a lo largo del año anterior. Y un 35,5 % dijo haberse sentido «tan deprimido que le era difícil hacer vida normal». Y, por si fuera poco, *Psychology Today* publicó esto recientemente: «El estudiante de secundaria normal de nuestro tiempo tiene el mismo grado de ansiedad que el paciente psiquiátrico normal a comienzos de la década de 1950».[7] El dolor de nuestras luchas —las cosas que inhiben nuestra vida— es real, y todos luchamos con alguna forma de conducta o conductas no deseadas.

Jasmine, una universitaria de veinte años, desarrolló una relación de amor-odio con la pornografía dura tras ser introducida al porno por un amigo en el autobús escolar durante la escuela intermedia. Jasmine amaba a Dios de todo corazón, participaba en el ministerio estudiantil y creía que era malo ver pornografía. Sin embargo, a pesar de sus intensos esfuerzos para dejar de hacerlo, seguía viendo pornografía dura varias veces por semana. Se avergonzaba profundamente de lo que hacía, pero se sentía impotente para resistirse al sentimiento de euforia y placer que experimentaba con ello. Tenía la sensación de que era imposible hacer frente a aquellos patrones de conducta. Sabía que los chicos miraban pornografía, pero ella se sentía un bicho raro creyendo ser la única chica del mundo que tenía aquella lucha.

Probó incontables tácticas para dejar de hacerlo. Muchas veces le prometió a Dios y se prometió a sí misma que nunca volvería a ver aquellos videos. Comenzó a orar cada día pidiéndole a Dios que la liberara de su adicción. Probó a ponerse una goma para el pelo en la muñeca; cuando sentía el impulso de ver pornografía, estiraba la goma y la soltaba para que le golpeara la piel. Esperaba que el dolor la ayudaría a cambiar su conducta.

Nada funcionó. De hecho, sus intentos fallidos para dejar de ver pornografía la hicieron sentir peor consigo misma. Pensaba que, si amara más a Dios, si luchara con aquello con más determinación, si no fuera una «pecadora tan despreciable», podría superar su conducta secreta. Jasmine quedó atrapada en un ciclo de vergüenza, que descendía en espiral hacia la depresión y la ira a medida que volvía a la pornografía una y otra vez a pesar de sus intensos esfuerzos para cambiar. No se atrevía a compartir su lucha con nadie temiendo ser marginada, juzgada y avergonzada aún más.

Ojalá Jasmine hubiera sabido que no estaba sola. Que no era un bicho raro ni una anomalía. Que no estaba luchando con una cuestión de «hombres». Que el 76 % de los hombres y las mujeres entre 18 y 24 años ven pornografía al menos una vez al mes.[8] Que Jesús la amaba vehementemente a pesar de sus luchas y la llamaba escogida, preciosa e hija. Que él no solo quería satisfacer su corazón, sino también los anhelos que la impulsaban a la pornografía y darle una alegría y satisfacción verdaderas.

A sus treinta y siete años, Mike, un hombre casado y padre de dos hijos, se definía como un controlador. Sabía que lo era, y bromeaba sobre su obsesión por el control diciendo cosas como «Ya estoy otra vez en modo patrulla» o «No tengo ningún problema con el control, soy un controlador feliz». Pero, aunque bromeaba al respecto, sentía una profunda frustración por las escenas que montaba cuando sentía que perdía el control. Esperaba que sus hijos recogieran sus juguetes inmediatamente después de jugar y los pusieran en un arcón gris que había en el rincón del salón. Cuando no lo hacían se ponía furioso. Cuando Mike salía con sus amigos alguna noche, se irritaba si se cambiaba la ubicación en el último momento. Si su esposa se pasaba del presupuesto mensual —aunque solo fuera unos dólares— se enfadaba interiormente con ella y se decía: «¡Nunca piensa lo que hace con el dinero que tanto me cuesta ganar!».

El grupo de hombres de la iglesia estaba al tanto de este asunto. Cada semana, Mike contaba al grupo sus peores episodios y les pedía que oraran por él. Mike llegó incluso a adaptar el «bote de las palabrotas» para convertirlo en «el bote del control». Cada vez que intentaba controlar o atacaba verbalmente a sus hijos, esposa o amigos, tenía que echar al bote un billete de cinco dólares. Después de un año con esta práctica, seguía sintiéndose atado por una indeseada obsesión de controlar a las personas. Lo único que había cambiado era que ¡ahora había comenzado a gritarle al bote de control cuando tenía que echar un billete!

Probamos muchas tácticas y técnicas para abandonar nuestras conductas no deseadas. Los expertos nos ofrecen miles de consejos. Libros, videos de YouTube, blogs y sermones en la iglesia nos brindan toda clase de estrategias que probar. Este libro, sin embargo, aunque práctico, no persigue un mero cambio de conducta. Es un libro sobre la transformación del corazón: la clase de transformación que Jesús quiere llevar a cabo en nosotros cuando abordamos los más profundos «porqués» de nuestras luchas y heridas. En este libro ofrecemos un acercamiento distinto, basado en principios bíblicos intemporales y respaldado por hallazgos neurocientíficos y psicológicos. Ya hemos visto a Dios usar este acercamiento para liberar a miles de personas, entre las cuales estamos también nosotros. Combinando nuestros años de ministerio, la investigación, la cooperación con terapeutas y el recorrido con Cristo, este enfoque suma más de medio siglo de experiencia, y ahora debe ser comunicado al mundo. Este acercamiento forma también la base de un nuevo movimiento llamado *Resolution Movement*.[9]

Este enfoque se centra en el abordaje de las causas de nuestras conductas no deseadas, los anhelos que subyacen detrás de nuestro pecado, idolatría y malos hábitos. Estos anhelos insatisfechos pueden generar problemas de salud mental como ansiedad y depresión.

Un anhelo es, dicho con sencillez, una sed persistente y profunda de satisfacer una necesidad o deseo dado por Dios e inherente a todas las personas. Solo cuando entendemos los «porqués», los anhelos, que subyacen tras nuestras acciones podemos comenzar a caminar hacia la libertad que Dios tiene para nosotros.

Anhelos puestos por Dios

A lo largo de toda la Escritura vemos que Dios nos ha creado con el anhelo de satisfacer determinados deseos que él mismo ha puesto en nosotros. Por ejemplo, Salmos 145:19 dice que Dios «Cumple los deseos de quienes le temen», y en el v. 16 el salmista le dice a Dios: «sacias con tus favores a todo ser viviente». Todos y cada uno de nosotros tenemos anhelos. Tales anhelos no solo son comunes a todas las personas, sino que, de hecho, Dios mismo los ha puesto en nosotros y son, por tanto, buenos y hermosos.

Estamos de acuerdo con los terapeutas Mark y Debbie Laaser, quienes en su libro *Los siete deseos de todo corazón* escribieron:

> Creemos que Dios nos creó con siete deseos esenciales, y universales… Tener y cumplir estos deseos da validez a nuestra existencia. Si esos deseos esenciales se cumplen, disfrutaremos una relación más rica y profunda con Dios y con los demás.[10]

Anhelamos que estos deseos que Dios ha puesto en nosotros sean satisfechos. Nos sentimos complacidos y en paz cuando somos aceptados, en vez de rechazados, por Dios y por quienes nos rodean. Disfrutamos sabiendo que las personas reconocen las cosas que hacemos (un «gracias» sincero rara vez produce indignación). Nos sentimos bien cuando las personas nos animan y afirman aquello que Dios quiere que seamos con nuestros dones y talentos únicos, en lugar de hablar mal de nosotros. Estos anhelos dados por Dios no son debilidades. No significan que estamos «necesitados», sino que somos humanos. Y guían nuestras acciones. El Dr. Dan Allender afirma:

> El deseo subyace en el corazón que Dios ha creado, en el núcleo de quienes somos. El deseo es nuestra mayor debilidad y también la marca de nuestra belleza más elevada. Nuestro deseo nos completa cuando nos hacemos uno con nuestro

Amado, y nos separa de él y genera muerte cuando milita contra su voluntad.[11]

Nuestro anhelo de cumplir nuestros deseos y necesidades es hermoso. Está en el núcleo de quienes somos. Dios usa estos anhelos para llevarnos a él, para que le conozcamos de manera profunda e íntima. Pero nuestros anhelos también pueden llevarnos lejos de él.

Proverbios 4:23 dice: «Por sobre todas las cosas cuida tu corazón, porque de él mana la vida». Todas las cosas que hacemos en la vida fluyen de nuestro corazón. Todos nuestros pensamientos y acciones son impulsados por los anhelos de nuestro corazón, las cosas que desea. Y Dios bendice y afirma nuestros anhelos. Pero muchas veces, en lugar de buscar aquellas cosas que satisfarán verdaderamente estos anhelos legítimos que Dios ha puesto en nosotros, pretendemos saciarlos de maneras que nos traen dolor y destrucción. Al comprender nuestros anhelos, comenzamos también a entender cómo encontrar la satisfacción verdadera que buscamos.

Cuando Jasmine comenzó a preguntarse qué anhelos quería satisfacer con la pornografía dura, se dio cuenta de que imaginaba ser la mujer de la pantalla que seducía a aquel hombre y conseguía toda su atención y aceptación en aquel momento. Durante un momento fugaz ella era el objeto de su deseo. Cuando reflexionó más detenidamente, comenzó a darse cuenta de que recurría a la pornografía siempre que discutía con algún amigo o familiar, o se sentía ninguneada por ellos. Estas situaciones la dejaban con un sentimiento de rechazo y con ganas de sentirse aceptada.

Cuando comenzó a entender el anhelo que subyacía bajo su necesidad de ver pornografía, Jasmine comenzó a esforzarse por satisfacer este anhelo de un modo saludable. Comenzó a combatir las mentiras que estaba creyendo sobre sí misma. En lugar de reforzar mentalmente sus sentimientos negativos con afirmaciones como «Tienen toda la razón, no soy muy inteligente» o «No le caigo bien a nadie», Jasmine comenzó a recordarse a sí misma que Cristo la había aceptado: «Aunque ellos piensen que soy tonta, Dios dice que soy una creación admirable» y «Puede que no les caiga bien, pero Jesús dice que soy una amada hija de Dios». Cuando sentía que le costaba creer estas verdades, traía a su mente momentos concretos en que se había sentido cerca de Dios y amada por él. Incluso comenzó a recurrir a buenos amigos para que la ayudaran a procesar sus sentimientos y anhelos, en lugar de acudir inmediatamente a la pornografía como hacía antes.

También Mike comenzó a analizar los anhelos que había tras su obsesión por el control. Se dio cuenta de que, a menudo, cuando se ponía en «modo patrulla», había sucedido algo que le había hecho sentir menospreciado. Veía la ira que sentía hacia sus pequeños por no recoger los juguetes como un anhelo de que estos reconocieran su generosidad con ellos, cuidando los juguetes que les había comprado. Cuando su esposa gastaba más de lo acordado, sentía que no estaba siendo agradecida por su provisión económica para la familia. Asimismo, cuando sus amigos cambiaban los planes, sentía que estos no reconocían el tiempo que había pasado haciendo los preparativos de su encuentro. Mike comenzó a ver sus anhelos de apreciación y reconocimiento como la fuente de sus impulsos obsesivos para controlar. Compartió este anhelo con su grupo de hombres de la iglesia, y estos comenzaron a darle gracias de forma más deliberada por las cosas que hacía. Cuando Mike no se sentía reconocido, respiraba profundamente y se recordaba a sí mismo lo que Dios dice de él. Se decía a sí mismo: «Dios ve lo que hago, Dios es el proveedor de mis necesidades, todo lo que hago en el Señor no es en vano».

Como en el caso de Jasmine y Mike, puede ser hermoso llegar a contactar con nuestros anhelos. Cuando esto sucede, comenzamos a detener la locura de nuestras conductas no deseadas y a encontrar aquello que hemos estado anhelando sin saberlo exactamente. Experimentamos la satisfacción y cumplimiento de nuestros anhelos a través de Dios y de su pueblo. Entender nuestros problemas nos lleva a la provisión de Dios. Dios tiene una increíble forma de tomar las piezas rotas de nuestras vidas y hacer algo bello con ellas.

Una vida plena

Para la mayoría de nosotros, los anhelos insatisfechos laten en un lugar muy profundo de nuestro ser. Vivimos en un mundo devastado donde las cosas no son como deberían ser. Padecemos la pérdida de amigos y familiares; sufrimos divorcios, abandonos, abusos y agresiones. Experimentamos desconcierto, vergüenza y rechazo.

El dolor producido por estos anhelos insatisfechos puede ser devastador, especialmente si se trata de un dolor habitual y constante. Dicho dolor puede crear profundas cavernas de deseos urgentes en nuestra alma. Este dolor y anhelos insatisfechos puede afectar a nuestras percepciones del mundo que nos rodea. Podemos desarrollar un sentido de incompetencia o carencia de valor, creyendo que nos pasa algo. Podemos pensar que Dios es un ser distante, un aguafiestas cósmico, o estar obsesionados con las reglas como alguno de nuestros progenitores u otra figura de autoridad que conozcamos. Podemos llegar a creer que las personas nos rechazarán si conocen nuestras luchas.

Durante mi niñez, yo (Ben) estaba lleno de ira, sentimientos de inutilidad, depresión y ansiedad por mis anhelos insatisfechos. Mis amigos se burlaban de mi obesidad, infundiéndome un profundo sentido de rechazo. Las frecuentes muestras de ira de mi padre hacia mí me llevaron no solo a sentirme inadecuado, sino también a temer por mi integridad física. Al no conocer el amor de Dios por mí, ni tener seguridad en él, sentía mucho temor de lo que podía suceder después de la muerte.

Por aquel tiempo desarrollé un trastorno obsesivo compulsivo (TOC), y sentía que la vida era casi insoportable. Cada día era una batalla que había que superar. Me sentía constantemente aterrorizado por un sentido de inseguridad (tenía miedo de tener un accidente de tránsito, o de quedarme tetrapléjico o mudo por alguna otra razón). Temía ser avergonzado y rechazado por otras personas. Comencé a dudar de la existencia de Dios y, al tiempo, temía su rechazo después de la muerte. Todos estos temores generaban determinados pensamientos y conductas con las que pretendía calmar mis temores y adquirir un sentido de control. Por ejemplo, si estaba subiendo un tramo de escaleras y me invadía un temor, sentía que lo que temía se haría realidad si no actuaba. La única solución temporal para este temor era bajar las escaleras y volver a subirlas pensando en algo positivo. Me pasaba el día con este tipo de rituales, que practicaba cada vez que un temor invadía mi mente.

Lo que comenzó a consumir más mis pensamientos eran unas dudas invasivas sobre la existencia de Dios. Pensaba que cada vez que tenía una duda, dejaba instantáneamente de ser cristiano y estaba condenado al infierno. Durante casi una década, esto solo conseguía remediarlo pidiéndole a Jesús que salvara mi alma cada vez que tenía alguna duda (un mínimo de veinte veces al día). Comencé a desear no haber nacido, pensando que habría sido mejor que la tortura y el temor que experimentaba cada día. Quedé atrapado en un ciclo de temor brutal, desesperado y obsesivo.

A veces, me pasaba días sin poder apenas dormir debido a la intensidad de mi ansiedad. Otras veces, y sin ninguna razón clara, sentía una profunda aflicción: un intenso estado de dolor en el que la esperanza y la felicidad ya no existían. Mi dolor emocional era, a menudo, tan extremo que temía intentar el suicidio. Me costó muchos años entender los anhelos insatisfechos que generaban todos esos problemas, aparentemente fortuitos en mi vida. Pero cuando comencé a comprenderlos, Jesús me llevó a experimentar unos avances y una libertad que nunca había vivido.

Descubrir nuestros anhelos insatisfechos y sus efectos requiere tiempo; sé, pues, paciente contigo mismo. Profundizaremos más en estas cuestiones en capítulos posteriores. La clave es comenzar el proceso de analizar y evaluar los anhelos que subyacen tras tus conductas no deseadas.

En este punto puedes comenzar preguntándote: «¿Por qué me atraen estos anhelos más que otros?». Pregúntate: «¿Cuándo quedaron sin satisfacer estos anhelos en mi pasado?».

Iniciar el proceso de entender tus anhelos puede ser un recorrido de gran bendición porque Dios quiere satisfacer tales deseos. Él te creó con ellos y los diseñó para que fueran satisfechos de formas saludables, conducentes a una profunda sanación y plenitud de vida. La mayor tragedia no está en las conductas destructivas que escogemos, sino en que estas conductas impiden que desarrollemos una profunda intimidad relacional con Dios y con otras personas.

Sin embargo, para poder buscar la satisfacción de nuestros anhelos de forma saludable, debemos descubrir y vivir con la conciencia de quiénes somos como nuevas creaciones en Cristo. Tenemos que vivir desde la posición de plenitud que caracteriza nuestra identidad como nuevas criaturas en Cristo. Debemos encontrar la satisfacción de nuestros anhelos más profundos en Cristo, en lugar de buscar siempre esta satisfacción de nuestras necesidades en otras personas. Me encanta la forma en que Touré Roberts define la plenitud de vida:

> Plenitud es el estado de estar completo. Significa estar *intacto*, sin fisuras ni ausencia de partes que puedan ocupar materiales de relleno insalubres e improductivos. La plenitud es la versión más elevada y saludable de cualquier persona, una versión tan impresionante que morir antes de experimentarla sería una de las peores tragedias de la vida».[12]

Es cierto que nunca experimentaremos una plenitud total a este lado de la eternidad. Anhelamos que Jesús regrese y haga nuevas todas las cosas para poner fin a toda imperfección y dolor de una vez y para siempre. Pero debemos vivir nuestra vida sabiendo que tenemos toda bendición espiritual en Cristo (ver Efesios 1:3) y que Dios ha satisfecho los anhelos más profundos de nuestro corazón perdonándonos, aceptándonos y dándonos seguridad. Cuando nos rendimos a Cristo como Señor, pidiéndole que perdone nuestra rebelión, él nos dice que somos una nueva creación. No nos ve ya culpables de nuestras malas acciones, sino justificados. Nos declara justos, en total armonía con todas las perfectas leyes de Dios. Nos declara hijos suyos, seguros en su amor y a quienes nunca abandonará. Nos declara completos.

Las declaraciones de Dios nos permiten avanzar por diferentes grados de plenitud. Es decir, podemos vivir sabiendo que estamos completos en nuestra identidad en Cristo, al tiempo que vamos alineando cada vez más nuestras actitudes y acciones en armonía con dicha identidad en él. Podemos descubrir y vivir la singularidad, dones y talentos que Dios nos ha dado, y caminar hacia una relación más íntima con él y con los demás. Ya no somos esclavos del pecado, sino de la justicia, y nos esforzamos por aplicar el próspero diseño de Dios para la vida en todas las áreas: una vida plena.

Dicho de otro modo, podemos vivir desde un lugar de plenitud *hacia* la plenitud. Podemos crecer para convertirnos en la persona integral y completa que Dios ya ha declarado que somos. No nos convertimos en una persona nueva cambiando nuestra conducta; más bien descubrimos la persona que ya somos en Cristo y nos comportamos en consecuencia. A muchos se nos ha instado a comenzar a hacer cosas para activar el proceso de crecimiento espiritual. Algunos cristianos bien intencionados retan a los nuevos creyentes a estudiar la Biblia, memorizar versículos, asistir a la iglesia siempre que sea posible, compartir su fe con los demás y sustituir los antiguos hábitos pecaminosos por patrones de vida piadosa. A veces, nuestras buenas intenciones de querer que las personas se arraiguen en la fe transmiten que su actividad espiritual transformará su identidad espiritual.

Estoy por completo a favor de estas prácticas espirituales, pero implicarnos diligentemente en estas cosas no nos transformará.

Estudiar la Biblia, asistir a la iglesia y compartir nuestra fe no hace que Dios nos declare amados o valorados. Él ha dicho que ya somos personas amadas y valoradas porque esta es nuestra verdadera identidad en Cristo. No es que tengamos que *alcanzar* nuestra identidad como amados hijos de Dios; ya *somos* amados hijos de Dios. Cuando nos damos cuenta de que somos «la obra maestra de Dios» y aprendemos a posicionarnos en esta realidad, podemos vivir consecuentemente haciendo aquellas «buenas obras, las cuales Dios dispuso de antemano», como dice Efesios 2:10.

Dios nos diseñó para que vivamos una vida plena y completa espiritualmente (siendo reconciliados con Dios y disfrutando de una relación personal e íntima con él), emocionalmente (viéndonos como nos ve Dios y en sintonía con nuestro mundo interior) y relacionalmente (teniendo relaciones personales en las que somos plenamente conocidos y amados y compartiendo el amor de Cristo con los demás). Cuando estamos viviendo *desde* la plenitud y *hacia* la plenitud en todas estas esferas, comenzamos a experimentar la máxima satisfacción de la vida. Vivimos según nuestro diseño como seres humanos y experimentamos aquello que fuimos creados para experimentar.

En lo profundo de nuestro ser, todos queremos ser felices. Queremos vivir vidas gratificantes, vidas de alegría y contentamiento. Estas son precisamente las cosas que Dios quiere que experimentemos en sus caminos. Es tiempo de quitarnos las máscaras, de abrazar a aquel que nos invita a la sanación y a la libertad. Pero debemos estar dispuestos a exponer y entregar nuestra enfermedad a Jesús, el gran médico, e invitar a otras personas a apoyarnos en nuestro viaje. Nuestras dolencias tienen una relación directa con nuestros secretos. La vergüenza que generan nuestras conductas secretas se desarrolla y multiplica en la oscuridad. Hemos de llevar estas cosas a la luz.

Recordemos que es la bondad de Dios la que nos lleva al arrepentimiento. Cuando Adán y Eva pecaron en el Edén, Dios fue a buscarlos. Fue su radical amor el que llevó al Padre a decirle a

Adán: «¿Dónde estás?». Su corazón redentor fue el que le hizo ir en busca de sus criaturas. Del mismo modo, es su bondad, no su frustración, la que lleva a Dios a buscarnos, a cortejarnos y a invitarnos para que acudamos a él y recibamos el cambio que nos propone. Él viene hacia nosotros y nos mueve a acudir a él.

Dios está diciendo: «¿Dónde estás?». Deja de esconderte. Él no se avergüenza de ti; te ama; te quiere. Nunca te abandonará. Quiere tener una relación contigo. Su opinión de ti vence a todas las demás. Acepta su invitación para encontrar sanación, gracia y perdón.

Él te creó para una vida plena. Te creó para que alcanzaras todo tu potencial, para que vivieras tu vida con propósito, para que le conocieras y le dieras a conocer. Dios te creó para que encontraras la verdadera libertad de la esclavitud y experimentaras la verdadera satisfacción, para que disfrutaras una vida plena y satisfactoria.

Preguntas para la reflexión

1. ¿Cuáles son algunas conductas no deseadas que te impiden avanzar?
2. ¿Qué emociones te producen estas conductas no deseadas?
3. ¿Cómo crees que te ve Dios por estas conductas?
4. ¿Crees realmente que Jesús bendice los anhelos que subyacen tras tus conductas no deseadas y quiere satisfacerlos de un modo saludable?

CAPÍTULO DOS

TUS SIETE ANHELOS

Entras en una tienda de bricolaje y te paras un momento para orientarte. Unos carteles que cuelgan del techo indican los artículos que contienen las interminables hileras de estanterías que parecen extenderse hasta donde alcanza la vista.

Has venido ya muchas veces, pero esta vista nunca deja de sorprenderte, de apabullarte incluso. Miras a tu alrededor buscando a alguien que pueda ayudarte. *¿Por qué los empleados de las tiendas siempre parecen desaparecer en el momento en que entro en ellas?* Por fin ves a alguien de uniforme. Te diriges hacia ella, pero en este momento se vuelve y echa andar en otra dirección. Tú aprietas el paso, pero ella se pone a andar más rápido. *¿Sabe que estoy aquí?*

La empleada dobla la esquina y por un momento la pierdes de vista. Piensas que se ha esfumado, pero después la ves y consigues llegar hasta ella.

—¿Puede ayudarme, por favor?

—Sí, por supuesto. ¿Qué necesita?

—Pues… —Por un momento te bloqueas—. La verdad es que no lo sé.

—¿Qué es lo que quiere hacer?

—Pues tampoco lo sé exactamente.

Ella parece estar preguntándose si además de estar loco eres peligroso.

—Si no sabe lo que necesita, creo que no puedo ayudarle a encontrarlo.

—Claro, claro. —Tú suspiras y te frotas la frente—. Lo que pasa es que no me gusta cómo están las cosas. Lo que estoy haciendo no funciona, pero no sé exactamente lo que necesito.

—Lo entiendo —dice ella (pero es evidente que no entiende nada)—. Cuando sepa lo que necesita, me encantará ayudarle.

Seguro que nunca has hecho algo así, por supuesto. ¿Quién entra en una tienda de bricolaje sin saber —al menos en términos generales— lo que necesita? Pero por extraño que parezca, muchos de nosotros hacemos algo parecido en nuestra forma de vivir.

Sabemos, como hemos dicho en el capítulo anterior, que hay profundas cavernas de anhelos en nuestra alma. Sentimos que algo va mal en la forma en que estamos viviendo nuestra vida, y que hay muchas cosas en ella que no nos satisfacen. Ya sea que estemos desesperados o simplemente preocupados, sabemos que necesitamos… algo. Pero ¿qué?

Más allá de Maslow

Todos necesitamos algo. Pero no todos sabemos lo que es.

A algunos de nosotros ni siquiera nos gusta vernos como personas con necesidades. Rehuimos la idea como tal. Tenemos miedo de que tener necesidades nos haga «necesitados», y a nadie le gusta pensar en estos términos sobre uno mismo.

Pero Dios no nos creó como robots. No hizo organismos, no mecanismos. Esta necesidad se pone ya de relieve en las primeras páginas de la Biblia: Dios diseñó a los seres humanos para que tuvieran necesidades. Él puso a los primeros seres humanos sobre una tierra y en un huerto diseñado para suplir sus necesidades. Desde los primeros momentos de la existencia humana, las necesidades de aire, comida, agua, compañerismo, etc., han estado presentes. Y los seres humanos y sus necesidades fueron una parte de lo que indujo a Dios a afirmar que su creación era «buena» (ver Génesis 1).

Cuando el psicólogo estadounidense Abraham Maslow formuló una jerarquía de necesidades humanas esenciales, se limitó a categorizar lo que describen los primeros capítulos de la Biblia. Maslow sugirió que todos los seres humanos se esfuerzan constantemente por satisfacer ciertas necesidades, y que lo hacemos en un orden específico y previsible. Nuestras necesidades más básicas son, por supuesto, las físicas: comida, agua, sueño, aire, etc. Maslow afirmaba que cuando estas necesidades son satisfechas, los seres humanos buscamos de forma instintiva e inevitable seguridad y protección: personal y en asuntos como empleo, salud, posesiones y demás. Los siguientes peldaños de su «jerarquía» (representada generalmente como una pirámide) son la necesidad de amor y pertenencia, la necesidad de sentirse parte de algo e importante para alguien, y la necesidad de experimentar un sentido de propósito y consecución.

Algunas personas se sorprenden de que, cuando consiguen suplir sus necesidades físicas y experimentar una medida de comodidad, de prosperidad incluso, sigan sintiéndose insatisfechas. Creo que esto se debe, muchas veces, a que siguen experimentando anhelos persistentes de satisfacer una necesidad dada por Dios que ni siquiera saben que tienen.

Estos intensos deseos o anhelos son comunes a todas las personas. Cuando estas necesidades se cumplen, la vida abundante que Jesús prometió se hace realidad. Cuando dijo «yo he venido para que tengan vida, y la tengan en abundancia» (Juan 10:10), no estaba prometiendo prosperidad material, como sugieren algunos telepredicadores. Pienso más bien que se estaba presentando como la puerta a «una vida plena y abundante» (Juan 10:10, NTV) en la que todos nuestros anhelos encuentran su satisfacción decisiva. Esta satisfacción se encuentra recibiendo el perdón y nuevo nacimiento que nos ofrece mediante una relación personal con él, y aprendiendo a vivir según su diseño para nosotros. Esta es la vida de plenitud para la que fuimos creados.

Lo que todos queremos

¿Cuáles son esas necesidades que nos hacen sentir desvalidos cuando no son suplidas y realizados cuando lo son? Las llamamos los «siete anhelos». Cada uno de ellos puede definirse mediante una palabra o expresión que comienza con la primera letra de nuestro alfabeto. A medida que vayas leyendo estos siete anhelos, presta atención a las ocasiones en tu vida cuando estos han sido satisfechos y aquellas en que no lo fueron. La mayor realización en la vida se produce cuando satisfacemos estos siete anhelos, y cuando ayudamos a que estos se cumplan también en la vida de otras personas. Tú y aquellos a quienes amas pueden experimentar la promesa de abundancia no solo en la vida venidera, sino también ahora. Y este proceso puede comenzar hoy mismo.

Al describir los siete anhelos que suscitan tus conductas no deseadas cuando no son satisfechos y una vida plena cuando lo son, nuestra esperanza es que esta descripción no solo te dé una clara comprensión, sino que te lleve a experimentar el poder transformador que se genera cuando tales anhelos son satisfechos. Creemos que todos estos anhelos se presentan y sostienen en la Biblia; por ello, no solo los ilustraremos a partir de nuestras experiencias, sino que también presentaremos sus fundamentos bíblicos. Somos conscientes de que este capítulo puede parecer poco realista, pero queremos ilustrar claramente que todos estos anhelos pueden ser satisfechos y mostrar lo que sucede cuando lo son.

Aceptación

Todos anhelamos ser aceptados: incluidos, amados y acogidos tal como somos, pase lo que pase. Cuando este anhelo es satisfecho, nos hace sentir que somos «valorados». Queremos saber que nuestro *ser* importa. No podemos avanzar de verdad en la vida hasta que este anhelo que Dios ha puesto en nosotros es satisfecho en él y experimentado en nuestras relaciones personales con los demás. Aquellos que tenemos una relación personal con Dios mediante la salvación en Cristo hemos experimentado su aceptación por gracia, tal como somos, pase lo que pase. Aquellos que van a él con una fe sencilla experimentan la asombrosa y transformadora verdad de Romanos 5:8, que dice que «Dios demuestra su amor por nosotros en esto: en que cuando todavía éramos pecadores, Cristo murió por nosotros».

Jesús conocía el poder de la aceptación. La Biblia describe una ocasión en que Jesús fue rodeado por un grupo de niños.

Sus discípulos más cercanos, que solían discutir sobre su rango en el reino de Dios, habían entendido mal muchas cosas. Por lo que parece, pensaban que tenían que hacer algo para hacerse aceptables e importantes para Jesús, y que Jesús no aceptaba a los que carecían de prestigio, importancia e influencia. De manera que, cuando comenzaron a traerle niños para que los bendijera, los discípulos intentaron disuadir a quienes lo hacían. Pero Jesús dijo: «Dejen que los niños vengan a mí, y no se lo impidan, porque el reino de Dios es de quienes son como ellos» (Lucas 18:16).

En su libro *Historias bíblicas de Jesús para niños*, Sally Lloyd-Jones afirma:

> ¿Crees que, si hubieras estado allí, habrías tenido que hacer cola en silencio para ver a Jesús? ¿Piensas que Jesús te habría preguntado si habías sido bueno antes de darte un abrazo? ¿Habrías tenido que portarte de la mejor manera? ¿Y haberte vestido de etiqueta? ¿Y no hablar hasta que él te preguntara? ¿O… habrías hecho lo que hacían aquellos niños: correr directo a Jesús y dejar que él te tomara en sus brazos y te meciera, besara, abrazara y te sentara después en su regazo para escuchar con atención lo que quisieras contarle? Los niños amaban a Jesús y sabían que no tenían que hacer nada especial

para que él los amara. Solo tenían que echarse en sus brazos. Y fue sencillamente lo que hicieron. Después de sus risas y juegos Jesús se volvió a sus discípulos y les dijo: «Aunque se hagan mayores, nunca sean tan mayores que dejen de tener un corazón de niño: lleno de confianza en Dios. Sean como estos niños. Ellos son los más importantes de mi reino».[1]

Cuando mi hijo Sean (Josh) tenía doce años, jugaba con un equipo de béisbol en la liga infantil. Una semana antes de empezar la temporada, tuve una idea de cómo mostrarles lo que es la aceptación a él y a sus compañeros de equipo. Compré doce cupones para copas de helado en un restaurante de la ciudad y se las di a su entrenador.

—Entrenador, esto es para los niños —le dije.

El entrenador sonrió.

—¡Fantástico! ¡Ojalá más padres se implicaran haciendo estas cosas! Los llevaré a comer helado cuando ganemos el primer partido.

—No —le dije—. Me gustaría que los llevase cuando *pierdan* el primer partido.

El entrenador parecía confuso. Lo que le estaba diciendo chocaba con su concepto de ganar, perder y recompensar el buen juego.

—No sé si estará de acuerdo conmigo, pero en la educación de mis hijos no quiero reconocer más su éxito que su esfuerzo. Y no quiero reconocer más su esfuerzo que el hecho de haber sido creados a imagen de Dios. Creo que mi hijo es una persona creada a imagen de Dios y tiene un valor, dignidad e importancia infinitos, y todo esto no tiene nada que ver con jugar béisbol. Aunque nunca anotara una entrada en su vida, le amaría y aceptaría exactamente igual.

El entrenador de Sean me miró detenidamente. Finalmente me dijo:

—De acuerdo. *Esto es algo nuevo.*

La temporada comenzó y el equipo de Sean ganó sus primeros partidos. Pero perdieron el tercero o el cuarto, y el entrenador cumplió su palabra. Le dio a cada jugador un cupón para un helado y todos fueron a «celebrarlo» juntos. Sean me dio las gracias por los helados al menos cinco veces, y durante las dos semanas siguientes varios de sus compañeros de equipo vinieron también a agradecer mi singular invitación. Recuerdo especialmente a un muchacho llamado Jessie, que me dijo: «Muchas gracias por los helados, Sr. McDowell. ¡Increíble! No le importa si ganamos o no. ¡Usted nos ama de todos modos!». Nada podría haberme hecho más feliz. Quería comunicar a Sean y a sus compañeros de equipo que eran aceptados no por sus capacidades para el béisbol, sino porque habían sido creados a imagen de Dios con un valor y dignidad infinitos. ¿Es esta lección demasiado difícil de entender para alguien de doce años? ¡Evidentemente no, especialmente cuando te sirves de un buen helado para demostrar lo que quieres decir!

Puede que no haya nada que traiga más alegría al corazón humano que el hecho de que otra persona conozca todas tus faltas y fracasos y te acepte de todos modos, como eres, ganes o pierdas, sin condiciones. Ser aceptados, aprobados e incluidos nos libera y nos permite ser vulnerables acerca de aquellas cosas de nuestra vida que están fracturadas y nos causan dolor, y nos ayuda a conectar e involucrarnos realmente con otras personas.

Aprecio

El anhelo de aprecio es el deseo de recibir gratitud o ánimo por lo que has hecho. Cuando este profundo deseo es satisfecho, ayuda a las personas a pensar: «Soy competente». Anhelamos aceptación, saber que se nos reconoce por la persona que *somos*, pero también anhelamos aprecio, es decir, saber que se reconoce lo que *hacemos*. Piensa en la última vez que te esforzaste mucho en algo y alguien se dio cuenta y te dio las gracias; ¿recuerdas lo gratificante que fue? O quizá te sea más fácil recordar la sensación de desilusión y abandono en alguna ocasión en que nadie pareció notar tus esfuerzos ni hubo expresiones de gratitud. Estas son, por así decirlo, las dos caras del aprecio. Nuestro anhelo de ser apreciados no es un mero deseo de alabanza, aunque esta puede ser importante; tiene que ver con un sentido de significación, con la sensación de que lo que has hecho o dicho era importante, que tu esfuerzo y tus logros tienen sentido para alguien.

Una vez Jesús tomó un camino largo y polvoriento para ir de Galilea a Jerusalén. Cuando, cansado del viaje, se acercaba a una aldea, donde podría quizá descansar o comer, se encontró con un grupo de leprosos. Los leprosos no podían entrar en los pueblos: tenían que mantenerse aislados de los demás y solo podían convivir con otros leprosos por miedo a contagiar su atroz enfermedad a otras personas. Sin embargo, cuando vieron a Jesús, el sanador del que todo el mundo hablaba, todos se pusieron en pie y comenzaron a hacerle señas con las manos y a gritar con las pocas fuerzas que tenían, llamando su atención a su terrible y gran necesidad. Y funcionó. Jesús se detuvo. Pero ni siquiera se apartó de su camino. Se limitó a decirles: «Vayan a presentarse a los sacerdotes».

Fueron unas palabras extrañas. Les dijo que fueran a la ciudad, al templo, y se presentaran a los sacerdotes, según ordenaba la ley, para que estos pudieran certificar que habían sido verdaderamente sanados. Pero no fueron sanados... hasta que comenzaron a obedecer. La Biblia dice: «mientras iban de camino, quedaron limpios» (Lucas 17:14).

El relato concluye:

Uno de ellos, al verse ya sano, regresó alabando a Dios a grandes voces. Cayó rostro en tierra a los pies de Jesús y le dio las gracias, no obstante que era samaritano.

—¿Acaso no quedaron limpios los diez? —preguntó Jesús—. ¿Dónde están los otros nueve? ¿No hubo ninguno que regresara a dar gloria a Dios, excepto este extranjero? Levántate y vete —le dijo al hombre—; tu fe te ha sanado (Lucas 17:15–19).

Solo uno de los diez le dijo «gracias». Y aquello impresionó a Jesús. Él fue semejante «en todo» a nosotros (Hebreos 2:17), de modo que sintió el desaire de los nueve que no mostraron apreciación y gratitud, y la bendición de aquel que sí lo hizo. El aprecio es una necesidad humana profundamente sentida que obra maravillas cuando lo recibimos y cuando lo damos a los demás. Lo has visto cuando le has dado las gracias a alguien que está en el servicio militar activo por su servicio al país. O cuando has hecho un esfuerzo especial para mostrar apreciación por un buen servicio en un restaurante. O cuando has expresado gratitud a un colaborador o empleado por un trabajo bien hecho. De hecho, un estudio publicado en la revista *The Journal of Personality and Social Psychology* por los investigadores Adam Grant y Francesca Gino describe el resultado de cuatro experimentos para medir los efectos de la apreciación en el ámbito laboral.

En el primer experimento los participantes tenían que editar la carta de presentación de un estudiante para solicitar un trabajo; luego recibían una respuesta neutral o agradecida del estudiante en cuestión, y tenían que decidir si le ayudarían o no con la edición de otra carta. El segundo experimento exploraba si los participantes ayudarían a otro estudiante que les había dado las gracias por ayudar al primer estudiante. El tercer experimento pretendía analizar hasta qué punto la gratitud del director de una campaña benéfica hacia quienes ayudaban a levantar fondos influía en sus esfuerzos por seguir recaudando dinero para el beneficio de la universidad. En el cuarto experimento se volvía a la ayuda en la redacción de una carta de presentación, pero ahora la gratitud se expresaba o no durante una interacción en persona. Lo que se valoraba era lo eficientes que se sintieron los participantes en la tarea que se les pidió, así como lo apreciados que se sintieron.[2]

En cada uno de los cuatro experimentos, los participantes manifestaron sentirse valorados —y más proclives a trabajar esforzadamente o ayudar más— en aquellos casos en que se les dieron las gracias por sus esfuerzos.

Aunque la aceptación es el fundamento para una relación estable que nos permite desarrollarnos y crecer, el aprecio puede considerarse la piedra angular de una vida «integral». ¿Cómo sería la experiencia de trabajar y vivir con la clase de personas que afirman y agradecen nuestros esfuerzos grandes y pequeños? ¿Y ser esta clase de persona en la vida de otros?

Puede que pienses: «Si voy por ahí expresando constantemente apreciación a las personas por lo que hacen y piensan, estas pueden pensar que solo me gustan por lo que hacen o dicen». Esta es la razón por la que la aceptación es tan importante como punto de partida para crecer y desarrollarnos vigorosamente. Todos anhelamos saber que se nos acepta por quienes somos —esto es lo principal—, pero la apreciación es también necesaria.

Afecto

El anhelo de afecto es el profundo deseo de ser cuidado con amabilidad o compromiso emocional. Es otra necesidad humana universal y aguda. Todos llegamos a este mundo con una necesidad de ser cuidados, tocados y objeto de un compromiso emocional. Cuando lo somos, ello produce el sentimiento de ser amable, en el sentido de ser «digno de recibir amor».

En 1944 se llevó a cabo un estudio de referencia en Estados Unidos con cuarenta recién nacidos. El propósito del estudio era ver si los bebes podrían desarrollarse si se atendían sus necesidades fisiológicas esenciales o si era también necesario proporcionarles afecto. Se separaron en dos grupos y se albergaron en zonas distintas, con instrucciones específicas para el cuidado de cada grupo. En el primer grupo, los cuidadores tenían que alimentar, bañar y cambiar los pañales de los niños, pero sin hacer ninguna otra cosa; no tenían que mirar a los niños ni tocarlos más de lo necesario, y los «cuidadores» no tenían que comunicarse en absoluto con ellos. Todas sus necesidades físicas se atendían escrupulosamente, y los bebés estaban en un entorno estéril; ninguno de los niños se puso enfermo. Sin embargo, el experimento se detuvo después de solo cuatro meses puesto que la mitad de los niños murieron.[3]

Al menos dos más murieron aun después de ser rescatados e introducidos en un entorno más natural y familiar. No había ninguna causa fisiológica para la muerte de aquellos bebés; todos ellos estaban muy saludables desde un punto de vista meramente físico. Antes de morir, los bebés entraban en un periodo en que dejaban de balbucear y de intentar comunicarse con sus cuidadores, generalmente dejaban de moverse, de llorar o de cambiar de expresión; poco después de esta fase fallecían. Los bebés que habían «tirado la toalla» antes de ser rescatados murieron del mismo modo, aunque ahora se les tratara con normalidad y cariño.[4]

Mientras sucedía esto, en otras instalaciones, otros cuidadores atendían las necesidades fisiológicas esenciales del segundo grupo de veinte recién nacidos, pero les proporcionaban también palabras cariñosas, abrazos y besos. En el segundo grupo no se produjo ni una sola muerte.[5] Los resultados del experimento fueron terriblemente trágicos, pero la conclusión fue categórica: la alimentación y el afecto son necesidades vitales para los humanos. Algunos años después, otro proyecto del investigador René Spitz produjo un importante cambio en los orfanatos y hospitales filmando los efectos de las carencias emocionales de los niños. La investigación mostraba que, aunque los niños que han sido privados de afecto humano son capaces de sobrevivir, no pueden desarrollarse plenamente ni física ni emocionalmente. Sin embargo, cuando los niños experimentan un contacto directo piel con piel, atención, afecto y una alimentación correcta, el sistema inmunológico del bebé será fuerte, su apetito será saludable y esto producirá una sólida ganancia de peso.

Ninguna cantidad de afecto es excesiva para los niños. De igual modo, las personas adultas necesitan afecto y vínculos emocionales, y este anhelo de recibir este tipo de atención nunca desaparece. Esto lo vemos en los relatos bíblicos de Jesús y los niños, cuando la gente llevaba «niños a Jesús para que les impusiera las manos y orara por ellos» (Mateo 19:13). Esta clase de toque afectuoso y palabras de bendición transmiten un sentido de valor y ofrecen una reafirmación emocional que ayudan a la persona a creer que es digna de recibir amor. Los Evangelios describen repetidamente a Jesús como alguien que mostraba su afecto mediante palabras cariñosas y de aceptación, y a través de un contacto físico apropiado como besos y abrazos; incluso a aquel que le traicionó en la noche misma de su traición (p. ej., ver Mateo 26:49; Lucas 12:4; Juan 15:14–15). Y Pablo, dirigente de la Iglesia primitiva, anima repetidamente a los seguidores de Jesús a saludarse «unos a otros con un beso santo» (2 Corintios 13:12; ver también, Romanos 16:16; 1 Corintios 16:20; 1 Tesalonicenses 5:26).

El afecto es tan importante para el alma humana que Dios nos dio las bendiciones del contacto físico, tanto el sexual como el no sexual. Dios nos creó con el anhelo de expresar un apropiado afecto sexual y nos dio el matrimonio como el espacio seguro y sagrado para experimentar esta forma de afecto íntimo. Pero podemos también verbalizar y expresar nuestro amor por las personas de una gran variedad de formas no sexuales: un abrazo, un beso en la mejilla, un brazo alrededor del hombro. Las palabras de afecto y las formas apropiadas de contacto físico nos conectan los unos con los otros y nos hacen sentir cercanía emocional.

Acceso

El anhelo de acceso es el profundo deseo de tener una consistente presencia física y emocional de determinadas figuras clave. La satisfacción de este anhelo nos imparte el sentido de que «soy importante». Nunca olvidaré el día en que yo (Josh) me encontraba en mi estudio, muy ocupado, con varios proyectos exigentes. Trabajaba en la última revisión de un capítulo para un nuevo libro cuando mi hijo Sean, que entonces tenía dos años, entró al despacho con una pelota en la mano.

—¿Quieres jugar, papá? —dijo con una vocecita expectante.

—¿Qué te parece si jugamos un poco más tarde, cariño? Estoy justo en la mitad de un capítulo.

Sean era demasiado pequeño para saber qué era un «capítulo», pero entendió el mensaje: papá estaba atareado. Inaccesible. Salió correteando del despacho sin quejarse y yo volví a mi manuscrito.

Al cabo de unos minutos, la puerta de mi estudio se abrió de nuevo. Mi esposa, Dottie, entró y se sentó.

—Cariño, Sean me acaba de decir que estabas demasiado ocupado para jugar con él. Sé que este libro es importante, pero me gustaría decirte algo.

—¿De qué se trata? —Mi tono no era especialmente amable y sensible. Estaba haciendo un «trabajo importante».

—Creo que tienes que darte cuenta de que siempre vas a tener contratos y fechas límite. Toda la vida seguirás escribiendo y desarrollando otros proyectos, pero no siempre tendrás un hijo de dos años que quiere sentarse en tu regazo, hacerte preguntas y enseñarte su pelota nueva.

—Cariño, creo que entiendo lo que estás diciendo y que, como siempre, tienes mucha razón. Pero ahora mismo tengo que acabar este capítulo.

—De acuerdo, Josh, pero te ruego que lo pienses. Si pasamos tiempo con nuestros hijos ahora, querrán seguir haciéndolo más adelante.

No tardé mucho en tomarme un descanso y buscar a Sean. No quería darle la impresión de que era menos importante que un capítulo (o un libro entero). Quería suplir su necesidad de significado haciéndole saber que tenía acceso a mí, estando tan «presente» y disponible para él como fuera posible.

Tener acceso a alguien que está presente y vinculado emocionalmente nos permite ver y experimentar que somos importantes.

Esto se ha convertido en algo cada vez más complicado en la era de los teléfonos inteligentes. Las personas están solas en compañía. Estamos hiperconectados y, sin embargo, más solos que nunca, porque lo que deseamos de corazón es algo más que conexiones virtuales; necesitamos saber que tenemos acceso a aquellas personas que son importantes para nosotros, lo cual nos transmite un sentido de nuestro valor y trascendencia. Aunque cuanto más jóvenes somos, más necesitamos saber que tenemos acceso a las personas importantes de nuestra vida, lo cierto es que nunca dejamos de tener esta necesidad. Y aunque la presencia física es importante, lo es igualmente la emocional.

Un episodio del Evangelio de Marcos puede arrojar luz sobre esta necesidad en nuestra vida, especialmente en momentos cruciales. Jesús y sus amigos y seguidores más cercanos habían concluido un largo día de enseñanza y ministerio. Finalmente esquivaron la presión de la multitud y cruzaron al otro lado del mar de Galilea en una barca. Jesús se acostó en la popa de la barca y en seguida se durmió sobre una almohada. Mientras dormía, se levantó una furiosa tormenta, y las olas comenzaron a anegar la barca.

En medio de la tormenta, los discípulos despertaron a Jesús y gritaron: «¿No te importa que nos ahoguemos?».

Jesús se levantó y habló al viento y a las olas. «¡Silencio! ¡Cálmate!». El viento cesó y la superficie del mar quedó de nuevo en calma.

Es probable que hayas leído o escuchado antes esta historia, pero ¿te has fijado en lo que los discípulos le preguntan a Jesús? Le dijeron: «¿No te importa que nos ahoguemos?». No hay duda de que tenían miedo de la tormenta y de lo que podía sucederles, pero sus palabras revelan algo más profundo: pensaron que su aparente indisponibilidad significaba que carecían de importancia para él. Jesús respondió y les mostró que eso no era lo que sucedía: el problema no era que carecieran de importancia para él, sino que su fe era demasiado pequeña.

Por otra parte, en su humanidad, ni siquiera Jesús podía estar permanentemente accesible para sus seguidores, y por eso ascendió al cielo después de su resurrección y envió al Espíritu Santo, diciendo: «Y yo le pediré al Padre, y él les dará otro Consolador para que los acompañe siempre: el Espíritu de verdad [...]. Pero les digo la verdad: Les conviene que me vaya porque, si no lo hago, el Consolador no vendrá a ustedes; en cambio, si me voy, se lo enviaré a ustedes» (Juan 14:16–17; 16:7). Al enviar al Espíritu Santo, Jesús hizo que su presencia estuviera disponible para sus seguidores siempre y eternamente.

Dios ha implantado en cada alma humana un anhelo de saber que somos importantes, y esta necesidad se satisface cuando sabemos que alguien que es importante para nosotros se nos hace accesible y dispuesto a estar presente con nosotros. ¡Qué hermoso es que Dios nos imparta el don de su Espíritu Santo para que nunca nos sintamos solos en la barca, por decirlo así! Pero Dios pretende también que nuestra necesidad de acceso sea satisfecha por medio de otras personas, lo cual es la razón por la que la Biblia contiene más de 150 declaraciones con la expresión «el uno al otro» para estimular al pueblo de Dios a estar disponibles los unos para los otros (p. ej., ver Romanos 12:10, 16; 2 Corintios 13:11; Efesios 4:32). Saber que las personas que apreciamos son realmente accesibles nos enseña que somos importantes y relevantes.

Atención

El anhelo de atención es el profundo deseo de ser conocido y entendido por alguien que entra en tu mundo (nos referimos a alguien que se detiene a identificar lo que es importante para ti para participar en ello; cosas como tus opiniones, sueños, deseos e intereses). Cuando este anhelo es satisfecho, produce el sentimiento de que «soy entendido». ¿Has entrado alguna vez en una sala o edificio (o iglesia) llenos de personas sin que nadie parezca notarlo ni te dé la bienvenida? ¿Recuerdas cómo te sentiste? Es una sensación de soledad ¿no crees?

Todo ser humano anhela ser visto, notado y entendido. Todos queremos que alguien entre en nuestro mundo y nos preste atención. Nuestra necesidad de atención no es lo mismo que desear ser el centro de atención, por así decirlo; es una necesidad sincera de que alguien note quiénes somos, cuáles son nuestros intereses, qué cosas estamos viviendo y qué somos capaces de hacer y ser. Y todos anhelamos y necesitamos esto cada día.

Cuando mi hijo Sean tenía diez años, estaba muy interesado en los vehículos deportivos. Sean rebuscaba en las revistas, recortaba fotos de automóviles como los Maserati, los Lamborghini y el Ferrari Testarossa y las colgaba en un mural en su dormitorio. Personalmente no me interesaban mucho este tipo de automóviles, pero me di cuenta del interés de Sean. De manera que un día decidí sorprenderle entrando en su mundo. Hice una búsqueda y seleccioné algunos concesionarios de los mejores coches deportivos de Beverly Hills, que en aquel momento estaba a unas horas de donde vivíamos. Envié una carta a cada distribuidor que decía:

Soy un padre desesperado. Haría cualquier cosa por pasar tiempo con mi hijo y, en este momento, está apasionado por los vehículos deportivos. ¿Sería posible que le trajera un día laborable a su exposición para hacer alguna prueba de conducción? Quiero decirle con sinceridad que no estoy interesado en comprar un automóvil. Únicamente quiero soñar con mi hijo.

Sorprendentemente, todos los concesionarios respondieron positivamente. Les llamé, concertamos algunas citas y fuimos a Beverly Hills para pasar un día probando coches deportivos extremadamente caros. Sean hizo «recorridos de conducción» y «probó» prácticamente todos los deportivos imaginables. ¡Estaba fascinado! Algunos de los vendedores le dieron pósteres de los coches en los que se había montado, ¡firmados por famosos pilotos de carreras! Durante el camino de vuelta a casa, hablamos de los coches que más nos habían gustado y miramos todos los panfletos, catálogos y pósteres que Sean había reunido, y aproveché la oportunidad para hablar con él sobre valores, en vista de los vehículos tan caros que había probado aquel día. Años después, Sean me dijo: «Estoy convencido de que la lección sobre las cosas que valoramos en la vida no se me habría quedado tan grabada si tú no hubieras entrado en mi mundo y demostrado tu amor enfocándote en mis intereses. La lección que aquel día me moldeó y configuró como padre y marido es que tengo que entrar en la vida de mi esposa y familia para amar y ser amado».

El rey David escribió: «Señor, tú me examinas, tú me conoces [...]. Todos mis caminos te son familiares» (Salmos 139:1, 3). La palabra hebrea que en este pasaje se traduce como «conoces» (*sakan*) significa una implicación afectuosa. Dios tenía mucho más que información sobre David; estaba afectuosamente implicado en su vida. Dios no solo nos conoce y quiere que le conozcamos, sino que desea implicarse amorosamente en nuestra vida. En su suprema y más excelsa demostración de amor, Dios envió a su Hijo al mundo, a *nuestro* mundo, como un ser humano, para compartir nuestras dificultades, tentaciones, dolores y placeres de un modo que fue bellamente diseñado para demostrarnos su amor y nuestra importancia para él. Y nos creó para necesitar esta atención, tanto de parte de él como de aquellos que nos rodean.

Este anhelo de atención es lo que hace que te sientas herido o insultado cuando alguien confunde tu nombre (especialmente si se trata de alguien que debería saber cómo te llamas). Es la razón por la que te sientes desilusionado cuando alguien por quien te preocupas te regala cualquier cosa sin pensar realmente en ti para tu cumpleaños o aniversario. Es la razón por la que te sientes menospreciado cuando alguien con quien estás hablando mira a tu alrededor, habla sin escucharte o deja de hacerlo en algún momento. Es también la razón por la que te sientes bendecido cuando alguien entra en tu mundo, muestra interés por lo que te interesa y comparte tus dificultades, tentaciones, dolores y placeres de un modo que demuestra su amor por ti y tu importancia para dicha persona.

Afirmación de sentimientos

Otra necesidad que todos compartimos como seres humanos es el anhelo de que nuestros sentimientos sean reconocidos, validados o confirmados por otras personas. Cuando este anhelo se cumple, se nos transmite un sentido de autenticidad; nos comunica: «Soy acogido». La afirmación de nuestras emociones nos libera para sentir los altibajos emocionales de la vida, que es una parte muy importante de nuestro desarrollo. El que alguien reconozca lo que sentimos, aun cuando se trate de un sentimiento negativo, tiene un efecto positivo, nos confirma que no somos «raros» o estamos «locos» por sentirnos de ese modo.

Mi amigo Ray experimentó la transformación que puede producirse en nosotros cuando se suple esta necesidad. Su esposa, Gail, había sido repetidamente vejada por una compañera de trabajo, y a menudo llegaba a casa del trabajo con lágrimas en los ojos. Ray intentaba ayudarla diciéndole a Gail cosas como: «Tienes que decirle que deje de decirte estas cosas» o «Deberías decirle que no es tu jefa, y si sigue haciendo lo mismo, tienes que presentar una queja formal». Sin embargo, todas estas sugerencias solo parecían avivar el fuego de su frustración.

Un día, inspirado por el sabio consejo de un amigo, Ray decidió responder a las quejas de Gail afirmando sus sentimientos. Cuando llegó a casa llorando, en un nuevo episodio de abusos de su compañera de trabajo, Ray no le dio ningún consejo. Se acercó a ella y la envolvió en un abrazo, y ella puso la cabeza sobre su hombro y lloró.

—Estás furiosa —le dijo Ray.

—Tienes toda la razón, ¡estoy furiosa!

—Tienes todo el derecho a estarlo. Te sientes deshonrada y menospreciada, ¿no?

Ella levantó la cabeza.

—¡Sí!

—Yo me sentiría igual.

Gail se secó las lágrimas.

—¿Piensas que soy demasiado sensible?

—En absoluto. Yo me sentiría del mismo modo.

—Tengo la sensación de que lo único que quiere es hacerme daño.

—Entiendo por qué te sientes así.

Hubo unos momentos de silencio y Gail respiró profundamente.

—¿Sabes qué? Tengo que decirle que no siga tratándome así, y si sigue haciéndolo presentaré una queja formal.

Ray me dijo más adelante lo asombrado que se sentía por el efecto que habían tenido sus palabras de afirmación en su esposa. Lo que necesitaba no era su consejo, pero la afirmación de sus sentimientos la calmó y consoló. Ray dijo que parecía «magia». Pero no era magia; es simplemente lo que sucede cuando se suple esta necesidad de afirmación de los sentimientos.

Un familiar episodio de la Biblia contiene un ejemplo, a menudo pasado por alto, de Jesús reconociendo y supliendo esta necesidad. Sucedió en la aldea de Betania, un día en que Jesús y sus seguidores más cercanos llegaron a casa de Marta, María y Lázaro. Marta se dirigió inmediatamente a la cocina para ocuparse del rabino y sus seguidores. Pero su hermana, María, se puso entre sus seguidores y se sentó a sus pies para escuchar y aprender lo que Jesús enseñaba.

Lo que hizo María molestó mucho a Marta. Su hermana pequeña había sido muy atrevida actuando como si fuera un hombre, como si pudiera ser un discípulo igual que ellos. ¡Pero también la había dejado a ella con todo el trabajo de la cocina y la preparación del alojamiento! De manera que Marta fue a quejarse a Jesús.

«Señor, ¿no te importa que mi hermana me haya dejado sirviendo sola? ¡Dile que me ayude!» (Lucas 10:40).

Algunas personas ven la respuesta de Jesús como una

reprensión. Pero observa que, de forma cuidadosa —y sensible, creo—, afirmó los sentimientos de Marta: «Marta, Marta —le contestó Jesús—, estás inquieta y preocupada por muchas cosas, pero solo una es necesaria. María ha escogido la mejor, y nadie se la quitará» (Lucas 10:41–42).

Habría sido interesante conocer la respuesta de Marta, pero la Biblia no la registra. ¿Se alejó de allí enfurecida? ¿Miró a Jesús o a su hermana con indignación? ¿O se sintió consolada de que, al menos, Jesús hubiera afirmado sus sentimientos? Jesús no le dijo que sus sentimientos fueran incorrectos, aunque quizá le sugirió que se estaba excediendo un poco con sus preparativos. No tenemos la respuesta a estas preguntas, pero creo que Marta pudo sentirse consolada y tranquilizada por las palabras de Jesús.

Las palabras que Jesús dirigió a Marta sobre María ejemplifican la verdad de Romanos 12:15, que dice: «Alégrense con los que están alegres; lloren con los que lloran». O como lo expresa la Traducción en lenguaje actual (TLA): «Si alguno está alegre, alégrense con él; si alguno está triste, acompáñenlo en su tristeza». Cuando alguien hace esto con nosotros, afirmando nuestros sentimientos, nos sentimos acogidos y valorados, y damos un paso más hacia la vida plena que Dios desea para nosotros.

Aseguranza de seguridad

Además de estos anhelos que tenemos de aceptación, aprecio, afecto, acceso, atención y afirmación de nuestros sentimientos, sentimos también una profunda necesidad de aseguranza de seguridad, es decir, de sentirnos seguros, protegidos y cubiertos emocional, física y económicamente. Deseamos algo más que escuchar: «Todo va a salir bien». Anhelamos la certeza de nuestra seguridad y protección. Queremos sentirnos confiados de que seremos protegidos y de que nuestras necesidades emocionales, físicas y económicas van a estar cubiertas. Mark y Debbie Laaser lo describen así:

Queremos saber que tenemos una seguridad material: que tenemos comida, un lugar donde vivir y suficiente dinero para mantenernos. Queremos saber que estamos seguros desde un punto de vista espiritual, que el Dios en quien confiamos no nos dejará sin su apoyo, que es alguien que cumple sus promesas. Y queremos saber que estamos seguros emocionalmente, que quienes nos rodean son personas de confianza, que podemos contar con que quienes dicen amarnos actuarán de forma amorosa.[6]

Cuando este anhelo se cumple, produce un sentido de estabilidad en nuestra vida y la libertad de disfrutar, explorar y experimentar en la vida sin temor. Cuando esta necesidad se suple, tenemos un sentimiento que nos dice: «Estoy seguro». Tanto los hombres como las mujeres tienen la necesidad de ser protegidos y de que sus necesidades emocionales, físicas y económicas sean cubiertas. Si no lo son, las personas viven con una sentida sensación de inestabilidad.

Creo que nuestro anhelo de certeza de seguridad es una nostalgia inconsciente del huerto del Edén, donde Dios suplía cada necesidad humana (ver Génesis 2). Sin embargo, cuando nuestros antepasados humanos cayeron en el pecado, su caída introdujo a sus vidas toda clase de inseguridades. Produjo temor: «tuve miedo». Engendró vergüenza: «porque estaba desnudo». Causó alienación: «por eso me escondí» (Génesis 3:10). Aun así, Dios nos dio los medios para que nuestras necesidades fueran suplidas; ante todo, en él como nuestro protector (Salmos 46:1) y proveedor (Mateo 6:26).

Podemos encontrar esta aseguranza en la sencilla verdad de que Dios existe y es nuestro creador y sustentador. Él nos ha dado un anhelo de certeza de seguridad y protección que encuentra su cumplimiento en nuestra relación con él: el definitivo Padre, amigo, libertador y defensor. Cuando vivimos en relación con él, haciendo nuestras las verdades de su palabra que están arraigadas en su carácter y naturaleza, podemos saber que aquel que nos ama y quiere lo mejor para nosotros suple nuestras necesidades y nos protege.

Dios también nos ha diseñado para que anhelemos y recibamos certeza de seguridad en nuestras relaciones humanas, especialmente durante la infancia. De hecho, la Biblia deja claro que, en su momento, la iglesia de Jerusalén jugó un papel decisivo en suplir esta necesidad, puesto que «Todos los creyentes estaban juntos y tenían todo en común: vendían sus propiedades y posesiones, y compartían sus bienes entre sí según la necesidad de cada uno. No dejaban de reunirse en el templo ni un solo día. De casa en casa partían el pan y compartían la comida con alegría y generosidad, alabando a Dios y disfrutando de la estimación general del pueblo» (Hechos 2:44–47). Este pasaje describe una situación en que esta necesidad de seguridad material y emocional de los primeros cristianos fue suplida mediante su relación con otros seguidores de Jesucristo. Es también una representación de la forma en que Dios quiere que vivas: un estado en que te sientas seguro y protegido, en que tus necesidades emocionales, físicas y económicas sean suplidas, y tú seas libre para disfrutar, explorar y experimentar en la vida sin temor.

La apologética de la plenitud

Cuando nuestros siete anhelos son satisfechos de un modo saludable a través de Dios y otras personas, experimentamos «verdadera plenitud». Esto forma la base de lo que llamamos el modelo de la apologética de la plenitud, representado en la página siguiente. A lo largo de este libro exploraremos cada aspecto de este modelo y, en ocasiones, haremos referencia a este diagrama. Explicaremos por qué nos esforzamos por experimentar esta vida de verdadera plenitud para la que fuimos creados y cómo podemos reclamarla como el plan de Dios para nosotros.

APOLOGÉTICA DE LA PLENITUD

Apoyar el diseño de Dios para el florecer humano en todas las áreas de la vida. Experimentamos esta plenitud principalmente a través de la satisfacción de nuestros siete anhelos con Dios, nosotros mismos y los demás.

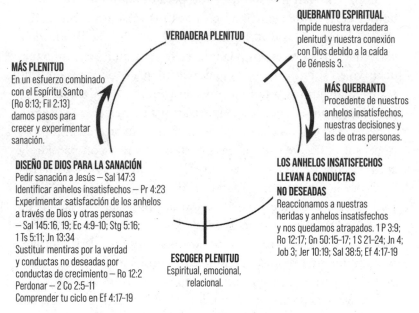

VERDADERA PLENITUD

QUEBRANTO ESPIRITUAL
Impide nuestra verdadera plenitud y nuestra conexión con Dios debido a la caída de Génesis 3.

MÁS PLENITUD
En un esfuerzo combinado con el Espíritu Santo (Ro 8:13; Fil 2:13) damos pasos para crecer y experimentar sanación.

MÁS QUEBRANTO
Procedente de nuestros anhelos insatisfechos, nuestras decisiones y las de otras personas.

DISEÑO DE DIOS PARA LA SANACIÓN
Pedir sanación a Jesús – Sal 147:3
Identificar anhelos insatisfechos – Pr 4:23
Experimentar satisfacción de los anhelos a través de Dios y otras personas – Sal 145:16, 19; Ec 4:9-10; Stg 5:16; 1 Ts 5:11; Jn 13:34
Sustituir mentiras por la verdad y conductas no deseadas por conductas de crecimiento – Ro 12:2
Perdonar – 2 Co 2:5-11
Comprender tu ciclo en Ef 4:17-19

LOS ANHELOS INSATISFECHOS LLEVAN A CONDUCTAS NO DESEADAS
Reaccionamos a nuestras heridas y anhelos insatisfechos y nos quedamos atrapados. 1 P 3:9; Ro 12:17; Gn 50:15-17; 1 S 21-24; Jn 4; Job 3; Jer 10:19; Sal 38:5; Ef 4:17-19

ESCOGER PLENITUD
Espiritual, emocional, relacional.

Diseño divino

La primera crisis de la historia humana tuvo lugar cuando Dios creó a Adán y le rodeó con todos los recursos que podía necesitar, menos uno: «Luego Dios el Señor dijo: "No es bueno que el hombre esté solo. Voy a hacerle una ayuda adecuada"» (Génesis 2:18).

La solitud humana fue una crisis, una situación nada conveniente que Dios se apresuró a corregir con medidas extremas. Adán tenía todo cuanto quería en aquel huerto prístino, incluida la presencia de Dios mismo. Pero Dios es un ser relacional que nos hizo para relacionarnos no solo con él, sino también con otros seres humanos (Génesis 1:26). Uno de los estudios más extensos de todos los tiempos comenzó en 1938 en la Universidad de Harvard.[7] El objetivo era descubrir la clave para la felicidad y la salud. Tras ochenta años de estudio, los investigadores concluyeron:

«El sorprendente hallazgo es que nuestras relaciones y lo felices que somos en dichas relaciones tienen una gran influencia sobre nuestra salud», dijo Robert Waldinger, director del estudio, psiquiatra en el Hospital General de Massachusetts y profesor de psiquiatría en la escuela de medicina de Harvard. «Cuidar nuestro cuerpo es importante, pero velar por nuestras relaciones personales es también una forma de cuidarnos a nosotros mismos. Esta, creo, es la revelación».

En otras palabras: «No es bueno que los seres humanos estén solos». Todos tenemos necesidades que solo podemos suplir mediante nuestras relaciones con Dios y con otras personas. Nuestra vida solo puede florecer en relación con Dios y con otras personas. Si los siete anhelos que hemos mencionado son satisfechos de formas saludables, te sentirás valorado, competente, digno de recibir amor, importante, comprendido, acogido y seguro. Experimentarás una vida de plenitud. ¿No suena esto a la vida abundante que todos deseamos experimentar? Esto es posible, pero solo en el contexto de una relación con Dios y otras personas. La idea de un desarrollo aislado es un oximoron, como luminosa oscuridad o triste alegría. El aislamiento lleva a la soledad, un estado en el que nuestros anhelos no pueden ser plenamente satisfechos. Como concluyó el Dr. Waldinger a partir del estudio de Harvard: «La soledad mata. Tiene la misma fuerza destructiva que el tabaquismo o el alcoholismo».[8] Y cuando los siete anhelos que hemos explorado no son satisfechos, nuestro sentido de soledad se hace más profundo y se convierte en dolor, dificultades y conductas malsanas. ¿Cómo es esto en la vida real? Eso es lo que queremos mostrar en el próximo capítulo.

Preguntas para la reflexión

1. ¿Cuáles de estos anhelos fueron satisfechos de forma saludable antes de la adolescencia?
2. ¿Qué personas suplieron tus anhelos de formas saludables?
3. ¿Por cuál de los anhelos que fueron satisfechos durante tu niñez estás más agradecido?
4. Si pudieras satisfacer un anhelo hoy, ¿cuál sería y por qué?

TUS ANHELOS INSATISFECHOS

Una hermosa tarde de primavera de hace unos años, cuando yo (Ben) tenía quince años, esperaba con muchas ganas la llegada del fin de semana para relajarme y divertirme con mis amigos. Me había levantado temprano los últimos cinco días, me había esforzado mucho en la escuela y había acabado todos los deberes. Cuando finalmente llegó el sábado por la mañana, le mandé un mensaje de texto a mi buen amigo Cam: «¿Quieres que hagamos algo hoy?».

Cam respondió en seguida. «¡Claro! No estoy seguro de lo que voy a hacer, pero te digo algo cuando lo sepa».

Pasaron un par de horas y Cam no dijo nada más, de modo que le mandé otro mensaje. Sin respuesta. Media hora después intenté llamarle. No contestó al teléfono. Una hora después le mandé otro mensaje de texto. Tampoco hubo respuesta. Estaba aburrido e impaciente. El día pasaba rápido, y toda la diversión y buen rollo que había esperado no se había producido.

Finalmente, salí furioso de casa y me monté en el monopatín para acercarme a casa de Cam, que estaba a unos tres kilómetros de la mía. Era agradable rodar por el barrio, pero sentía que la frustración y la curiosidad pugnaban en mi interior... Pronto llegué a casa de Cam y le vi a él con Taylor y Joe, dos amigos comunes, jugando en la calle. Estaban practicando con sus monopatines y riéndose.

—Hola, chicos. Te he mandado mensajes y te he llamado, pero no me has respondido.

Cam se encogió de hombros.

—Tenía el teléfono en silencio.

¿Cinco horas?, pensé. *¿Sabías que yo quería hacer algo, y estaban todos aquí divirtiéndose sin mí?*

Joe dijo entonces con expresión de fastidio:

—No puedes presentarte aquí por las buenas.

Me quedé mirándolo y luego a los demás. Cam rehuía mi mirada. Poco a poco me fui dando cuenta. Mi corazón se hundió. Querían divertirse, pero no *conmigo*. Me habían estado ignorando. Me habían excluido. Deliberadamente. Me habían pasado por alto. Rechazado.

Me sentí tan herido que todavía hoy me duele al recordarlo. Lo peor de todo era que sentí que por enésima vez mis amigos me habían hecho sentir como un marginado.

En aquel momento me sentí triste, avergonzado e indeseado. Sus comentarios de los últimos años se agolpaban apresuradamente en mi mente: «No seas tan molesto, Ben», «Eres más raro que un perro verde», «¡Gordo!» y cosas de este tipo.

Aquel día memorable se reabrió la herida de una necesidad insatisfecha y se hizo más profunda. Anhelaba sentirme aceptado, especialmente por aquellos a los que consideraba mis amigos más cercanos. Quería, a toda costa, sentirme parte del grupo, amado y aprobado por ser quien era. Así que cuando en lugar de eso sentí el aguijón del rechazo, me dolió profundamente; un dolor que, en gran medida, persistió durante muchos años.

Todos herimos a otros alguna vez

Vivimos en un mundo donde las cosas no son como en un principio tenían que ser. Fuimos creados para el Edén, un paraíso sin dolor, sufrimiento, luchas ni pecado. Un lugar en que podíamos conocer profundamente a Dios y a los demás sin temor a ser rechazados o ridiculizados; un lugar de plenitud y crecimiento físico, espiritual, emocional y sexual. Pero es evidente que no vivimos en el Edén para el que nuestras almas fueron creadas.

Estamos en un mundo caído, devastado, donde los anhelos que Dios puso en nosotros quedan a menudo insatisfechos. Experimentamos pérdidas, aflicciones, dolor y traición. Personas que se supone que deberían apoyarnos nos abandonan. Aquellos que, en teoría, tendrían que amarnos más son quienes, a menudo, nos causan más dolor. No olvidemos que somos personas imperfectas relacionándonos con otras personas imperfectas. Aunque estos sufrimientos pueden producirse de muchas maneras distintas, algunas de las formas más consistentes y significativas de estos anhelos insatisfechos se dan en las relaciones personales. Sigmund Freud, el «padre de la psicoterapia», reconoció también esta realidad:

> La amenaza del sufrimiento nos llega de tres direcciones: de nuestro propio cuerpo, que está condenado a la decadencia [...]; del mundo exterior, que puede enfurecerse contra nosotros con una fuerza destructiva desconcertante e inmisericorde; y finalmente de nuestras relaciones con otros [seres humanos]. Esta última fuente nos es quizá más dolorosa que cualquier otra.[1]

En el capítulo anterior, hemos explicado los siete anhelos junto con la vida y sentimientos que los acompañan, y que forman la base del modelo de la apologética de la plenitud. En este capítulo, mostraremos la clase de vida y sentimientos que acompañan a estos anhelos cuando no son satisfechos (ver «Más quebranto» en el diagrama de la apologética de la plenitud). A medida que avancemos descubrirás, posiblemente, que algunas de las descripciones y representaciones te son más familiares que otras. Esto puede ayudarte a identificar algunos de tus anhelos insatisfechos —pasados y presentes—, lo cual, a su vez y con el tiempo, puede ayudarte a comprender mejor las conductas no deseadas en tu vida.

El capítulo oscuro de David

La Biblia registra muchos episodios memorables de la vida de David: su victoria sobre el gigante, su vida como músico de la corte y su etapa como pastor-rey de Israel.

David era un líder brillante y persuasivo y amaba apasionadamente a Dios, pero cometió faltas, como todos nosotros, y experimentó problemas casi constantes con su familia.

Cuando David era un muchacho, Jonatán, el hijo del rey Saúl, era el siguiente en la línea sucesoria al trono de Israel, pero Dios tenía otros planes y envió a su profeta Samuel a escoger un rey entre los hijos de un hombre llamado Isaí. A su llegada, Samuel pasó revista a los hijos de Isaí, pero ninguno de ellos resultó ser el que Dios había designado como siguiente rey de Israel. Samuel le preguntó a Isaí si tenía algún otro hijo y este respondió: «Queda el más pequeño [...], pero está cuidando el rebaño» (1 Samuel 16:11). La palabra hebrea que Isaí usó para describir a su hijo («pequeño») significa joven, pequeño, insignificante, sin importancia. Al parecer, ¡Isaí pensó que no valía la pena que Samuel conociera a David! Samuel le dijo a Isaí que mandara a buscarlo de todos modos, y cuando llegó, el Señor le dijo: «Este es; levántate y úngelo» (1 Samuel 16:12). David, el hijo de Isaí aparentemente insignificante y sin importancia, sería el siguiente rey de Israel.

Aunque solo podemos especular, no sería sorprendente que David tuviera algunos importantes anhelos insatisfechos a juzgar por su situación familiar y la actitud de su padre hacia él. David parece haber sido el hijo marginado de su padre, pero Dios lo veía como el hombre según su propósito, y dirigió a Samuel para que le ungiera como rey. A medida que la Escritura desarrolla la historia de David, vemos a un hombre enfrentado a muchos otros anhelos insatisfechos y conductas no deseadas. Lo vemos experimentando más ataques de Saúl, que estaba celoso de David. Lo vemos acostándose con la mujer de otro hombre y ordenando la muerte de su marido. Lo vemos también tomando muchas esposas y engendrando muchos hijos en su búsqueda de poder y control. Y a través de todas estas cosas, en una larga secuencia de incidentes familiares (la violación de Tamar por su hermano Amnón, la muerte de Amnón a manos de su hermano Absalón, etc.), las respuestas de David o su pasividad podrían haber sostenido y empeorado sus propios patrones disfuncionales y los de su familia.

No es, pues, extraño que Absalón alimentara durante muchos años el resentimiento hacia su padre y que, con el tiempo, conspirara para usurpar su trono. Absalón reunió un ejército, preparó cuidadosamente la ceremonia de su unción como rey y se dirigió a Jerusalén.

Cuando David supo que su hijo estaba encabezando esta rebelión, hizo una retirada táctica de Jerusalén. David soportó un golpe tras otro; tuvo que enviar a Sadoc, su sacerdote y pastor, de vuelta a Jerusalén; descubrió que su amigo y consejero, Ajitofel, era un traidor; hizo regresar también a Jerusalén a Husay, su viejo y leal amigo; y supo por medio de Siba que Mefiboset, el nieto de Saúl a quien David solo había mostrado bondad, estaba entre los conspiradores.

Todo esto sería ya mucho para cualquiera. Pero las cosas todavía empeoraron:

> Cuando el rey David llegó a Bajurín, salía de allí un hombre de la familia de Saúl, llamado Simí hijo de Guerá (2 Samuel 16:5).

Recuerda que Saúl fue el predecesor de David en el trono de Israel, y que David no era de su familia… pero Simí sí lo era. De modo que, en nuestro lenguaje de hoy, podríamos decir que Simí era un «partisano».

Este se puso a maldecir, y a tirarles piedras a David y a todos sus oficiales, a pesar de que las tropas y la guardia real rodeaban al rey. En sus insultos, Simí le dijo al rey:

—¡Largo de aquí! ¡Asesino! ¡Canalla! El Señor te está dando tu merecido por haber masacrado a la familia de Saúl para reinar en su lugar. Por eso el Señor le ha entregado el reino a tu hijo Absalón. Has caído en desgracia, porque eres un asesino.

Abisay hijo de Sarvia le dijo al rey:

—¿Cómo se atreve este perro muerto a maldecir a Su Majestad? ¡Déjeme que vaya y le corte la cabeza!

Pero el rey respondió:

—Esto no es asunto mío ni de ustedes, hijos de Sarvia. A lo mejor el Señor le ha ordenado que me maldiga. Y, si es así, ¿quién se lo puede reclamar?

Dirigiéndose a Abisay y a todos sus oficiales, David añadió:

—Si el hijo de mis entrañas intenta quitarme la vida, ¡qué no puedo esperar de este benjaminita! Déjenlo que me maldiga, pues el Señor se lo ha mandado. A lo mejor el Señor toma en cuenta mi aflicción y me paga con bendiciones las maldiciones que estoy recibiendo.

David y sus hombres reanudaron el viaje. Simí, por su parte, los seguía por la ladera del monte, maldiciendo a David, tirándole piedras y levantando polvo. El rey y quienes lo acompañaban llegaron agotados a su destino, así que descansaron allí (2 Samuel 16:5–14).

Ese tuvo que ser uno de los momentos más difíciles de la vida de David. Había sido herido por su padre. Perseguido por Saúl. Había vivido en cuevas mientras el rey le buscaba para matarle. Había llorado la muerte de su mejor amigo Jonatán (y también la de Saúl). Se había descubierto su adulterio y asesinato. Había perdido un hijo. Pero ahora su propio hijo le había traicionado, y no solo quería destronarlo, ¡sino matarlo! Había sido expulsado de su ciudad, separado de su familia, traicionado por sus amigos más cercanos, despojado de su esplendor real y expulsado de la regia capital del reino. Y después, además de todo esto, aparece un manifestante resentido que comienza a tirarle piedras y a maldecirle.

La respuesta de David («A lo mejor el Señor toma en cuenta mi aflicción y me paga con bendiciones las maldiciones que estoy recibiendo») puede parecernos extraña, pero creo que son las palabras de un hombre cuyo tanque emocional está vacío. Creo que, como cualquier otra persona, David anhelaba aceptación, especialmente de las personas de su círculo íntimo. Imagino que, a lo largo de su vida, sintió el aguijón del rechazo una y otra vez, y esta situación solo confirmaba el anhelo insatisfecho que producía aquel dolor, un dolor que quizá nunca desapareció de su vida.

Ataques y ausencias

Puede que nunca sufras una rebelión armada dirigida por tu hijo, pero es muy probable que hayas experimentado la punzada de un anhelo en tu alma que no ha sido satisfecho; puede que no haya sido tan severo o continuado como el que sufrió David, o quizá fue incluso peor. Nuestros anhelos insatisfechos están dispersos a lo largo de toda nuestra vida, y van desde no haber sido invitados a una cena de amigos, a cosas tan dolorosas como un padre, madre o cónyuge abusivos. Algunos de ellos están arraigados en nuestros traumas de la infancia, naturalmente, y otros pueden tener raíces posteriores.

La psicóloga Arielle Schwartz afirma:

Los traumas de la infancia pueden ir desde experiencias extremas de violencia y negligencia hasta haber sufrido sentimientos de no pertenencia, de no ser deseado o de haber sido malentendido crónicamente. Quizá hayas crecido en una atmósfera en que tu curiosidad y entusiasmo eran constantemente menospreciados. Puede que te hayas criado con unos padres con sus propios traumas sin resolver, lo que les impedía atender correctamente tus necesidades emocionales. O quizá hayas sufrido crueles agresiones físicas o sexuales. En todas estas situaciones, las personas aprenden a compensar desarrollando defensas para proteger sus partes más vulnerables.[2]

Hay numerosos factores que afectan la profundidad y duración en que estos anhelos insatisfechos nos dañan. Podemos categorizar sus fuentes de dos formas. Algunos proceden de *ataques*, como los que sufrió David a manos de su hijo; entre este tipo de ataques están los insultos, la manipulación, las burlas, los abusos sexuales o físicos, y más. Otros sufrimientos que sentimos proceden de *ausencias*, como el abandono de uno de los progenitores —o su distancia emocional o física— así como la carencia de palabras afectuosas o de afirmación, ser ignorados por amigos o miembros de la familia, ser rechazados como personas faltas de importancia, etc.

Tanto los ataques como las ausencias pueden ser profundamente dolorosos. Los ataques y las ausencias siempre nos dejan con anhelos insatisfechos, sean fugaces o permanentes. Un solo ataque de alta intensidad, como un abuso sexual o físico, puede producir toda una vida de dolor. Sin embargo, también pueden hacerlo ataques menos intensos, como ser ridiculizados e insultados en el patio de recreo, o señalados y condenados al ostracismo por tu raza o género. También estas cosas pueden infligir dolor de por vida a nuestras almas.

De igual modo, una sola ausencia de alta intensidad puede producir ese dolor de los anhelos insatisfechos, cosas como que uno de nuestros padres no asista a vernos jugar el partido más importante de la temporada, ser plantado en una cita romántica, o el abandono del hogar de uno de los progenitores. Pero también las ausencias permanentes o recurrentes, como que uno de los progenitores se muestre emocionalmente indiferente, ser excluido de importantes reuniones en la oficina, o no sentirse afirmado o aprobado por personas significativas para nosotros pueden también dejar heridas profundas y permanentes.

Naturalmente, siendo como somos personas únicas, todos respondemos a los ataques y ausencias de forma distinta. Puede que algo que aplasta a una persona tenga muy poco efecto sobre otra. He oído a muchas personas decir: «He tenido una vida relativamente fácil en comparación con otras personas»; sin embargo, el dolor de una persona nunca puede compararse con el de otra. Por otra parte, ignorar, apartar o restar importancia a los efectos de los ataques y ausencias de nuestra vida puede impedir que abordemos eficazmente nuestros sufrimientos, que experimentemos sanación y que podamos avanzar hacia un futuro mejor. El diagrama a continuación explica que tanto los ataques como las ausencias pueden llevarnos a distintos niveles de dolor emocional. Verás que tanto la frecuencia de un determinado episodio doloroso como su intensidad están directamente relacionadas con el grado de dolor experimentado: suave, moderado o extremo.

TUS ANHELOS INSATISFECHOS

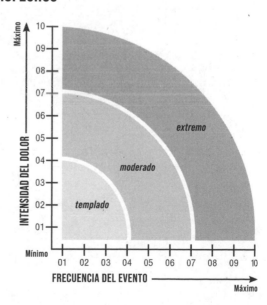

ATAQUES [Ejemplos]
Abuso sexual
Abuso físico
Hostigamiento
Manipulación/Control
Palabras hirientes

AUSENCIAS [Ejemplos]
Desinterés/Desconexión
Abandono
Ausencia física o emocional
Ausencia de empatía
Ausencia de atención
Ausencia de palabras amables

Cuando los anhelos quedan insatisfechos

Del mismo modo que respondemos a los ataques y ausencias de forma distinta, también es útil comprender cómo los distintos anhelos insatisfechos se revelan en nuestra vida y sentimientos. Los anhelos insatisfechos pueden variar, no solo en intensidad y frecuencia, sino también en la fuente que los genera, como ilustran los ejemplos de la tabla siguiente.

El Dr. Ted Roberts, escritor, terapeuta y pastor, me ha dicho a menudo: «No puedes cambiar aquello que no comprendes». Estoy totalmente de acuerdo con él, y creo también que no puedes comprender aquello que no reconoces. Por ello, en las páginas siguientes intentaremos describir la clase de situaciones que se generan cuando estos siete anhelos humanos universales quedan insatisfechos, con la esperanza de que puedas reconocerte a ti mismo y tus propios anhelos en alguna de ellas. Las siguientes historias describen situaciones de la vida real; sin embargo, en ocasiones se han cambiado los nombres para respetar la privacidad de las personas involucradas.

TABLA DE LOS ANHELOS INSATISFECHOS

Anhelos	Mamá/Papá	Hermanos/Parientes	Amigos	Otros
1. Aceptación	• Papá nunca me dijo «Te quiero» • Mamá me trataba constantemente como raro o diferente	• Mi hermano se burlaba de mí por ser diferente • Mi abuelo nunca parecía querer pasar tiempo conmigo	• Mis mejores amigos me decían a menudo que era una persona rara	• Los maestros me valoraban de acuerdo con mis calificaciones
2. Aprecio	• Nunca escuché a mamá decir «Estoy orgullosa de ti» o «¡Buen trabajo!»	• Muchas veces ayudaba a mi hermana a limpiar su habitación, pero nunca me daba las gracias; me sentía utilizada	• Muchas veces preparo la comida para mis compañeros de apartamento, pero nunca me ayudan a limpiar	• Mi entrenador me decía a menudo que me esforzara más aun cuando jugaba a mi máximo nivel
3. Afecto	• Papá no me abrazaba o confortaba cuando estaba enfadada • Mamá no solía tomarme en brazos cuando se lo pedía	• Mi hermano siempre parecía irritado conmigo más que bondadoso en palabras y acciones	• Mi mejor amiga suele ser fría con las muestras de afecto y suele evitar cualquier cosa considerada «cursi» o «emocional»	• Le conté a mi marido que había tenido un día muy difícil y solo me dijo «¡Me sabe mal!» cuando lo que yo quería era afecto físico y consuelo

4. Acceso	• Papá estaba a menudo en viajes de trabajo o en la oficina • Mamá era distante emocionalmente	• Mi hermana me evitaba cuando era una niña	• Recientemente he pasado muchas noches de viernes sola, sin amigos	• Rara vez puedo contar con mi jefe cuando necesito su ayuda
5. Atención	• A papá nunca le importaron demasiado mis aficiones o intereses • Mamá nunca entró en mi mundo; decía que me interesaban cosas «tontas»	• Mi abuela nunca me preguntó cómo me habían ido los partidos o qué era lo que tanto me gustaba del deporte	• Mis mejores amigos solo quieren pasar tiempo conmigo si hacemos lo que ellos quieren	• Mi preparador personal habla todo el rato de él y no se esfuerza por entenderme
6. Afirmación de sentimientos	• Durante mi infancia, mi familia consideraba inaceptable que estuviera triste o enfadado • Mamá me decía con frecuencia que no fuera tan quejumbrosa	• Hace poco le dije a mi hermana que había tenido un año muy difícil y ella me respondió que en parte era culpa mía	• Mis amigos de la infancia me decían a menudo que reaccionaba de forma exagerada	• Le dije a mi maestro que me sentía triste porque me costaba mucho aprender matemáticas y él me dijo que, simplemente, las matemáticas no eran lo mío
7. Aseguranza de seguridad	• Mis padres vivían muy al día y yo crecí preocupándome por el dinero y mis necesidades básicas	• Cuando era niño otros niños se metían conmigo y me pegaban y mi hermano nunca me defendió	• Mis mejores amigos se burlaban bastante de mí	• Un amigo de la familia abusó sexualmente de mí

Aceptación

Como en el caso de Ben, cuya memorable experiencia ha introducido este capítulo, Sharon recuerda sus anhelos de aceptación durante toda su infancia y juventud; estos deseos se mantuvieron cuando fue adulta. Sharon creció siendo la cuarta de siete hermanos, y siempre se sintió distinta de ellos. Todos eran muy buenos en los deportes o en los estudios y sus padres los elogiaban, pero Sharon era una estudiante normal y no se le daban bien los deportes. Los comentarios de los miembros de su familia le hacían pensar que no esperaban mucho de ella. Cuando se acercaba su graduación de secundaria, sus padres le dijeron que no tenía por qué ir a la universidad y que, posiblemente, sería más feliz encontrando un buen marido y dedicándose a la casa. Hoy, aunque posee títulos universitarios en un campo difícil (además de tener un buen matrimonio y vida familiar), sigue luchando con sentimientos de incapacidad e incompetencia y anhela ser aceptada y valorada por ser la persona que es.

Aprecio

Courtney iba a dar una charla en un importante evento de su empresa. Había invertido muchas horas preparando el tema y estaba entusiasmada con la idea de compartir lo que había aprendido con sus oyentes. Estaba especialmente emocionada porque su madre iba a estar entre los asistentes para escucharla hablar en público por primera vez. Courtney tenía una relación difícil con su madre, pero esperaba que ella la apoyaría. El evento se desarrolló sin problemas y Courtney estaba contenta con lo que había podido comunicar. Sabía que lo había hecho muy bien, pero al terminar el evento se sentía triste. Tras procesar un poco lo sucedido con la ayuda de una amiga, entendió que esperaba que su madre le dijera algo como: «¡Lo has hecho muy bien!» o «¡Estoy orgullosa de ti!». Pero su madre había salido poco después de terminar el evento sin pronunciar ninguna palabra de ánimo, apreciación o valoración positiva. Una vez más, Courtney estaba experimentando el anhelo insatisfecho de no sentirse apreciada por su madre.

Afecto

Mateo y Sofía llevaban unos meses saliendo. Una tarde, después de pasar el día juntos, se disponían a despedirse el uno del otro. Mateo tenía en mente una despedida rápida y esperaba hacer un par de cosas antes de irse a dormir. Sofía, sin embargo, deseaba experimentar unos minutos de cariño físico y emocional. Ella se acercó a él y le abrazó tierna y prolongadamente manteniendo el contacto visual. Mateo también la abrazó unos momentos, pero después retiró sus brazos. Sofía siguió abrazándole y hablándole en tono suave. «Tengo ganas de quedarme, abrazándote y sintiéndome cerca de ti», le dijo ella. Mateo se mantuvo unos momentos más, pero después se soltó de su abrazo. «De verdad tengo que irme, Sofía», le dijo. Sofía no quería ser «pegajosa», pero en aquel momento no pudo evitar sentirse triste ya que su anhelo de afecto había quedado insatisfecho.

Acceso

Eugene, un chinoamericano de segunda generación, creció con unos padres que suplían sus necesidades materiales. Compraban comida, le llevaban a la iglesia y le animaban a esforzarse mucho en la escuela. Su madre se interesaba en su vida, le preguntaba por la escuela y sus amigos, y le comprendía bastante. Su padre estaba presente físicamente y Eugene le veía por la mañana, por la tarde y los fines de semana, pero no hablaba mucho con él. Cuando intercambiaban algunas palabras, sus conversaciones giraban, normalmente, alrededor de esforzarse en los estudios y sacar buenas notas. Su padre le parecía un hombre inaccesible emocionalmente, alejado en un mundo distante, sin interés en la vida de su familia y demasiado atareado o preocupado. Cuando Eugene tenía una pregunta o expresaba una necesidad, su padre parecía indisponible e inaccesible. Eugene anhelaba saber que su padre era asequible y estaba ahí para él, pero creció siendo consciente de que, en muchos sentidos, no era así.

Atención

Rob era un niño feliz y tranquilo y le encantaban los deportes, especialmente el baloncesto. Su padre, sin embargo, no se interesaba mucho en las aficiones de Rob o en su mundo interior. «Solo hacía actividades con mi padre si era algo que a él le interesaba», me dijo Rob. «Básicamente, nos llevaba a cazar a mis hermanos y a mí, pero aparte de esto nunca se esforzó por entender mi mundo». El padre de Rob nunca se interesó demasiado en sus gustos, aversiones, opiniones o aficiones. Se sentía desconocido y malentendido por su padre. Cuando era adulto, el ánimo de Rob se hundía siempre que hablaba sobre este tema. Todavía hoy sigue recuperándose del dolor causado por la falta de atención de su padre durante su infancia.

Afirmación de sentimientos

Raven había tenido una semana difícil en el trabajo. Había trabajado más de sesenta horas, gestionado conflictos con compañeros de trabajo, su jefe la había criticado por no acabar algunos trabajos a tiempo y, para colmo, apenas podía dormir. Por fin era viernes, y Raven le mandó un mensaje a su amiga Sara contándole sus difi cultades. Sara contestó: «¿Qué te parece si me paso esta noche con un poco de té y charlamos un rato?». Raven tenía muchas ganas de verse con su amiga y desahogarse. Aquella noche vino Sara y pasaron varias horas juntas. En algún momento Raven comentó lo contenta que estaba de que la semana hubiera terminado. En lugar de seguir el hilo de lo que Raven decía, haciéndole preguntas o mostrándole empatía, Sara se puso a hablar largamente de lo difícil que había sido aquella semana para ella. Al principio, Raven intentó reconducir la conversación, pero viendo que Sara seguía con lo suyo, se limitó a dejarla hablar. Raven fue hablando cada vez menos a medida que pasaba la noche. Había deseado que su amiga la escuchara y afirmara sus sentimientos, sin juzgarla. Pero se sintió invisible y desoída. Aquella noche se fue a la cama con anhelos insatisfechos de confirmación, validación y afirmación de sus sentimientos.

Aseguranza de seguridad

Iván nació en un país asiático y fue adoptado a los dos años por una familia caucásica de Estados Unidos. Creció en una región rural y era uno de los pocos niños asiáticos de la zona. En la escuela elemental, comenzaron a meterse con él y a intimidarle porque era distinto. Iván temía casi cada día por su seguridad. Quería desesperadamente que alguien interviniera y le protegiera. Anhelaba ser protegido y que se suplieran sus necesidades físicas y emocionales. No solo quería ser amado por ser quien era, sino saber que podía ir a la escuela y moverse por su barrio sin temor. Pero nadie lo protegió ni lo defendió. Nadie impidió que sufriera abusos físicos y verbales, y esta inseguridad acompañó a Iván durante su vida adulta. Incluso hoy día Iván sigue anhelando un sentido de certeza de seguridad.

El dolor y la sed

Nuestros anhelos insatisfechos, especialmente si son constantes, pueden producirnos un dolor profundamente arraigado en nuestra vida y una sed insaciable de verlos cumplidos. Con frecuencia, los anhelos insatisfechos que están arraigados en el pasado y que experimentamos nuevamente en nuestras situaciones actuales pueden crear una potente y devastadora mezcla de emociones, ya que llevan consigo todo el dolor de nuestras experiencias anteriores junto con el reciente refuerzo y sus nuevos sufrimientos.

Cuando a los quince años fui en monopatín a ver a mis amigos, experimenté rechazo en lugar de la aceptación que tanto anhelaba. En aquel momento, no solo sentí la desaprobación de mis amigos, sino también una renovación de aquella necesidad insatisfecha que había soportado durante muchos años. Aquella situación me llevó a revivir otras anteriores en que había escuchado cosas como «No estás a la altura», «A ti te pasa algo raro», «No encajas en esta familia» y «Este no es tu lugar». Cuando nuestros anhelos quedan insatisfechos en el presente, refuerzan el dolor que hemos experimentado en el pasado y las mentiras que hemos aprendido y creído.

Cuando Courtney acabó su charla en el evento organizado por su empresa y no escuchó lo que esperaba —la apreciación y aprobación de su madre—, aquello reforzó su sentimiento de no estar a la altura de las expectativas de su madre. En lugar de comenzar a sanar una herida del pasado, lo que hizo fue volver a abrirla. Se sintió incapaz, inadecuada e incompetente. El anhelo insatisfecho de apreciación había desarrollado una profunda caverna en su alma, y ahora, después de su charla, este anhelo confirmaba una vez más lo que siempre se le había comunicado en el pasado mediante ataques y ausencias.

En el caso de Iván, puesto que había sido intimidado y golpeado por el color de su piel cuando era niño, dudaba sobre si podría abrirse y confiar en mí cuando nos conocimos. Se preguntaba si yo (Ben) era una persona segura. ¿Lo acosaría yo también por ser asiático? ¿Confirmaría acaso lo que ya creía: *no es seguro tratar con gente; no puedes fiarte; acabarán haciéndote daño física y emocionalmente?* Con el tiempo, Iván comenzó a entender que podía fiarse de mí. A medida que nuestra amistad se desarrollaba, el anhelo que tenía Iván de sentir seguridad comenzó a ser satisfecho. Comenzó a cambiar, relajándose y abriéndose a otras personas. Se sentía menos ansioso e indignado. Comenzó a ver que Jesús satisfacía los anhelos insatisfechos de su corazón y le llevaba a crecer por medio de relaciones personales con otras personas seguras. A las pocas semanas, Iván me dijo que yo era el segundo hombre en quien había podido confiar.

A lo largo de la vida, todos experimentamos ataques y ausencias. La Biblia está llena de ejemplos de esta realidad, tanto para los cristianos como para los que no lo son. Ser cristiano no significa que podremos escapar a estos ataques, ausencias y anhelos insatisfechos. José fue traicionado por sus hermanos y vendido como esclavo (Génesis 37). La mujer de Potifar mintió a su marido y José fue víctima de esa mentira (Génesis 39). Noé y su familia vivieron el diluvio y experimentaron un enorme desarraigo en sus vidas (Génesis 7). Moisés fue abandonado por sus padres cuando era un bebé (Éxodo 2). Tamar fue violada por su hermano (2 Samuel 13). La mujer del pozo en Juan 4 estaba habituada a ser marginada por su raza y por su pasado. El propio Jesús fue públicamente escarnecido, torturado, desnudado y ejecutado injustamente por delitos que no había cometido.

Una de las mayores tragedias es que el enemigo utiliza estos ataques, ausencias y anhelos insatisfechos para generar vergüenza en nuestras vidas. La vergüenza dice: «soy malo» o «me pasa algo raro». La vergüenza es una convicción fundamental y errónea de que en nuestra identidad hay algo intrínsecamente defectuoso. Podemos aceptar la vergüenza como prisma para vernos a nosotros mismos y al mundo que nos rodea, y esto nos impedirá vivir según el potencial y el propósito de Dios para nosotros. Esto es también un obstáculo para que podamos influir positivamente en las vidas de quienes nos rodean. Cuando no tratamos adecuadamente nuestra vergüenza y sus causas, perpetuamos su ciclo destructivo y hacemos que otras personas también la experimenten.

En su libro *Inavergonzable*, Christine Caine afirma:

> Con el tiempo, un corazón que ha estado bombeando vergüenza acaba haciéndose tóxico. Cuando se nos hiere, goteamos residuos tóxicos, y estos residuos nos envenenan a nosotros y a quienes nos rodean; aunque no seamos conscientes de ello en absoluto...
> La realidad es que:

> - Las personas heridas hieren a otras personas.
> - Las personas rotas rompen a otras personas.
> - Las personas destrozadas destruyen a otras personas.
> - Las personas dañadas dañan a otras personas.
> - Las personas que sufren hacen sufrir a otras personas.
> - Las personas atadas atan a otras personas.[3]

Lee tu vida

El dolor producido por nuestras necesidades insatisfechas —necesidades legítimas y dadas por Dios— puede ser devastador. Puede hacer que nos preguntemos dónde estaba Dios, dónde está ahora y por qué ha permitido que sucedieran estas cosas. Podemos preguntarnos si realmente se preocupa por nosotros y si tiene algo que decirnos en nuestras luchas. Y en momentos así no estamos solos. Aun el rey David, cuando sufría la rebelión de su hijo y afrontaba uno de los momentos más sombríos de su vida, alzó la voz y pronunció las palabras que después se registrarían en el salmo 3 de la Biblia:

> Muchos son, SEÑOR, mis enemigos;
>   muchos son los que se me oponen,
> y muchos los que de mí aseguran:
>   «Dios no lo salvará».
>
> Pero tú, Señor, me rodeas cual escudo;
>   tú eres mi gloria;
> ¡tú mantienes en alto mi cabeza!
>   Clamo al Señor a voz en cuello,
>
> y desde su monte santo él me responde.
>   Yo me acuesto, me duermo y vuelvo a despertar,
> porque el Señor me sostiene.
> No me asustan los numerosos escuadrones
>   que me acosan por doquier.
>
> ¡Levántate, SEÑOR!
>   ¡Ponme a salvo, Dios mío!
> ¡Rómpeles la quijada a mis enemigos!
>   ¡Rómpeles los dientes a los malvados!

Tuya es, Señor, la salvación;
¡envía tu bendición sobre tu pueblo! (Salmos 3:1–8)

Los efectos de nuestras necesidades insatisfechas, los resultados de ciertos ataques y ausencias en nuestras vidas, pueden parecer insoportables a veces, pero nuestras historias todavía no han terminado. Dios se duele y llora con nosotros (Juan 11:35). Él está cercano a los quebrantados de corazón. Dios nunca desperdicia nuestro dolor y sufrimiento si permitimos que los use. Él promete utilizar incluso nuestros capítulos más sombríos para que nuestras historias encuentren resolución y para hacernos más como él (Romanos 8:28–29). Él nunca usa nuestro pasado para avergonzarnos, sino para formarnos. Promete desarrollar en nosotros perseverancia, carácter y esperanza (Romanos 5:3–5). Promete restaurarnos y hacernos fuertes y firmes (1 Pedro 5:10), llevándonos a vidas cada vez más plenas.

Sean cuales sean los dolores, heridas y anhelos insatisfechos que experimentemos, podemos cobrar ánimo porque Jesús ya ha vencido al mundo. Nuestras batallas son temporales, y un día veremos a Jesús cara a cara en un lugar más maravilloso aun que el Edén, y esto superará con creces cualquier anhelo insatisfecho.

Pues los sufrimientos ligeros y efímeros que ahora padecemos producen una gloria eterna que vale muchísimo más que todo sufrimiento. Así que no nos fijamos en lo visible, sino en lo invisible, ya que lo que se ve es pasajero, mientras que lo que no se ve es eterno (2 Corintios 4:17–18).

Igual que el apóstol Pablo, quien tras sufrir naufragios, ser apedreado, encarcelado y golpeado dijo haber aprendido «a vivir en todas y cada una de las circunstancias», también nosotros podemos aprender a vivir de este modo, sabiendo que Jesús está con nosotros, nos consuela y nos ha preparado un lugar con él para siempre en la eternidad (Filipenses 4:12). Podemos saber que, en Cristo que nos fortalece, podemos salir adelante y soportar todas las cosas (Filipenses 4:13).

Sea cual sea nuestro pasado, conocemos a nuestro sanador. Sea cual sea nuestra tormenta, conocemos a aquel que es nuestra ancla. Sean cuales sean nuestras circunstancias, conocemos nuestro futuro.

Jesús desea liberarnos de los efectos de estos ataques y ausencias y cumplir nuestros anhelos insatisfechos. Él desea traer sanación y transformación a nuestra vida. Podemos estar seguros de que Jesús se preocupa por nosotros, porque él dijo que había venido a buscar a los enfermos, no a los sanos (Marcos 2:17); él vino a sanar a los quebrantados de corazón y a vendar sus heridas (Salmos 147:3); vino a liberar a los cautivos (Lucas 4:18); vino para darnos vida abundante, aquí y ahora (Juan 10:10). Un día Jesús hará nuevas todas las cosas y enjugará todas nuestras lágrimas (Apocalipsis 21:4) en un tiempo en que disfrutaremos de una relación íntima con él en un lugar más maravilloso incluso que el Edén (Apocalipsis 21:1-3). Él vino a vendar y a sanar nuestras heridas, pero debemos entender cuáles son para poder llevárselas a él e invitarle a sanarlas. Como dice el Dr. Dan Allender, escritor y terapeuta: «Tómate en serio la historia que Dios te ha dado para que vivas. Es tiempo de leer tu vida, porque tu historia es la que puede hacernos arder a todos».[4]

Aunque mirar detenidamente nuestros anhelos insatisfechos puede ser un ejercicio muy doloroso, debemos hacerlo si queremos sanar y crecer. Sobre esto Henry Cloud escribe:

> Aunque el sufrimiento es negativo, forma parte de la vida, especialmente de la parte del crecimiento. Nadie crece hacia la madurez sin entender el sufrimiento. Por ejemplo, tratar con nuestros sufrimientos, pecados y fracasos supone dolor, tanto en nuestro interior como en nuestras relaciones con los demás.[5]

No podemos sanar o crecer de un modo aislado. Sé, pues, valiente. Identifica tus anhelos insatisfechos del pasado y el presente, y analiza detenidamente las formas en que tales anhelos han sido —o están siendo— insatisfechos. Tómate en serio tu historia, las cosas que has soportado, aquellas que has vencido. Comienza ahora a procesar tu pasado y presente con Jesús y con personas seguras y dignas de confianza. Hemos de permitir que Jesús y otras personas hablen a nuestras vidas, nos apoyen y nos animen en nuestro recorrido vital. A medida que haces esto, experimentando cada vez más la vida abundante que Dios desea para ti, prepárate para que Dios te use para llevar sanación y cambio a los demás. (Rara vez hace Dios algo por medio de nosotros antes de hacerlo en nosotros).

Finalmente, después de examinar las preguntas para la reflexión, tómate un tiempo para trabajar con la «Evaluación de profundidad de los anhelos» en las páginas siguientes; esto te ayudará a poner la base para la tarea que Dios y tú llevarán a cabo en los próximos capítulos.

⌐ EVALUACIÓN DE PROFUNDIDAD DE LOS ANHELOS ⌐

Esta evaluación, desarrollada en colaboración con el Dr. Ted Roberts, pretende ayudarte a identificar y entender los anhelos insatisfechos que te han estado frenando en tu recorrido hacia la plenitud. Por favor, responde las preguntas marcando S (por «Sí») o N (por «No») en la columna correspondiente.

S   N

___ ___ Me cuesta dejar de hacer ciertas cosas, aunque estas sean inútiles o destructivas

___ ___ Desde el principio de mi vida repito una y otra vez determinadas conductas destructivas

___ ___ A menudo tengo deseos sexuales más intensos cuando me siento solo

___ ___ Siento lealtad hacia las personas, aunque me hayan hecho daño

___ ___ Utilizo internet, plataformas de *streaming*, la comida y las aficiones como una forma de evadirme

___ ___ Aplazo repetidamente ciertas tareas

___ ___ Me siento mal conmigo mismo por determinadas experiencias vergonzosas de mi pasado

___ ___ Escondo algunas de mis conductas de los demás

___ ___ Después de llevar a cabo cosas que no deseo hacer me siento triste

___ ___ A veces me siento controlado por mis conductas no deseadas

___ ___ Temo el rechazo de otras personas

___ ___ Pienso que lo que hago nunca está bien del todo

___ ___ Siento que no soy digno de amor

___ ___ Temo ser una molestia para los demás

___ ___ Siento que soy una persona desconocida y malentendida

___ ___ Creo que mis pensamientos y opiniones no son importantes

___ ___ Tengo temores sobre mi seguridad física, finanzas o necesidades emocionales

Puntuación

Cuenta el número de declaraciones a las que has respondido «Sí».

Total de respuestas: ___

Responder «Sí» a seis o más de estas declaraciones indica que algunos anhelos importantes pueden haber quedado insatisfechos tanto en el pasado como en el presente. En este caso recomendamos la ayuda de un terapeuta profesional para gestionar estas áreas no resueltas de anhelos insatisfechos y dolor. Esta valoración no es concluyente, pero sí un posible indicador de la profundidad de los anhelos insatisfechos y el dolor en tu vida.

Preguntas para la reflexión

1. De los siete anhelos que hemos expuesto en este libro, ¿cuáles son los dos en los que más piensas o más deseas?
2. ¿De qué formas han quedado insatisfechos estos dos anhelos durante el año pasado? ¿Cómo lo han sido durante los años de tu desarrollo?
3. ¿Recuerdas momentos en que estos anhelos quedaron insatisfechos por medio de ataques? ¿Y de ausencias?
4. Intenta hacer tuya esta oración de David antes de terminar la «Evaluación de profundidad de los anhelos»:

> Examíname, oh Dios, y sondea mi corazón;
> ponme a prueba y sondea mis pensamientos.
> Fíjate si voy por mal camino,
> y guíame por el camino eterno.
> (Salmos 139:23–24)

IDENTIFICA AQUELLO QUE NO DESEAS

Ciertas cosas son más fáciles de entender que otras.

¿Por qué te pones tan a menudo tus vaqueros preferidos? Fácil: porque te sientes cómodo con ellos y te gusta cómo te quedan.

¿Por qué tomas casi cada día la misma ruta hasta el trabajo? Esto también es fácil: porque normalmente es la más rápida para llegar... y también porque pasas por una cafetería que te gusta.

¿Por qué escuchas la música de Ke$ha? Para eso no hay ninguna buena razón.

Hablando en serio, es fácil entender por qué hacemos cosas neutras o constructivas. Pero es mucho más difícil sondear las razones que subyacen tras nuestras conductas no deseadas y tendencias destructivas. ¿Por qué atacamos verbalmente a personas que amamos? ¿Por qué comemos compulsivamente o nos abandonamos a la pornografía? ¿Por qué tenemos pensamientos tóxicos sobre nosotros mismos y sobre otras personas? ¿O nos entregamos a otros hábitos que no nos gustan —que odiamos incluso— pero a los que, sin embargo, volvemos una y otra vez?

Anhelos de conexión

Yo (Ben) crecí en Virginia, con breves temporadas en Tailandia y las Filipinas (mis padres trabajaban en un ministerio cristiano de plena dedicación).

A la mayoría de los chicos muchas cosas de mi infancia les habrían parecido idílicas, al menos a primera vista: viajar por el mundo, disfrutar de vacaciones en playas tropicales, tener toda clase de amigos y unos padres que permanecían juntos y suplían mis necesidades materiales. Pero ciertos acontecimientos fuera de mi control plantaron las semillas de conductas no deseadas que yo no entendería plenamente hasta muchos años después. Vivía en un entorno saturado de cristianismo. Mis padres trabajaban para una organización cristiana. Crecí asistiendo a una iglesia que hablaba sobre Jesús y la importancia de conocerle personalmente. Supe desde muy joven que Dios quería tener una relación personal conmigo, y que yo había hecho cosas malas y estaba separado de él, pero que por medio de la vida, muerte y resurrección de Jesús podía recibir el perdón y una relación reconciliada con Dios. Entregué mi vida a esta causa cuando era un niño, y aunque mi relación con Dios fue restaurada, otras relaciones se rompieron.

Mi padre trabajaba muchas horas en la oficina y se ausentaba a menudo durante varias semanas seguidas por viajes ministeriales. Le echaba de menos durante sus viajes, pero las cosas no iban mucho mejor cuando estaba en casa. Se enfadaba con mucha rapidez y me gritaba cuando me portaba mal. Su ira era explosiva. Sentía constantemente que no estaba a la altura de sus expectativas. No me decía por qué las cosas estaban mal; simplemente tenía que obedecer. Nunca pude explicarme, porque mis preguntas se veían como «replicar». Anhelaba ser entendido. Recuerdo que hacía cosas indebidas y mi padre me azotaba en un estado de furia. Era algo aterrador. Durante muchos años viví con temor a mi padre.

Cuando tenía ocho años, comencé a reaccionar ante aquellas dolorosas realidades. Respondía airadamente contra mi padre, arremetiendo contra él en un intento de protegerme del dolor. Desarrollé ansiedad y estaba siempre en alerta, esperando la próxima vez que experimentaría rechazo. Me encerré en mí mismo, aceptando las mentiras que otros me comunicaban sobre mi valor y experimentando depresión por ello. Quería controlar aquello y desarrollé un trastorno obsesivo compulsivo en respuesta al caos que me rodeaba. Me evadía comiendo en exceso. Y cuando todo parecía insoportable, venían los pensamientos suicidas.

Seguía buscando algo que me ayudara a sobrellevar las dolorosas realidades que estaba experimentando. Pronto descubrí algo que podía darme un subidón como una droga, y era gratis: la pornografía dura. No es que la buscara; durante la escuela intermedia, mis amigos me introdujeron a ella (más adelante supe que esto es lo que suele sucederles a la mayoría de los niños que ven pornografía). La primera vez, mis amigos pusieron algunos videos en el televisor que me resultaron chocantes y repelentes, hasta el punto de que salí de la habitación. Pero la curiosidad me hizo volver, y pronto me enganchó.

Durante los meses siguientes comencé a buscar pornografía, y con el tiempo se convirtió en una adicción. Sabía que estaba mal, pero no podía parar. Estaba dividido. Me gustaba la evasión que suponían aquellas imágenes y la interminable pseudoaceptación y atención que me ofrecían las mujeres de la pantalla. Por un momento, era como si yo fuera el objeto de su afecto. Sentía, sin embargo, una inmensa vergüenza después de ver aquellos videos y le hice incontables promesas a Dios de dejarlo. Aborrecía lo que estaba haciendo y comencé a odiarme a mí mismo. La pornografía comenzó a afectar negativamente mi relación con mis amigos a medida que empecé a aislarme de ellos debido a la vergüenza que experimentaba, y tenía que esforzarme para no ver a mis amigas como meros objetos para mi gratificación sexual. Sentía una inmensa distancia en mi relación con Jesús porque le ofendía con mi pecado una y otra vez.

Mi adicción a la pornografía se intensificó durante toda la escuela intermedia y secundaria. Mis problemas de salud mental empeoraron, y mi padre se convirtió en alguien todavía más distante que ahora comenzaba a beber en exceso. Recuerdo que a veces nos pasábamos varias semanas seguidas sin hablarnos. Estaba resentido con él por su ira, su lejanía y por la falta de valor que yo sentía por ello.

Comencé a creer que aquellos que supuestamente tenían que estar a mi lado me dejarían en la estacada y me rechazarían. Tenía una angustiosa sensación de que me pasaba algo raro; de que el problema era yo. Si fuera diferente, las personas no me rechazarían. Si fuera mejor, tendría algún valor como persona. No sabía quién era ni cuánto se me valoraba. Me sentía como una carga para quienes estaban a mi alrededor, en especial para mi familia. En lo profundo de mi ser, anhelaba dos cosas: aceptación y atención. Quería ser valorado y amado por ser quien era, y anhelaba ser conocido y comprendido. Intenté encontrar a alguien o algo que supliera estas necesidades yendo de un grupo de amigos a otro. Temporalmente encontraba un grupo, pero la satisfacción de estas necesidades era fugaz. Durante una temporada parecía el tipo más popular del mundo, y la siguiente era el blanco de todas las burlas.

Este círculo vicioso seguía girando a medida que yo me iba hundiendo más y más en conductas no deseadas, pensando que mis únicos problemas eran la pornografía, la ira y mi condición mental. Pronto me di cuenta de que estas cosas eran solo mis intentos de solucionar cuestiones más profundas.

Futilidad y fracaso

Como niño tenía una necesidad legítima, un anhelo de atención, especialmente de parte de las personas más cercanas e importantes para mí. Cuando este anhelo quedó frustrado, me sentí rechazado, descuidado y malentendido. De modo que intenté sobrellevar aquellos sentimientos atacando verbalmente a los demás, esforzándome en ser popular con la esperanza de que se fijaran en mí y me conocieran, y consumiendo pornografía.

Pronto me encontré atascado en el ciclo que describe Pablo: «No entiendo lo que me pasa, pues no hago lo que quiero, sino lo que aborrezco» (Romanos 7:15).

¿Te identificas con este sentimiento? ¿Esta frustración? ¿Te has encontrado luchando con conductas no deseadas sin saber por qué? Quizá has estado intentado corregir ciertos malos hábitos —como el abuso de drogas o alcohol, comer en exceso o gastar más de la cuenta— limitándote a esforzarte al máximo por cambiar estas cosas.

Muchas de nuestras conductas no deseadas son lo que la Biblia llama pecado. En esencia, el pecado es erróneo porque va contra el carácter de Dios. Va contra su honestidad, justicia, amor y verdad. Nuestro pecado le hace daño a Dios, a nosotros mismos y a otras personas. Nos lleva a la desconexión y a la alienación. Cualquiera que sea tu historia y sean cuales sean las conductas no deseadas en las que estés cayendo, es importante que sepas que tras tu pecado hay algo más que la naturaleza con la que nacemos todos los humanos. «Según la perspectiva bíblica, el pecado no es solo una mala acción, sino un estado de alienación de Dios».[1] Todos hemos pecado, hecho lo malo y nos encontramos en un estado de alienación de Dios. ¿Te han dejado tus conductas no deseadas con una sensación de separación de Dios? ¿Sientes que Dios está distante y esperando a que te enmiendes antes de aparecer? ¿Te has sentido atascado y con un sentimiento de frustración en todas las cosas que has intentado sin que haya habido mucho movimiento ni cambios permanentes?

Yo he estado atrapado durante más de la mitad de mi vida en conductas no deseadas que, con el tiempo, iban ganando más terreno en mi vida. Lo que inicialmente eran conductas ocasionales se convirtieron en patrones compulsivos que acabaron siendo, a todos los efectos, adicciones. Era incapaz de dejar de hacer aquellas cosas, por mucho que lo intentara. Comencé a dudar del poder y veracidad de las promesas de Dios, puesto que no estaba experimentando nada de la vida abundante y la libertad que describe la Biblia. Intenté todo lo que se me ocurrió, pero no hubo manera.

Si quieres dar un gran paso adelante y encontrar a personas que puedan identificarse contigo en tu conducta no deseada, fíjate en las palabras de Pablo a la iglesia de Éfeso, donde este invita e insta a sus amigos a escucharle y a vivir la vida de Dios de forma individual y comunitaria:

Esto, pues, digo y requiero en el Señor: que ya no andéis como los otros gentiles, que andan en la vanidad de su mente, teniendo el entendimiento entenebrecido, ajenos de la vida de Dios por la ignorancia que en ellos hay, por la dureza de su corazón; los cuales, después que perdieron toda sensibilidad, se entregaron a la lascivia para cometer con avidez toda clase de impureza. Mas vosotros no habéis aprendido así a Cristo, si en verdad le habéis oído, y habéis sido por él enseñados, conforme a la verdad que está en Jesús. En cuanto a la pasada manera de vivir, despojaos del viejo hombre, que está viciado conforme a los deseos engañosos, y renovaos en el espíritu de vuestra mente, y vestíos del nuevo hombre, creado según Dios en la justicia y santidad de la verdad (Efesios 4:17–24, RVR1960).

Pablo nos muestra la progresión de cualquier pecado o conducta no deseada en nuestras vidas. El apóstol escribe a creyentes en Jesucristo, pero compara su estado con el de personas no cristianas. Es un error pensar que cuando las personas llegan a la fe de Jesús se vuelven inmunes a conductas no deseadas y patrones compulsivos. Es cierto que cuando alguien se hace cristiano, tal persona se reconecta con Dios, pero las palabras de Pablo sugieren que un cristiano puede estar en Cristo y, sin embargo, «ajeno de la vida de Dios», separado de la bondad, intimidad y satisfacción que conlleva tener una estrecha relación personal con Dios. Esta es la vida de Dios, la vida que tenía para nosotros en el huerto del Edén y para la cual fuimos creados. Pablo dice: «Esto, pues, digo y requiero en el Señor: que ya no andéis como los otros gentiles». Su comparación de la forma de vida gentil con el camino de

Jesús revela que es posible que un cristiano vuelva a sus antiguas formas de vida.

Pablo describe esta antigua forma de vida como estar «ajeno de la vida de Dios», tener «el entendimiento entenebrecido», experimentar «dureza de [...] corazón» y una pérdida de «toda sensibilidad». El apóstol resume esta antigua forma de vivir como andar «en la vanidad de su mente». ¿Puede ser que haya formas en que estemos atrapados en este ciclo antiguo y vano? ¿Puede ser que nos desconectemos de la vida de Dios y que por ello experimentemos anhelos insatisfechos, oscureciéndose nuestro entendimiento a medida que vamos creyendo una mentira tras otra acerca de Dios, nosotros mismos y los demás? ¿Puede ser que desarrollemos una pérdida de sensibilidad cuando adormecemos nuestro dolor abandonándonos a estas conductas no deseadas?

Personalmente, he sido testigo de incontables formas en que este ciclo se ha materializado en mi vida y en la de muchas otras personas que, a lo largo de los años, he guiado en grupos de sanación. Esto es lo que a menudo sucede: una persona se desconecta de la vida de Dios; durante su niñez sus siete anhelos quedan insatisfechos, comienza a desarrollar una mente vana y empieza a creer mentiras movida por el dolor de sus anhelos frustrados sobre Dios, ella misma y los demás. Piensa que tiene que esconderse, y siente muchísima vergüenza.

Decide inútilmente esforzarse más para vencer sus conductas no deseadas. Esta persona regresa una y otra vez a las conductas no deseadas y su entendimiento se oscurece, perdiendo la esperanza y el sentido de la realidad, y experimentando más vergüenza y aislamiento. Esto solo sirve para perpetuar los sentimientos de estos anhelos frustrados y el deseo de seguir con las conductas no deseadas, convirtiéndose en una espiral descendente que conduce a una pérdida de la sensibilidad (o entumecimiento espiritual), una falta de esperanza y decisiones cada vez más destructivas.

Otro ejemplo de esta vana forma de pensar es la manera en que muchos de nosotros hemos intentado cambiar conductas no deseadas. Una de ellas es lo que muchos llaman «rendir cuentas», un acercamiento que suele centrarse en el cumplimiento de determinadas reglas y restricciones como una forma de cambiar conductas.

Cuando estaba en la universidad, solía verme una vez por semana con un amigo para hablar de mi lucha con la pornografía. Compartíamos el uno con el otro si habíamos visto pornografía durante la semana y con qué frecuencia. Cada semana nos comprometíamos a esforzarnos más durante la próxima. Se nos ocurrieron ideas para dejar de hacerlo, como irnos antes a la cama, dejar nuestros ordenadores en zonas comunes, etcétera. Nos centrábamos en la conducta más que en la razón por la que recurríamos a la pornografía. El modelo de rendir cuentas que enseñan muchos cristianos incluye cosas como: contraer compromisos, acordar reglas y aceptar castigos o más restricciones si se titubea o se cae; todo ello en un intento de mantener a la persona a cierta distancia de la tentación y del pecado. Yo intenté todo lo que sabía para no volver a la pornografía. Pronto me sentí como Pablo cuando escribió sobre los cristianos legalistas en la iglesia de Colosas del primer siglo: «Estas reglas [...] podrán parecer sabias porque exigen una gran devoción, una religiosa abnegación y una severa disciplina corporal; pero a una persona no le ofrecen ninguna ayuda para vencer sus malos deseos» (Colosenses 2:22–23, NTV).

No me malinterpretes, hay sabiduría en evitar nuestras conductas destructivas y, sin duda, necesitamos apoyo de otras personas para crecer. Pero el modelo de rendir cuentas que muchos hemos intentado es inútil porque se basa en reglas y trata de modificar una conducta, lo cual con el tiempo conducirá a una mayor sensación de alienación. ¿Alguna vez te has sentido así? ¿Te has dado cuenta de que las cosas que has intentado para avanzar te han dejado con la sensación de estar más atrapado, separado y desconectado de la vida de Dios?

Puede que tus anhelos insatisfechos, conductas no deseadas y vanos intentos de cambiar tus conductas te hayan hecho sentir aún más entumecido. Pablo sigue desarrollando esta realidad en Efesios 4:19, diciendo: «después que perdieron toda sensibilidad». La palabra «sensibilidad» puede significar también «sentimiento». En otras palabras, la «vida de Dios» —que implica conexión, vulnerabilidad y todas las cosas que son saludables y restauradoras— se pierde. Perdemos todo sentido de la plenitud que anhelamos. Perdemos la satisfacción de los siete anhelos que deben ser satisfechos por Dios, el propio ser y otras personas, junto con la vida plena y abundante para la que todos fuimos creados. La separación de esta «vida de Dios» solo nos lleva a la falta de conciencia y al dolor. Perdemos el contacto con la vulnerabilidad. Dejamos de percibir nuestros sentimientos. Nos sentimos entumecidos.

Aunque Pablo no usa la expresión «conductas no deseadas», su descripción parece apropiada para aludir a alguien con patrones compulsivos y malsanos. ¿Qué hacen las personas atrapadas cuando algo provoca estas conductas? En lugar de sentir las heridas y el dolor y de trabajar con estas cosas, «después que perdieron toda sensibilidad, se entregaron a la lascivia». Cambian el sentimiento sólido y duradero por sensaciones fugaces.

Es un cambio terrible. Un canje que ninguna persona saludable querría hacer de forma voluntaria o consciente. Pero cuando nos habituamos a estos pensamientos vanos, entendimiento entenebrecido y corazones endurecidos, nuestra apatía e insensibilidad no nos conducen a la espiritualidad, sino a la sensualidad. Un comentarista afirma: «Si el versículo 18 traza el problema hasta su origen, el 19 muestra su resultado: La "falta de sensibilidad" en una dirección conduce a la "sensualidad" en otra».[2] En palabras de C. S. Lewis, perseguimos «mercancías deterioradas»[3] e imitaciones baratas.

«La maldad es mera bondad deteriorada», escribió Lewis. «Y antes de que algo pueda deteriorarse debe ser bueno».[4] La sexualidad y la sensualidad fueron diseñadas por Dios; son dones buenos y preciosos cuando se buscan según su diseño original. Pero la sensualidad que surge de mentes vanas, entendimientos entenebrecidos y corazones endurecidos no está al servicio de la bondad, sino de la «maldad», en la vida de quienes la consumen. Aunque en el pasaje anterior Pablo no habla concretamente de «afrontar nuestro dolor», su línea de pensamiento puede llevarnos a esta idea. Sin embargo, esta no es una forma saludable de afrontar el dolor, sino malsana. Mark y Debbie Laaser describen la resolución malsana del dolor como «la forma en que evitamos o adormecemos los sentimientos dolorosos, encontrando formas de reconfortarnos o protegernos a nosotros mismos cuando sentimos dolor [...]. Esta forma malsana de resolver nuestro problema es errónea puesto que la aplicamos esperando que funcionará, pero no es así».[5] Intentar satisfacer necesidades legítimas de formas ilegítimas nunca funcionará, tanto si lo hacemos a nivel personal como si lo intentamos en nuestras relaciones con los demás.

Intentos malsanos de sobrellevar los problemas

Mi amigo, el terapeuta Jay Stringer, ha investigado mucho sobre las conductas no deseadas, que él define como cualquier conducta que, en última instancia, no deseamos que forme parte de nuestra vida. En la misma línea, definimos las conductas no deseadas como cualquier pensamiento, convicción o acción compulsiva que quieres detener, pero no puedes.

Es posible que haya anhelos insatisfechos en tu vida que contribuyen a determinadas conductas no deseadas. Quizá pienses: «No es seguro tratar con gente, y me rechazarán», y no puedes deshacerte de estos pensamientos. O puede que tengas la idea de que no eres digno de ser amado, a pesar de lo que te dicen otras personas. Puede que seas como el 46 % de los estadounidenses que afirman sentirse solos, o como el 47 % que se sienten ignorados.[6] O quizá luchas con constantes pensamientos o actos obsesivos sobre el dinero, tu apariencia o cosas materiales. Puede que luches contra la depresión.

Quizá hayas intentado distintas cosas para sobrellevar el persistente dolor que surge de ciertas necesidades insatisfechas.

O puede que te esfuerces por sobrellevar tus emociones desagradables comiendo en exceso o fumando hierba. Quizá te sumerges en la televisión para adormecer tu dolor,[7] o gastas un dinero que no tienes, o te vas de compras para no tener que afrontar emociones difíciles de manejar.

Quizá estás entre el 91 y el 99 % de hombres o entre el 62 al 90 % de mujeres que recurren a la pornografía.[8] La siguiente es una lista de conductas no deseadas frecuentes en las que podemos estar atrapados. ¿Puedes identificar alguna conducta de afrontamiento que te frena o impide alcanzar la vida de plenitud que Dios tiene para ti?

TABLA DE CONDUCTAS DE AFRONTAMIENTO

Adulterio	Alcohol(ismo)	Ira/Furia
Ansiedad/Temor/ Preocupación	Aprobación de los demás	Jactancia/ Fanfarronería
Obsesiones de imagen corporal	Engaño/Tomar atajos	Quejas
Control	Depresión	Desobediencia/ Rebeldía
Divorcio/Separación	Drogas/Abuso de sustancias/Fármacos	Fantasía
Temor al fracaso	Temor a la intimidad	Juego/Apuestas
Avaricia	Falta de esperanza	Inseguridad
Aislamiento/ Retraimiento	Celos/Envidia	Falta de crecimiento
Pereza	Mentira/Engaño/Falta de honradez	Materialismo
Comer en exceso/ Comer menos de lo necesario	Dormir en exceso/ Dormir menos de lo necesario	Derroche
Trabajar en exceso	Perfeccionismo	Falta de límites

Pornografía/Imágenes o textos sexualmente excitantes	Orgullo/Petulancia/ Actitud enjuiciadora	Procrastinación
Palabrotas/ Blasfemias/Lenguaje profano	Racismo	Resentimiento/ Amargura
Autolesiones/Cortes	Autosabotaje	Autovaloración excesiva o insuficiente
Compulsividad sexual	Fumar/Vaporear	Redes sociales
Robar	Plataformas de *streaming* (Netflix, YouTube, etc.)	Pensamientos suicidas
Falta de perdón	Relaciones malsanas	Victimismo
Videojuegos		**Total:**

¿Quieres dar un paso más hacia el crecimiento y la plenitud? Si es así, toma un bolígrafo y busca un lugar tranquilo, pon tus dispositivos en silencio y tómate un tiempo para examinar la lista de arriba; traza un círculo en aquellas conductas de la lista con las que has luchado alguna vez durante tu vida. Sé lo más honesto y minucioso que puedas; como solía decir mi padre: «Un problema bien planteado está medio resuelto».[9] Cuanto más honesto y minucioso puedas ser, más amplio será tu restablecimiento cuando comiences a afrontar tus conductas no deseadas y consideres en oración, en lo que queda de este libro, las necesidades insatisfechas que tales conductas pueden revelar, así como los transformadores pasos hacia la plenitud de vida.

Afrontamiento no saludable en las relaciones personales

Todos tenemos conductas no deseadas. A menudo comienzan siendo cosas pequeñas que nos pasan desapercibidas pero que, con el tiempo, crecen y empeoran. Quizá descubras que, en periodos de mucho estrés, tus conductas no deseadas se multiplican e intensifican. Ahora que has definido e identificado tus conductas no deseadas, es el momento de enfocarnos en cómo tiendes a afrontar las dificultades en tus relaciones con los demás. La escritora y terapeuta Virginia Satir sugiere algunas formas de afrontar las relaciones personales.[10] Ella las llama «posturas» que adoptamos en relación con otras personas. Todas nuestras relaciones personales, especialmente las más cercanas, se basan en el amor y la confianza. Cuando en una de estas relaciones sucede algo que nos hace cuestionar este amor y confianza, normalmente responderemos de una de las formas siguientes:

🎁 La postura del complaciente

La persona complaciente hará lo que sea necesario para contentar a los demás, para controlar el juicio y la ira y para impedir que los otros se marchen. Generalmente, el complaciente servirá, se preocupará por los demás y mostrará compasión hasta el agotamiento. La persona complaciente funciona bajo la convicción: «Es culpa mía. Yo no importo. En cualquier caso no merezco amor, ¿qué, pues, importa esto?». Estas personas conocen las necesidades de los demás, pero sofocan las suyas para preocuparse de los demás a su propia costa.

☞ La postura del acusador

El acusador ignora a los demás y piensa solo en sí mismo y en su contexto. El acusador pone muchas excusas a su conducta, pero no escucha ni acepta las excusas de los demás. Asertivos y defensivos, los acusadores señalan con el dedo a los demás, dirigen ira, juicio y vergüenza hacia otras personas, especialmente hacia aquellos que adoptan una postura complaciente.

⊘ La postura del razonador

Esta persona se percibe como toda lógica y sin corazón. Evitará las emociones e intentará negar o descartar las de los demás. Estas personas utilizan la razón y el intelecto para intentar vindicarse a sí mismas, demostrar que los demás están equivocados y ganar la discusión, algo que casi siempre consiguen. Estas personas usarán incluso la Biblia como herramienta o arma para demostrar que el otro se equivoca. Al centrarse en ganar la discusión, estas personas pierden la capacidad de escuchar el corazón de los demás. El resultado es la desconexión.

La postura del retraído

Esta persona adopta una postura apática, convencida de que los asuntos más estresantes de la vida es mejor evitarlos que abordarlos. No suele expresar sus opiniones ni tomar posiciones firmes para evitar desacuerdos. A esta postura puede llegarse de forma gradual, comenzando, quizá, en alguna de las otras. Ahora, sin embargo, tal persona ha llegado al límite, se encoge de hombros y dice: «Lo que sea. No me importa. Haz lo que quieras».

Es posible que mientras leías estas descripciones te hayan pasado por la mente rostros y situaciones que encajan en las cuatro posturas. Pero, naturalmente, lo que queremos es que estas nos ayuden a identificar las posturas que tendemos a adoptar nosotros y a reconocer que ninguna de ellas promueve una comunicación eficaz. Adoptamos estas posturas porque queremos que nuestros anhelos sean satisfechos. Es posible que los complacientes teman desesperadamente no tener afecto o atención, y por ello hacen cualquier cosa para agradar a los demás y evitar que se vayan. En el caso de los acusadores, posiblemente tienen temor al rechazo y desean aceptación, de manera que culpan a otros para desviar la atención hacia ellos. Puede que quienes actúan desde la postura del razonador quieran sentirse valorados, así que intentan convencer a los demás de que su posición es la correcta para suscitar agradecimiento y admiración. Las personas que adoptan la postura del retraído quieren quizá sentirse seguras, por lo que evitan el conflicto a toda costa. Todas estas posturas son un obstáculo para la comunicación, una barrera para que podamos sentirnos escuchados y entendidos. En lugar de satisfacer nuestros anhelos, alejan a los demás y hacen más profunda nuestra insatisfacción.

Dios no nos ha diseñado para que adoptemos estas posturas tan poco saludables, sino para que vivamos desde la plenitud y seguridad para las que nos ha creado. El propósito de Dios para nosotros es que vivamos seguros, sabiendo lo mucho que somos ya aceptados, afirmados y protegidos. Aunque esto requiere práctica, recordarnos con regularidad todas las maneras en que Dios satisface nuestros siete anhelos nos libera para que seamos generosos en nuestras relaciones personales, estemos tranquilos cuando nuestros anhelos quedan brevemente insatisfechos y para que vivamos en un entorno de paz. Identificar tu postura «habitual» es un paso crucial para evitar malentendidos y prevenir conductas no deseadas en el futuro.

Despojarnos y vestirnos

La progresión de las conductas no deseadas que Pablo describe en Efesios 4 puede traslaparse con algunos de los elementos que has señalado con un círculo en la lista de las páginas 75 - 76. Es una progresión que termina con una forma de desconexión que afecta negativamente la parte más profunda del corazón humano. La referencia de Pablo a la «sensualidad» y «toda clase de impureza» abarca muchos vicios y pecados, pero parece subrayar especialmente el pecado sexual. El pecado sexual puede definirse como cualquier pensamiento o acto que se encuentra fuera del diseño divino para una relación sexual saludable. Esta progresión no acaba en satisfacción y desarrollo, sino con un constante deseo de más.

Efesios 4:17–19 es el mapa de una vida llena de conductas no deseadas. En el caso de Ben, el descenso a la sensualidad por medio de la pornografía generó un ardiente y constante deseo de experimentar más. ¿Cuánto tiempo pasa desde que alguien ve pornografía para aliviar el dolor mental y emocional hasta que necesita otra sesión? Es un proceso interminable. La pornografía no puede llenar el vacío que se produce cuando una persona se aparta de «la vida de Dios». Como dijo C. S. Lewis: «Si encuentro en mí un deseo que nada de este mundo puede satisfacer, la explicación más probable es que he sido creado para otro mundo».[11] Los anhelos que Dios ha puesto en todos nosotros pedirán más hasta que nos volvamos a conectar con Jesús, su pueblo y la vida que él ofrece; una vida que se vive y sustenta por medio de todo lo que Dios nos ha dado para ayudarnos a crecer y prosperar en ella.

La progresión comienza en el versículo 17 con la invitación y exhortación de Pablo a vivir de manera distinta. En el versículo 18 el apóstol describe claramente el problema que se produce cuando no vivimos de manera distinta a los gentiles. Finalmente concluye con el resultado en el versículo 19. Con esta secuencia de invitación, problema y resultado, la meta de Pablo es invitar a aquellos que están desconectados de la vida de Dios a volver a conectar con la vida verdadera, en lugar de vivir en una interminable sed de más. Si tus conductas no deseadas te han dejado pensando «solo una vez más», o te sientes vacío o entumecido con una sed insaciable de más, hay esperanza. ¿Cómo pasamos de una vida con un tipo de satisfacción que nunca es suficiente y siempre quiere más a otra de verdadera satisfacción y constante desarrollo? Según Pablo es posible; los versículos siguientes nos dicen cómo.

Si quieres comenzar este proceso, dice Pablo, debes quitarte «el ropaje de la vieja naturaleza» (versículo 22) y ponerte «el ropaje de la nueva naturaleza» (versículo 24). Quitarte «el ropaje de la vieja naturaleza» consiste en identificar tus anhelos insatisfechos, tus conductas no deseadas y las cosas que te desconectan de la vida para la que naciste, y darte cuenta de que estas cosas no te conectan a «la vida de Dios». Para vestirnos de la nueva naturaleza tenemos que entender cómo hemos desarrollado formas vanas de pensar y cómo ha sido oscurecido nuestro entendimiento. Vestirnos así incluye encontrar la satisfacción de nuestros anhelos de formas saludables. Debemos detener el ciclo en que nos hemos quedado atrapados y volver hacia atrás siguiendo el modelo que Pablo establece en Efesios 4:17–19.

La única forma de reconectarnos con la vida es reconectándonos con «la vida de Dios», que es esencialmente relacional. No hay ninguna solución a largo plazo que no sea relacional. No puedes hacerlo tú solo. Dios no lo concibió así. Este puede ser un doloroso inicio para un hermoso proceso, pero un escritor afirma: «Únicamente haciendo frente a la dolorosa verdad acerca de nuestro verdadero estado y condición existe esperanza de sanidad».[12] Da el primer paso hacia la esperanza y la sanación. Abre los brazos y abraza la realidad, para que puedas comenzar a crecer y convertirte en la persona según el diseño de Dios. Escribe tus conductas no deseadas. Identifica (o valora aproximadamente) cuándo comenzaron. Comparte tu lista con un amigo de confianza; lo ideal sería que fuera alguien que va a apoyarte en oración. Y aparta un tiempo para responder las siguientes preguntas. No puedes cambiar lo que no sabes, por ello, identifica las conductas no deseadas que practicas, tanto de manera personal como en tu relación con otras personas. Hacerlo te llevará cada vez más cerca de una vida plena y dinámica.

Preguntas para la reflexión

1. ¿Cuál fue el número total de conductas de afrontamiento de la tabla con las que has luchado?
2. ¿Qué postura(s) piensas que adoptas en tus relaciones personales con otras personas?
3. ¿Cuáles son las tres principales conductas no deseadas con las que todavía luchas y cuándo comenzaste a practicarlas?
4. En tus relaciones con los demás, ¿qué efecto tiene(n) la(s) postura(s) que adoptas sobre ti y la otra persona (o personas)?

CAPÍTULO CINCO

ESCUCHA TUS ANHELOS

En la introducción de este libro mencioné que yo (Josh) comencé hace años a reunirme con el Dr. Henry Cloud para que me aconsejara, y he descrito algunas de las formas en que él me ha ayudado a identificar y entender los anhelos insatisfechos que motivaban mis conductas no deseadas y que me llevaban a asumir un exceso de compromisos y al agotamiento. En pocas palabras, me había convertido en un «salvador» compulsivo.

Henry me ayudó a entender que, siendo hijo de un padre alcohólico, desarrollé ya durante mi infancia la tendencia a rescatar y socorrer a otras personas. Crecí sintiendo la responsabilidad de mantener unida a la familia. Cuando mi padre comenzó a ser violento física y verbalmente con mi madre, me enfrenté a él para protegerla. Creo que habría acabado muerta si yo no hubiera intervenido. Mi madre se quejaba de sus problemas con mi padre, y yo llevaba la carga de su angustia emocional. Con frecuencia me sentía atrapado en medio de los problemas entre mi padre y mi madre. Puesto que mi padre estaba ausente emocionalmente, yo tenía que confortarla cuando ella se sentía angustiada.

Mi hermana era quince años mayor que yo. Vivía cerca de nosotros con su marido, un hombre pasivo y sereno. Mi padre iba a menudo por su casa y se ponía verbalmente violento con ella. Cuando yo era joven intentaba impedir que mi padre le hiciera daño, y muchas veces me pasaba por su casa para animarla cuando sabía que mi padre había ido por allí. De estas y otras formas, aprendí a «rescatar» personas siendo un niño, asumiendo cosas que no me tocaban.

Rescatar a mis seres queridos parecía ser una de las pocas maneras de ganarme la aceptación y el amor de mi familia. Me sentía valorado cuando podía ayudar a mi madre con las tareas de la casa, sabiendo que mi padre estaba en un mundo aparte y a menudo demasiado borracho para ayudarla. Me sentía parte de la familia cuando me convertía en el hombre de la casa y mi madre me buscaba a mí en vez de a mi padre para encontrar apoyo emocional. Sentía que mi vida tenía propósito cuando protegía a mi hermana y la confortaba emocionalmente.

Esta conducta protectora continuó durante mi vida adulta, suscitándome el sentimiento de que tenía que resolver todos los problemas del mundo. Henry me ayudó a ver que tras mi deseo compulsivo de proteger a otras personas había un anhelo insatisfecho de aceptación. Quería, a toda costa, ser incluido, amado y aprobado tal como era. Y no había nada malo en este profundo deseo; Dios quería lo mismo para mí: él me creó con este anhelo. Sin embargo, a lo largo de los años había intentado satisfacer esta necesidad de un modo enfermizo y de formas que estaban destruyendo mi vida. Era adicto a rescatar personas de sus problemas para ser aceptado por ellas y los demás. Esto me llevaba con frecuencia a sentirme, primero, usado por las personas y, después, furioso con ellas. Aunque proteger a las personas me daba un sentido de valor temporal y una versión falsa de la aceptación que Dios deseaba que experimentara, en muchos sentidos mi madurez emocional era la de aquel niño herido, aunque tenía más de cincuenta años. No había sanado ni superado esta forma de funcionar; mi crecimiento emocional era raquítico. No me había enfrentado a esta área no resuelta de mi historia, y estaba inhibiendo mi relación con Dios, conmigo mismo y con los demás.

En su libro *Espiritualidad emocionalmente sana*, Peter Scazzero dice: «La salud emocional y la madurez espiritual son inseparables. No es posible ser maduro espiritualmente y seguir siendo inmaduro emocionalmente».[1] Otro amigo, el Dr. James Reeves, afirma: «Tu nivel de madurez emocional siempre determinará el techo de tu madurez espiritual».[2]

Yo era un vivo ejemplo de esta realidad. Aunque tenía un título en teología, había escrito libros, dirigía un ministerio de alcance mundial y llegaba a millones de personas cada año, mi crecimiento espiritual estaba inhibido. Puede que por fuera pareciera un líder cristiano de lo más maduro espiritualmente. Pero nuestra madurez espiritual no está determinada por nuestro grado de conocimiento sobre Dios, ni por el número de cosas buenas que hacemos o el tiempo que pasamos orando, leyendo la Biblia, sirviendo o yendo a la iglesia, sino por el grado en que amamos a Dios, a nosotros mismos y a los demás: el grado en que Dios nos ha hecho madurar a semejanza de Cristo.

Mis anhelos insatisfechos y heridas no resueltas del pasado alimentaban determinadas conductas no deseadas y pecados en mi vida, que inhibían mi relación íntima con Dios y con los demás. Igual que el pecado contra un hermano o una hermana en Cristo crea una distancia emocional hasta que hay una reconciliación, mi pecado estaba también agraviando a Dios y bloqueando mi intimidad con él. No era él quien estaba creando aquella distancia, sino yo, que me alejaba de él cada vez que recurría a la ira, el control y la búsqueda de la aceptación de otras personas. Aunque pensaba que amaba a las personas cuando las rescataba de sus problemas, frecuentemente pecaba contra ellas por cuanto no las ayudaba a madurar.

Rocas y mochilas

La Biblia dice: «Ayúdense unos a otros a llevar sus cargas, y así cumplirán la ley de Cristo [...]. Que cada uno cargue con su propia responsabilidad» (Gálatas 6:2, 5). A primera vista este pasaje puede parecer un poco confuso. Pero un análisis más detenido pone de relieve una gran sabiduría. .

La palabra griega que se traduce como «cargas» evoca la imagen de una persona llevando algo grande y pesado, como una roca redonda. Sugiere algo que no puedes llevar solo, algo que no está hecho para que lo lleve una sola persona. Pero la palabra griega que se traduce como «responsabilidad» (v. 5) es otra; es más como la imagen de alguien con una mochila. La distinción es importante. A veces, todos afrontamos cargas que no podemos llevar solos; necesitamos que otros vengan a nuestro lado y nos ayuden. Sin embargo, cada uno tiene que llevar su propia mochila; eludir nuestra responsabilidad y negarnos a hacer lo que podemos y deberíamos hacer —y esperar que otros asuman nuestra responsabilidad o permitir que lo hagan— es perjudicial y destructivo para nosotros y para aquellos que creen estar ayudándonos.

En mi caso, con mi conducta protectora era como si yo estuviera llevando las mochilas de las personas, impidiendo que estas se responsabilizaran de sus problemas y que, de este modo, pudieran aprender y crecer. Por otra parte, esto alimentaba la ira y el resentimiento en mi interior. Decía «sí» con la boca, pero «no» con el corazón. Estaba viviendo una doble vida, y esto estaba acabando conmigo.

Trágicamente, muchas personas nunca llegan a ser conscientes de los aspectos no resueltos de su pasado, cosas que las mantienen atoradas y que no les permiten alcanzar todo su propósito y potencial. Muchas personas nunca llegan a ser liberadas para servir y ministrar a los demás de formas sanas y productivas porque están agobiadas por su vergüenza, conductas no deseadas y pecado. Muchos siguen adelante con su vida, atascados en conductas no deseadas y practicando formas inconscientes de autosabotaje.

Nuestros anhelos insatisfechos pueden comunicarnos mentiras sobre nosotros mismos, Dios y el mundo que nos rodea. Con el tiempo, podemos comenzar a adoptar creencias fundamentales erróneas o percepciones equivocadas de la realidad y vivir a partir de ellas. Podemos comenzar a creer mentiras sobre nosotros mismos en lo profundo de nuestro ser, cosas como «No soy digno de amor», «A mí me pasa algo raro», «No estoy a la altura» o «No amo lo suficiente». Podemos creer, asimismo, mentiras sobre los demás: «No se puede confiar en nadie», «Todas las figuras de autoridad son arrogantes y quieren usarme y abusar de su posición» o «Las personas que tienen un aspecto distinto del mío son incultas e inmorales». Y podemos también creer mentiras sobre Dios: «Nunca podrá amarme o perdonarme», «No puedo confiar en él» o «No es bueno».

Cuando esto sucede, y aunque podamos esforzarnos por creer la verdad, parece que hay algo en lo profundo de nuestro ser que nunca se ajusta a ella. Yo (Ben) viví de este modo durante décadas. Sentía que no encajaba con mi familia; ni con mis amigos. Pensaba que nunca podría satisfacer las expectativas de mis padres y maestros.

En lo profundo de mi ser, comencé a creer la mentira de que era inadecuado y sin valor. Aunque era una mentira, parecía verdad. Dictaba la forma en que vivía e interactuaba con los demás. Me sentía inseguro, reactivo y lleno de ira, estaba constantemente abrumado y con temor al fracaso. Aun cuando comencé a reconocer que esta mentira había echado raíces profundas en mí, fueron necesarios varios años para que este cambio se produjera y yo pudiera funcionar desde una posición más sana.

Profundizaremos más en esta realidad en el próximo capítulo, pero por ahora queremos que sepas que estos anhelos insatisfechos pueden configurar el modo en que vemos todos los aspectos de nuestra vida, especialmente cuando estos están arraigados en experiencias de la infancia. Puede ser muy doloroso abordar las heridas de la infancia, pero es importante hacerlo porque las experiencias tempranas son a menudo las más formativas; llevamos estas experiencias no resueltas en todas las etapas de la vida. Si no abordamos nuestra historia —es decir, si no afrontamos y entendemos los lugares altos y bajos de nuestro pasado— podemos desarrollar creencias fundamentales erróneas, y cuando nuestros anhelos quedan insatisfechos, con frecuencia reaccionamos e intentamos resolverlos o evadirlos de formas inútiles.

Puede que estés pensando: «Yo he tenido una vida muy normal. No sufrí abusos, no tuve experiencias tan dolorosas o traumáticas, y tuve casi todo lo que necesitaba». Aunque esto sea cierto, piensa que nuestros recuerdos también pueden jugarnos malas pasadas; nuestras experiencias forman la base de lo que después consideramos normal. Todos hemos experimentado dolor, desilusiones, pérdidas y anhelos insatisfechos en el pasado y, hasta cierto punto, esta sigue siendo nuestra experiencia en el presente, aunque hayamos tenido los mejores amigos, padres, hermanos y parientes. Y, como antes hemos analizado, no podemos comparar de forma fiable el impacto de los ataques y ausencias en nuestra vida con los que han experimentado otras personas. Los anhelos insatisfechos y las heridas no resueltas son inevitables y universales.

Muchas veces nos sentimos perplejos y procuramos entender por qué no podemos detener algunas de nuestras conductas. A veces queremos desesperadamente detener ciertos pensamientos, creencias o acciones y, sin embargo, seguimos con ellos. En este capítulo exploraremos esta conexión perdida. Dicha conexión te empoderará para salir del atasco y avanzar hacia la vida abundante que Dios tiene para ti. Cuando descubrimos esta conexión que nos falta —nuestro *porqué*— descubrimos nuestro *cómo*. En concreto, cómo nos llevan nuestros anhelos insatisfechos a las conductas no deseadas y cómo podemos vencerlas y experimentar sanación.

Más que nuestra naturaleza

En los primeros capítulos de este libro, hemos introducido el modelo fundamental que estamos explorando expresión reiterativa, que llamamos apologética de la plenitud. A continuación, hemos estudiado la primera parte de este modelo y explicado cómo experimentamos la plenitud y la vida abundante que Dios desea para todos nosotros por medio de los siete anhelos. En este capítulo, consideraremos la segunda parte del modelo: el hecho de que, además de nuestra naturaleza caída, hay otros elementos que motivan nuestro pecado y conductas no deseadas (ver «Los anhelos insatisfechos llevan a conductas no deseadas» en el diagrama de la apologética de la plenitud).

Esta es la premisa: pecamos porque hemos nacido con una naturaleza pecaminosa, pero también pecamos y luchamos como reacción cuando somos heridos u objeto de ofensas.

La primera parte de esta premisa es fácil de entender: pecamos porque hemos nacido con una naturaleza pecaminosa. Estamos de acuerdo con lo que Jesús y los dirigentes de la iglesia han enseñado a lo largo de los siglos: hemos nacido con una naturaleza caída y, como todos los seres humanos, hemos transgredido las leyes de un Dios perfecto y santo (Romanos 3:23). Vivimos por nuestras propias reglas. Amamos más las cosas creadas que al Creador. Nos hacemos daño a nosotros mismos y a otras personas. Incluso el bien que hacemos está a menudo mezclado con motivos corruptos. Hemos nacido en esta miseria, experimentando lo contrario de plenitud.

Pero a pesar de todas estas cosas, no somos seres carentes de valor. Hacemos cosas malas y cometemos actos de maldad, pero esto no cambia el hecho de que hemos sido creados a imagen de Dios. Tenemos un valor e importancia inherentes porque somos la cumbre de la creación de Dios. Tengamos o no una relación personal con Cristo, le llamemos o no Señor nuestro, nuestro valor es infinito.

Sin embargo, cuando le entregamos nuestra vida a Cristo él nos adopta en su familia real y nos llama suyos. Él nos hace justos, irreprensibles y limpios, perdonándonos todos nuestros pecados: pasados, presentes y futuros. Nos restaura a un estado parecido al de los primeros seres humanos en el Edén: con plena capacidad para decidir seguirle o no, y para actuar bien o mal. Él viene a vivir dentro de nosotros y nos capacita para decidir no pecar y para vivir en plenitud. Su poder nos imparte tanto el deseo como la capacidad para buscar la satisfacción de nuestros anhelos insatisfechos de formas sanas y gratificantes (Filipenses 2:13). ¡Qué sorprendente! Imagínate un mundo donde las personas vivieran según estas creencias. ¡Sería, sin duda, un hermoso lugar lleno de bondad!

Sin embargo, la segunda parte de nuestra premisa, a saber, que pecamos y luchamos como reacción cuando se nos hace daño y se nos ofende, no se entiende ni acepta tan ampliamente. Exploremos esta segunda parte del modelo de la apologética de la plenitud:

APOLOGÉTICA DE LA PLENITUD

Apoyar el diseño de Dios para el florecer humano en todas las áreas de la vida. Experimentamos esta plenitud principalmente a través de la satisfacción de nuestros siete anhelos con Dios, nosotros mismos y los demás.

VERDADERA PLENITUD

QUEBRANTO ESPIRITUAL
Impide nuestra verdadera plenitud y nuestra conexión con Dios debido a la caída de Génesis 3.

MÁS PLENITUD
En un esfuerzo combinado con el Espíritu Santo (Ro 8:13; Fil 2:13) damos pasos para crecer y experimentar sanación.

MÁS QUEBRANTO
Procedente de nuestros anhelos insatisfechos, nuestras decisiones y las de otras personas.

DISEÑO DE DIOS PARA LA SANACIÓN
Pedir sanación a Jesús — Sal 147:3
Identificar anhelos insatisfechos — Pr 4:23
Experimentar satisfacción de los anhelos a través de Dios y otras personas — Sal 145:16, 19; Ec 4:9-10; Stg 5:16; 1 Ts 5:11; Jn 13:34
Sustituir mentiras por la verdad y conductas no deseadas por conductas de crecimiento — Ro 12:2
Perdonar — 2 Co 2:5-11
Comprender tu ciclo en Ef 4:17-19

LOS ANHELOS INSATISFECHOS LLEVAN A CONDUCTAS NO DESEADAS
Reaccionamos a nuestras heridas y anhelos insatisfechos y nos quedamos atrapados. 1 P 3:9; Ro 12:17; Gn 50:15-17; 1 S 21-24; Jn 4; Job 3; Jer 10:19; Sal 38:5; Ef 4:17-19

ESCOGER PLENITUD
Espiritual, emocional, relacional.

Dios lo deja claro en la Escritura: no solo pecamos debido a la naturaleza pecaminosa con que hemos nacido (Salmos 51:1), sino que tendemos a pecar y a responder erróneamente cuando se nos hace daño y se nos ofende. Esta es la razón por la que Jesús les dijo a sus seguidores: «bendigan a quienes los maldicen, oren por quienes los maltratan» (Lucas 6:28). Por eso Pablo escribió: «No paguen a nadie mal por mal. Procuren hacer lo bueno delante de todos» (Romanos 12:17); y Pedro exhortó: «No devuelvan mal por mal ni insulto por insulto; más bien, bendigan, porque para esto fueron llamados, para heredar una bendición» (1 Pedro 3:9). Nuestra reacción natural cuando se nos maldice, maltrata o insulta es atacar con actitud vengativa y pecaminosa a quienes nos hacen estas cosas. Anhelamos cosas mejores —ser tratados con ecuanimidad, respeto y amabilidad, por ejemplo—, sin embargo, cuando nuestros anhelos legítimos de este tipo de trato quedan insatisfechos, nuestra respuesta natural es pasar a la acción. Devolvemos mal por mal, guardamos rencor, nos indignamos y vengamos, comenzamos a odiarnos a nosotros mismos o afrontamos nuestra herida de formas que, esperamos, mitigarán el dolor. Piensa en la última vez en que alguien te criticó o insultó; posiblemente no respondiste con cumplidos y bendiciones.

El relato bíblico de la vida de Sansón puede leerse como un estudio de nuestra tendencia a responder de forma pecaminosa cuando se nos hiere y se nos ofende. Su novia filistea traicionó su confianza, de modo que él arremetió y mató a treinta hombres (Jueces 14). Sansón abandonó a su esposa y cuando se enteró de que se había casado con otro hombre, destruyó los campos y huertos filisteos, vengándose de su mujer y de su padre (Jueces 15). Sus propios paisanos de Judá intentaron entregarlo a los filisteos para evitar que la guerra se extendiese, pero Sansón tomó una quijada de asno y mató a mil hombres en Ramat Lejí (Jueces 15). Y así siguió, cada vez más reactivo, hasta que un Sansón cegado y encadenado quitó la vida a tres mil hombres y mujeres y perdió la suya en un último acto de venganza.

Por toda la Escritura vemos incontables formas en que las personas han querido afrontar su dolor, sea por la ofensa de alguien o por el dolor sufrido en un mundo lleno de miseria. En 1 Samuel 21–24 vemos que cuando David huía del rey Saúl, que pretendía matarle, fue invadido por la ansiedad y se escondía en cuevas, temiendo perder la vida. Como David, ¿en cuántas cuevas metafóricas nos escondemos para sobrellevar nuestro dolor, estrés y anhelos insatisfechos? ¿Cuántas veces nos sentimos abrumados por el temor en reacción al dolor y el estrés en la vida?

Vemos a Job tan deprimido después de perder a sus hijos e hijas, riqueza, salud y cosechas que deseaba no haber nacido (Job 3). Vemos a Jonás responder con ira, no queriendo entregar a los ninivitas el mensaje del perdón divino por su historia de brutalidad y violencia contra su pueblo. Vemos a la mujer samaritana tan avergonzada de que todo el mundo supiera que había tenido cinco maridos que iba por agua en el momento más caluroso del día para no encontrarse con nadie (Juan 4).

Como sucede en estos ejemplos de la Escritura, el dolor y los anhelos insatisfechos que experimentamos en la vida pueden enconarse, produciendo un impacto permanente en nuestra alma. Esto lo vemos en Jeremías 10:19: «¡Ay de mí, que estoy quebrantado! ¡Mi herida es incurable! Pero es mi enfermedad, y me toca soportarla».

Como en el trágico desarrollo de la historia de Sansón, nuestros esfuerzos para sobrellevar nuestros anhelos insatisfechos y las formas en que pecamos en respuesta a nuestras heridas nunca producen satisfacción. Nuestras conductas no deseadas nos dejan aún con más dolor, como dijo David: «Por causa de mi insensatez mis llagas hieden y supuran» (Salmos 38:5). A menudo afrontamos el dolor y el estrés de nuestros anhelos insatisfechos en nuestras interacciones con los demás con ira, falta de perdón, comiendo en exceso, con pensamientos y actos autodestructivos y con pensamientos y conductas sexuales no deseadas.

Con esto no queremos culpar a otras personas o circunstancias por cómo hemos respondido a nuestro dolor y anhelos insatisfechos; debemos asumir nuestras responsabilidades y decisiones. Como dice el Dr. Ted Roberts: «Esto no quiere decir que nuestras decisiones adictivas las produzcan las acciones de otras personas. Nosotros tomamos las decisiones. Pero si no entendemos el dolor de nuestro pasado, no podemos reclamar la bendición y el destino que Dios nos ha reservado para el futuro».[3]

El Dr. Mark Laaser expresa la similitud de propósito entre nuestras formas de sobrellevar las tensiones pecando y las adicciones en que las personas quedan atrapadas. «El pecado y la adicción tienen algunas características comunes. Como una adicción, el pecado es incontrolable e indomable [...]. Las adicciones ofrecen una forma de escapar; una falsa solución; un medio de controlar la soledad, la ira, la ansiedad y el temor».[4] Nuestras conductas no deseadas, cualesquiera que sean, son intentos de hacer la vida más manejable. Todas ellas son formas de sobrellevar nuestros anhelos insatisfechos y de intentar mitigar las heridas, el temor, la soledad o el dolor que sentimos.

Aunque sabemos que es posible afrontar los anhelos insatisfechos y las heridas de otras personas y no responder pecando, como lo hizo Jesús, nuestra tendencia como seres humanos es hacerlo de manera pecaminosa. Jesús afrontó toda clase de dolor, traición y anhelos insatisfechos y puede sentir empatía hacia nosotros, pero él no pecó. La Escritura deja esto claro cuando dice que Jesús fue «tentado en todo de la misma manera que nosotros, aunque sin pecado» (Hebreos 4:15). Pero como humanos, luchamos con la decisión de sobrellevar nuestras tensiones recurriendo al pecado o escoger vivir en plenitud.

He oído a muchos cristianos bienintencionados decir que, para vencer nuestras conductas no deseadas, lo único que necesitamos es «arrepentirnos y creer». Que solo tenemos que confesar nuestro pecado y pedirle a Jesús que nos cambie. Que debemos limitarnos a leer más la Biblia, orar más, servir más, amar más a Jesús y aprender a odiar nuestro pecado. Todas estas cosas son un buen y necesario comienzo, pero si nos detenemos aquí, si no invitamos a Jesús a llevar sanidad a los aspectos sin resolver de las áreas más profundas de nuestra vida, nos quedaremos a las puertas de la libertad, la sanación y la intimidad más profundas que Jesús quiere darnos.

He oído también decir a muchas personas que hasta que no odiemos suficientemente nuestro pecado, no cambiaremos. Entiendo su trasfondo, pero las personas no conseguirán odiar completamente su pecado hasta que odien el pecado del que han sido objeto y que ha generado sus anhelos insatisfechos. Pocos somos verdaderamente conscientes del pecado e injusticia de que hemos sido objeto en este mundo devastado. Es una parte tan constante de la vida que fácilmente la descartamos como normal o tenemos temor de lo que podamos descubrir si intentamos identificarla específicamente: sean formas en que el enemigo ha querido destruirnos, formas en que otras personas han abusado de nosotros, formas en que personas allegadas a nosotros nos han olvidado o abandonado, formas en que hemos experimentado racismo o sexismo, o formas más sutiles en que hemos sido rechazados y marginados una y otra vez. Como afirma el Dr. John Perkins, en este mundo, lo normal no es que seamos amados y tratados justamente por los demás: «La justicia es algo por lo que cada generación debe esforzarse».[5] No se trata de culpar a otros o de victimizarnos, sino de afrontar la realidad, identificar nuestros anhelos insatisfechos y enfrentarnos a nuestras vivencias para poder pasar página y avanzar de manera progresiva hacia la sanación.

Debemos lamentar y odiar el pecado y la injusticia de que hemos sido objeto antes de poder lamentar y detestar verdaderamente el pecado y la injusticia que nosotros hacemos a Dios y a los demás. Solo entonces seremos capaces de entender la realidad y los dolorosos efectos que produce nuestro pecado. Solo entonces seremos capaces de entender, lamentar y sanar los anhelos insatisfechos que contribuyen a nuestras conductas no deseadas.

Escucha tus anhelos

¿Cómo comenzamos a entender la conexión entre nuestros anhelos insatisfechos, nuestras heridas del pasado y las conductas no deseadas que hoy obstaculizan nuestro avance? Escuchando nuestros anhelos y entendiendo el «porqué» del tipo de conductas no deseadas en que nos sentimos atrapados. El tipo de pecados y conductas no deseadas con que luchamos están determinados por nuestras heridas, experiencias y anhelos insatisfechos. En última instancia las conductas no deseadas no son el problema, sino meros indicadores. Dios nos ha dado un increíble regalo para discernir la fuente de nuestros problemas: nuestras emociones. Los doctores Dan Allender y Tremper Longman III nos aportan un gran conocimiento de este asunto:

Ignorar nuestras emociones es volver la espalda a la realidad, mientras que escucharlas nos introduce en ella. Y es en la realidad donde encontramos a Dios. Las emociones son el lenguaje del alma. Son el grito que da voz al corazón. Cuando ignoramos nuestras emociones intensas, somos falsos con nosotros mismos y perdemos una maravillosa oportunidad de conocer a Dios. Olvidamos que los cambios vienen a través de una honestidad y vulnerabilidad brutales delante de Dios.[6]

Las emociones nos ayudan a contactar con lo que sucede dentro de nosotros. Es posible que creas no ser una persona emocional, pero lo eres; todos lo somos. Las emociones forman parte de lo que significa ser humanos. Todos hemos sido diseñados para sentir profundamente y ser conscientes de lo que sucede en nuestro interior. Hemos sido creados para experimentar felicidad, gratitud, entusiasmo, tristeza, ira, repulsión, confianza y paz. Nuestro Creador experimenta intensas emociones y en esto somos como él. La Escritura describe a Dios expresando alegría (Sofonías 3:17), paz (Juan 14:27), aflicción (Juan 11:35), ira (Salmos 103:8) y otras muchas emociones. Experimentar emociones es parte de lo que significa ser hecho a imagen de Dios.

¿Qué, pues, tienen que ver las emociones con nuestras conductas no deseadas? Las emociones nos dan luz sobre lo que sucede dentro de nosotros, sobre las cosas que anhelamos. Siempre que experimentamos emociones, estas son o la satisfacción o el incumplimiento de al menos uno de los siete anhelos que antes hemos mencionado. Debemos, pues, aprender a escuchar nuestros anhelos. Cuando te ves cediendo a una conducta no deseada, hazte la pregunta: «¿Cuál de los siete anhelos estoy buscando con esta conducta?». Piensa en lo que sucedió el día, la semana y el mes anterior. Piensa en los próximos desafíos que puedes estar anticipando. ¿Qué interacciones con personas han hecho que tus anhelos queden insatisfechos? ¿Qué circunstancias de tu vida han hecho que te vuelvas hacia dentro y comiences a creer mentiras sobre ti mismo? ¿Qué desafíos has afrontado que pueden haberte hecho sentir rechazado, inseguro o avergonzado? ¿Ha sido una crítica de tu jefe, que tus amigos te hayan dejado de lado o sentirte abrumado por la cantidad de cosas que tienes que hacer? ¿Fue acaso ese antiguo sentimiento de fracaso, de no haber estado a la altura de tus propias expectativas o de las de otra persona? ¿Qué anhelo temes que quede insatisfecho en el futuro?

Mi amigo Han se sentía abrumado y estresado en el trabajo. Sentía que nunca conseguiría ponerse al día con sus tareas. A menudo se sentía como un fracasado. En lugar de hablar de las emociones y mentiras que creía sobre sí mismo, se aislaba. Recurría a los videojuegos y se pasaba horas jugando. Cuando comenzó a escuchar sus anhelos, Han se dio cuenta de que los videojuegos eran una forma de obtener el reconocimiento que anhelaba. En el trabajo se sentía un fracasado; sin embargo, en el mundo de los videojuegos era un héroe que acababa tareas y cumplía objetivos. Cada punto que conseguía y cada nivel que superaba le decían a Han: «Eres capaz. Has hecho un gran trabajo». Cuando comenzó a enfrentarse a los engaños que estaba creyendo sobre sí mismo

—que era un fracasado, incompetente y que nadie le reconocía— y a acercarse a otras personas para obtener ánimo y una legítima apreciación, Han comenzó a reducir el uso de los videojuegos como mecanismo para manejar su frustración.

Te sorprenderá la comprensión que te dará escuchar tus anhelos. Encontrarás ideas y respuestas sobre por qué sigues recurriendo a las mismas conductas que en realidad no deseas. A medida que lo vayas consiguiendo, profundiza en esta práctica inicial. Pregúntate: «¿Cuál fue la primera vez que este anhelo específico quedó insatisfecho?» y «¿De qué formas ha quedado sin cumplir en experiencias pasadas?». Estas preguntas te ayudarán a entender la conexión entre los anhelos insatisfechos del pasado y el modo en que te has esforzado por satisfacerlos mediante conductas no deseadas durante años. Solo cuando entendemos la forma en que ha funcionado este proceso en nuestra vida podremos entender las áreas en que necesitamos experimentar plenitud. En el pasado, yo (Ben) tenía una enorme ansiedad antes de hablar en público; tanto es así que a menudo me planteaba echarme atrás o deseaba que se cancelara el evento. Cuando comencé a querer entender los anhelos insatisfechos que motivaban mi ansiedad, lo identifiqué como un temor a tartamudear, a sentir vergüenza y a no ser aceptado por los oyentes. La ansiedad no era aleatoria; nuestras conductas no deseadas nunca lo son.

Era como un radar, siempre atento e intentando protegerme de experimentar más rechazo.

A medida que seguía escuchando mis anhelos, exploré las raíces de aquel anhelo insatisfecho. Recordé que cuando estaba en segundo, comencé a emitir ruiditos en la escuela. El impulso de hacerlo parecía irresistible (más adelante, descubrí que aquello era síntoma de un desorden neurológico llamado síndrome de Tourette). Una vez comencé a musitar sonidos mientras mi maestra estaba explicando algo en la parte delantera del aula. De repente dejó de hablar, me miró indignada y soltó: «Ben, ¡cállate!». Toda la clase se volvió y me miró. Me quedé helado. Mi corazón se disparó. Me sentí aterrorizado, humillado y avergonzado. A partir de aquel momento tuve miedo de las situaciones grupales; a veces incluso experimentaba un estado de irrealidad y me sentía desvinculado de mi cuerpo. Más adelante supe que me abstraía por el dolor y la vergüenza que había sentido, y esas dolorosas experiencias me acompañaron en mi vida adulta como conferenciante. Mis anhelos insatisfechos en el pasado de seguridad y de aceptación no habían desaparecido. Me habían llevado a conductas no deseadas de persistente ansiedad y disociación.

Se ha dicho que todas las heridas sanan con el paso del tiempo, pero eso no es cierto. Solo cuando comencé a escuchar mis anhelos, entendiendo las formas en que estos habían quedado insatisfechos en el pasado, y la relación entre mi pasado y mi presente comencé a encontrar libertad. Aprendiendo a reconocer rápidamente mi temor y la razón que lo motiva, he comenzado a abordar los engaños y anhelos insatisfechos expulsando este temor con la verdad. He comenzado a meditar sobre la aceptación y seguridad que experimento en Cristo, lo cual ha incrementado mi libertad del temor.

Cuando Ian comenzó a escuchar sus anhelos y a explorar sus necesidades insatisfechas de apreciación, recordó que, durante su infancia, cuando compartía sus opiniones y sentimientos con sus padres, estos le decían a menudo que estaba equivocado. Al final dejó de hacerlo, prefiriendo no compartir sus sentimientos en vez de escuchar que estaba equivocado cuando lo hacía. Tampoco recibía mucho ánimo de sus padres cuando sacaba buenas notas, de manera que pensó: «Haga lo que haga nunca daré la talla». Aquellas experiencias y las heridas que produjeron continuaron durante su vida adulta. Comenzó a ver que había estado atrapado en el aislamiento y la ira, recurriendo a los videojuegos de forma compulsiva como una manera de intentar satisfacer sus anhelos, aunque el «remedio» que buscaba era inadecuado y, en última instancia, insatisfactorio.

Una vez que comenzamos a escuchar nuestros anhelos, podemos empezar a entender el ciclo de dolor y frustración que se desarrolla en nuestra vida. Podemos entender las formas inconscientes que nos han mantenido en el mismo camino una y otra vez. Y, finalmente, podemos comenzar a entender cómo experimentar la satisfacción permanente que realmente buscamos con nuestras conductas no deseadas. No se trata, en última instancia, de dejar lo malo y comenzar a practicar lo bueno, sino de experimentar la satisfacción de nuestros anhelos. Se trata de crecer, de florecer, de experimentar plenitud. ¡Se trata de vivir la vida para la que Dios te ha creado!

Un anhelo a la vez

Cuando comenzamos a entender nuestros anhelos insatisfechos y las heridas de nuestro corazón, Dios nos invita a la sanación y a la libertad satisfaciendo estos anhelos de formas sanas. Él nos llama a buscar el cumplimiento de nuestros anhelos en algo que va a satisfacer verdaderamente nuestros corazones en lugar de hacer que nuestras heridas se infecten y sigan sin sanar cuando queremos hacerles frente con mecanismos de afrontamiento, que al final producen más dolor e infecciones más profundas en el alma. Llegaremos a las implicaciones prácticas de esto en próximos capítulos. Pero, por ahora, comienza el proceso de escuchar tus anhelos. Sintoniza con lo que sucede dentro de ti. Céntrate en el día que vives y en un solo anhelo cada vez.

A medida que avanzaba (Josh) en mis reuniones semanales con Henry, comencé a escuchar mis anhelos. Las peticiones para que diera charlas o ayudara con problemas ministeriales seguían llegando una tras otra. Yo comencé a decir «no». Fue muy difícil para mí. Era lo contrario de la forma en que había funcionado y conseguido aceptación durante décadas. Pero tenía que hacerlo. Como el Dr. Cloud me había enseñado, me di cuenta de que no sería libre hasta que no pudiera decir «no» y zanjar el asunto. Esto me produjo un gran temor y estrés cuando comencé a afrontar mi inseguridad sobre lo que las personas pensarían de mí cuando dijera «no». Durante algún tiempo me sentí desconectado de los sentimientos de aceptación a medida que aprendía a satisfacer este anhelo de formas sanas. Fue como experimentar un síndrome de abstinencia. Fue una vivencia angustiosa, pero absolutamente necesaria y gratificante.

En los meses siguientes, comencé a sentirme aceptado meditando en la aceptación de Jesucristo y su amor por mí. Comencé a conectar más con mi esposa, Dottie, y a experimentar su aceptación y amor por mí. Comencé a experimentar un sentido de aceptación por ser quien era en vez de por lo que podía hacer. Comencé a experimentar sanación, libertad y el cumplimiento de mis anhelos de una manera mucho más saludable y gratificante que nunca antes. Estas prácticas han seguido hasta el día de hoy. He aprendido que, con frecuencia, Dios produce sanación con el tiempo más que de forma instantánea; la sanación suele ser un proceso, no un solo episodio. Él hace esto a medida que nos ayuda a desaprender ciertos procesos de pensamiento y formas malsanas de sobrellevar nuestra insatisfacción, y nos empodera por medio del Espíritu Santo para andar de nuevas formas. Todavía sigo siendo sanado de aquellas profundas heridas de mi infancia, pero Dios me ha llevado más lejos de lo que nunca habría soñado.

Nuestros anhelos insatisfechos llevan a conductas no deseadas. Al entender los anhelos insatisfechos que controlan los pensamientos, patrones y conductas malsanos que queremos cambiar, podemos comenzar a buscar la satisfacción de tales anhelos de formas sanas y no destructivas. Ayudándonos a entender las cuestiones más profundas que subyacen tras nuestros problemas, Jesús puede conducirnos a resolver ambas cosas.

Preguntas para la reflexión

1. Comienza la práctica de escuchar tus anhelos. ¿Cuál de los siete anhelos puedes estar intentando satisfacer en tus principales conductas no deseadas?

2. ¿De qué maneras han quedado insatisfechos estos anhelos mediante interacciones con personas, circunstancias y acontecimientos?

3. ¿Qué sentimientos y recompensas aporta temporalmente intentar satisfacer estos anhelos insatisfechos?

4. ¿Por qué pueden estos anhelos ser de tanta importancia para ti? ¿En qué situaciones pueden haber quedado insatisfechos estos anhelos en tu pasado?

LO QUE TU CEREBRO NECESITA QUE SEPAS

Me desperté queriéndome morir. Era una mañana fría y nublada de febrero de 2014, y yo (Ben) me desperté con un peso abrumador que superaba todas las tristezas que había experimentado hasta aquel momento. Me sentía como si estuviera viviendo en las profundidades del infierno. Miré por la ventana, angustiado y pensé: *¿Por qué me siento de este modo? ¿Cómo puedo parar esto? Dios, ¿qué está pasando?*

La desolación, el agotamiento, la desesperanza, el horror y un sentido de falta de valor me golpearon como una ola gigante. Casi no podía dejar de llorar. La agitación continuó durante días. A lo largo de toda mi vida había experimentado fases intermitentes de depresión y había soportado episodios de abuso, agresión, adicción y otras cosas, pero nunca algo como aquello.

No había muerto nadie de mi círculo íntimo. No había perdido el trabajo. No había experimentado la ruptura de una relación.

No había ninguna razón aparente para mi angustia emocional, pero era algo insoportable. Agobiante. Perdí el apetito. No tenía ganas de ver determinados programas de televisión o películas que normalmente me habrían entretenido. No quería pasar tiempo con mis amigos. La alegría y la esperanza habían desaparecido; solo quedaban la tristeza, el terror y un sentido de maldad. Lo único que parecía darme algún respiro era hablar con Dios y experimentar su cercanía. Pero aquella agonía siguió durante días que parecían años. Temía que en cualquier momento acabaría intentando suicidarme.

No fue sino hasta un año después, tras un proceso de terapia en profundidad con el Dr. Ted Roberts, que comencé a entender las cosas que habían propiciado aquella experiencia. Aquel esquema de desesperación, aunque no había sido nunca tan pronunciado antes, se había ido desarrollando durante muchos años en un plano subconsciente. Había comenzado cuando era un muchacho. Como he dicho antes, mi padre estaba a menudo enfadado conmigo, atacándome verbalmente cuando me portaba mal o simplemente no cumplía sus expectativas. Rara vez me sentí amado y aceptado por ser quien era. De hecho, me sentía odiado. Esto me llevó a desarrollar la creencia fundamental negativa de que algo andaba mal conmigo. No pensaba que hacía las cosas mal, sino que yo mismo *era* una especie de anomalía. Inherentemente deficiente e inadecuado.

A veces me resistía a la ira y castigos de mi padre, pero aquello solo parecía empeorar las cosas. A menudo, me limitaba a rendirme. Me encerraba en mí mismo y dejaba que aquellos pensamientos y sentimientos de falta de valor camparan a sus anchas y reforzaran las mentiras que me comunicaban. «Yo soy el problema». «Algo va mal conmigo... con quien soy». «No soy bien recibido en esta familia». Estos pensamientos se convirtieron en creencias, y mi alma comenzó a asumirlas profundamente. Poco sabía que aquellas experiencias marcarían el curso de una buena parte de mi adolescencia y juventud.

Este patrón de encerrarme en mí mismo y perpetuar las mentiras de mi falta de valor, que comenzó cuando era un niño, había continuado en el estado adulto. Siempre que metía la pata, dejaba algo inacabado, le fallaba a alguien, no hacía algo perfectamente o no podía cumplir algo con que me había comprometido, me invadía aquella sensación de falta de valor. Era más un sentimiento que un pensamiento consciente. Era como si estuviera experimentando todas las emociones de aquellos periodos dolorosos juntas, en el presente. Sentía que no tenía ningún control, mis sentimientos eran aleatorios, era como si hubiera alguna forma de desequilibrio químico en mi cerebro que, de vez en cuando, me hacía sentir una profunda tristeza; un proceso que llegó a un clímax enfermizo aquella mañana de febrero de 2014.

¿Culpar o nombrar?

Hay una diferencia entre culpar y nombrar o poner nombre a algo. Culpar señala acusadoramente a alguien; nombrar tiene que ver con aceptar, comprender, lamentar y perdonar. Cuando ponemos nombre a problemas no resueltos los estamos identificando para poder sanar y avanzar hacia una solución.

Cuando miro atrás y analizo aquel episodio de febrero de 2014, veo que podía poner nombre a lo que había sucedido. En las semanas anteriores a aquella mañana, yo había asumido un número excesivo de responsabilidades en el ministerio: largas jornadas de trabajo, horas y horas de inversión emocional e incontables reuniones cada semana. Estaba haciendo demasiado. Era agotador. Estaba al borde de la extenuación, pero no quería detenerme, a pesar de no poder hacerlo de la mejor manera posible. Comencé a sentirme un fracasado una y otra vez. No creía que pudiera dejar ninguna de mis responsabilidades o compromisos. Intenté seguir adelante, pero finalmente un abrumador sentido de incapacidad e incompetencia pudo conmigo.

De manera inconsciente, me había vuelto a encerrar en mí mismo. En mi corazón y en mi mente se desencadenaron, en un bucle interminable, una serie de pensamientos negativos sobre mí mismo. Los guiones de mis pasados anhelos insatisfechos y creencias negativas esenciales sobre mí mismo me habían sorprendido como una avalancha. Peor aún, a un nivel profundamente emocional los creía.

Después de algunos años he sabido que mi experiencia no fue única. He conocido a incontables hombres y mujeres, jóvenes y viejos, de todo el mundo que están atrapados en conductas y pensamientos malsanos. Con mucha frecuencia, estos patrones se producen a nivel subconsciente. Se trata de patrones que se desarrollaron durante la juventud o incluso durante su infancia y que siguen aplicando a su vida por no haber desarrollado otros. Aunque su espíritu e identidad esenciales hayan sido transformados por Cristo, no se han despojado del viejo ser (Efesios 4:22) ni se han vestido del nuevo (Colosenses 3:10). No han experimentado plenamente la novedad de vida que Cristo ofrece (Romanos 6:4). No han sido transformados por la renovación de su entendimiento (Romanos 12:2). Muchos siguen viviendo de manera reactiva, repitiendo antiguos patrones, en lugar de desarrollar nuevas pautas en Cristo de manera proactiva.

La batalla del cerebro

Dios tiene mucho que decir sobre el hermoso don de nuestra mente. La Biblia menciona las palabras «mente», «pensar», «creer» y derivados de esas palabras más de 580 veces solo en la RVR1960. En todas estas menciones hay un enorme acento en cuanto a dónde hemos de poner nuestra energía mental. Colosenses 3:2 nos dice que pongamos nuestra mente en las cosas de arriba. Filipenses 4:8 nos dice que pensemos en aquellas cosas que son verdaderas, respetables, justas y puras. Romanos 12:2 nos dice que seamos transformados mediante la renovación de nuestra mente.

Otro importante pasaje describe nuestra mente como un campo de batalla:

Pues, aunque vivimos en el mundo, no libramos batallas como lo hace el mundo. Las armas con que luchamos no son del mundo, sino que tienen el poder divino para derribar fortalezas. Destruimos argumentos y toda altivez que se levanta contra el conocimiento de Dios, y llevamos cautivo todo pensamiento para que se someta a Cristo. Y estamos dispuestos a castigar cualquier acto de desobediencia una vez que yo pueda contar con la completa obediencia de ustedes (2 Corintios 10:3–6).

Las batallas que debemos librar contra creencias malsanas y conductas no deseadas son de naturaleza espiritual y se producen principalmente en nuestra mente. ¿Por qué se concede tanta atención en toda la Escritura a lo que hemos de hacer con nuestra mente? Porque nuestra conducta sigue a nuestras creencias. La forma en que pensamos influye en lo que hacemos.

Esto lo vemos en Efesios 4:23–24, que nos habla de «ser renovados en la actitud de su mente; y ponerse el ropaje de la nueva naturaleza, creada a imagen de Dios, en verdadera justicia y santidad». Pablo nos anima a cambiar primero la actitud de nuestra mente, o la forma en que pensamos, y después a pasar a la acción; es decir, a vestirnos del nuevo ser para vivir en los caminos de la justicia de acuerdo con nuestra identidad en Cristo. Nuestras conductas seguirán a lo que verdaderamente creemos.

Cada día vemos que nuestras conductas siguen a nuestras creencias. Si crees que a final de mes cobrarás una nómina por tu trabajo, posiblemente seguirás trabajando. A medida que sigas trabajando y la nómina siga llegando a final de mes, la convicción de que la empresa te pagará por tu trabajo se va consolidando y tu conducta será coherente con este hecho. Si crees que la *app* meteorológica de tu teléfono suele darte información acertada (esté o no bien fundamentada tu creencia), tomarás un paraguas cuando haya previsión de lluvia. Si crees que tu silla de la oficina o de la escuela te sostendrá cuando te sientes, la usarás sin comprobar primero que no esté estropeada.

Todos tenemos creencias que influyen en lo que hacemos. Con el tiempo estas convicciones se estructuran firmemente en nuestro cerebro. Comentando la obra del psiquiatra Bruce Wexter, el también psiquiatra Norman Doidge afirma:

> Durante la infancia, nuestro cerebro se configura con facilidad en respuesta al mundo, desarrollando estructuras neuropsicológicas, que incluyen nuestras imágenes o representaciones del mundo. Estas estructuras forman la base neuronal de todos nuestros hábitos y creencias perceptivas, llegando hasta la formación de ideologías complejas. Como todos los fenómenos plásticos, estas estructuras tienden a reafirmarse desde etapas muy tempranas si se repiten, y llegan a ser autónomas.[1]

En otras palabras, cada vez que actuamos según nuestras creencias, estas se reafirman; con el tiempo y la repetición, estas creencias se integran profundamente en nuestro cerebro. Creo que esta es una de las razones por las que la Biblia dice: «Enseña al niño el camino en que debe andar, y aun cuando sea viejo no se apartará de él» (Proverbios 22:6, LBLA). Ya sea que seamos enseñados de forma sana o poco saludable, de manera deliberada o no, nuestras experiencias, especialmente en la infancia, formarán creencias que, a su vez, dictarán conductas.

Todo esto sucede en una zona central de nuestro cerebro, llamada sistema límbico, que es nuestro centro emocional. Michael Dye, un experto en el campo de los estudios y consejería sobre adicciones, describe el sistema límbico como una «parte de lo que la Biblia llama tu corazón, el centro de creencias y emociones […]. Los pensamientos y las creencias generan las emociones que impulsan las conductas».[2] En el sistema límbico quedan registradas nuestras experiencias en la vida, y esto genera nuestras percepciones sobre nosotros mismos y el mundo que nos rodea. Nuestras experiencias dolorosas y nuestros anhelos insatisfechos graban vías neuronales en nuestro cerebro. Estas vías son como rutas de senderismo en las que nuestra mente y emociones se deslizan con facilidad y repetidamente, formando el modo en que vivimos, pensamos y vemos la vida.

Una creencia fundamental, dicho con sencillez, es cualquier percepción profundamente arraigada que mantienes. Las creencias fundamentales pueden implicar percepciones sobre casi todas las cosas: espiritualidad, personas, nosotros mismos, cultura y aficiones. Muchas de nuestras creencias fundamentales tienden a girar alrededor de nuestras percepciones sobre nosotros mismos, Dios y los demás. Estas creencias fundamentales pueden ser diferentes de lo que *queremos* creer. Pueden ser ilógicas. Por ejemplo, alguien puede decir perfectamente: «Sé que soy una persona dotada y valiosa, pero en lo profundo de mi ser me siento muchas veces inadecuada o carente de valor». O bien: «Sé que mi cónyuge es digno de confianza, pero en lo profundo de mi ser sé que está pasando algo». Estas creencias fundamentales se desarrollan con el tiempo mediante nuestras experiencias en la vida y se consolidan según nuestros anhelos insatisfechos.

También podemos desarrollar creencias fundamentales positivas cuando experimentamos la satisfacción de nuestros anhelos, especialmente durante la infancia, cuando nuestro cerebro se está desarrollando. Por ejemplo, los niños que tienen padres que los aceptaron como eran y los animaron, involucrándose emocionalmente con ellos, desarrollarán más probablemente creencias fundamentales positivas acerca de sí mismos y de los demás, cosas como: «Las personas son dignas de confianza y normalmente cumplirán con sus obligaciones», «Las personas me aceptan como soy» o «Tengo algo valioso que ofrecer».

Esas vías neuronales de nuestro sistema límbico, nuestro cerebro emocional, derrotarán a menudo nuestros pensamientos racionales porque existen más vías desde el sistema límbico a la parte racional del cerebro que al revés.[3] Por ello, cuando tenemos repetidas experiencias con anhelos insatisfechos y mentiras profundamente arraigadas que generaron tales experiencias, esas creencias derrotarán a menudo las verdades que queremos creer, por mucho que lo intentemos. Por mucho que podamos luchar por creer lo que es cierto, puede parecer que hay algo en lo profundo de nuestro ser que nunca está de acuerdo. Estos anhelos insatisfechos pueden configurar la manera en que comenzamos a ver todas las cosas de nuestra vida, especialmente cuando tales anhelos insatisfechos los experimentamos en la infancia.

Para algunos de nosotros es doloroso reflexionar sobre las experiencias de nuestra infancia; preferimos olvidarlas. Pero tus conductas no deseadas son indicaciones de que no las has olvidado, al menos no lo ha hecho tu sistema límbico. Es importante pensar en las experiencias de la infancia (entre otras) porque son algunas de las más formativas que nos acompañan en todos los escenarios de la vida. Si no conseguimos interactuar con nuestras experiencias pasadas, estas creencias fundamentales negativas surgirán una y otra vez. Corremos el riesgo de que suprimir las cosas negativas de nuestro pasado refuerce los efectos negativos de aquellas experiencias en nuestro presente y futuro.

La conducta sigue a la creencia

A medida que nuestras vidas se desarrollan, nuestras circunstancias van detonando las mentiras que creemos. Tu novio o novia rompe contigo. Tu jefe te critica. Se te encomienda una tarea abrumadora. Un amigo no está de acuerdo contigo. Tus hijos no quieren escucharte. Tus anhelos quedan insatisfechos —de nuevo— y esta frustración desencadena tus creencias fundamentales negativas. ¡Parecen tan reales y verdaderas cuando aparecen en nuestra mente! Cuando esto sucede, quieres eludir el estrés y el dolor lo antes posible; quieres sentirte mejor. Intentas satisfacer tus anhelos, aunque sea de un modo poco saludable.

Hace algunos años, yo (Ben) fui mentor de un estudiante universitario, y cuando comenzamos a hablar sobre su vida de niño, me dijo que muchas veces no se sentía aceptado tal como era. Sentía que no podía estar a la altura de lo que sus padres esperaban. Sus notas nunca eran lo bastante buenas. Sus padres le dijeron que era demasiado emocional. Se esforzaba por encajar con sus amigos. Tenía un profundo anhelo de ser aceptado tal como era, una necesidad que muchas veces quedó insatisfecha. Nos encontrábamos cada semana para hablar de las últimas veces que se había enfadado o recurrido a la pornografía y, en efecto, cuando esto sucedía siempre se había producido un incidente previo que le había hecho sentir rechazado o inadecuado. Había estado atrapado en este ciclo durante muchos años. La ira y la pornografía eran formas en que él tenía la sensación de control, intentaba protegerse a sí mismo y recibía un subidón de dopamina.

El siguiente diagrama intenta explicar visualmente este ciclo, que representa cómo las circunstancias de nuestra vida diaria pueden desencadenar nuestros anhelos insatisfechos y creencias fundamentales negativas, llevándonos de vuelta a nuestras conductas no deseadas.

CICLO DE LA CONDUCTA NO DESEADA

1. Episodio activador

8. Vergüenza

2. Anhelo insatisfecho

7. Conducta no deseada

3. Creencia negativa fundamental reafirmada

6. Aproximación

4. Aislamiento

5. Fantasía

1. **Episodio activador.** Una situación o circunstancia que produce en ti —de manera consciente o inconsciente— una percepción de tu necesidad. Alguien te ofende o te hace daño, tú estabas esperando una recompensa o placer que no se produjo, o no has llevado a cabo una tarea todo lo bien que esperabas. Hay un sinnúmero de episodios activadores en nuestras vidas diarias, y todos ellos están relacionados con nuestras historias personales.

2. **Anhelo insatisfecho.** Cuando experimentamos un episodio activador, este nos hace sentir el dolor de que, al menos uno de nuestros siete anhelos, ha quedado insatisfecho. Puede que no reconozcamos la necesidad insatisfecha, pero experimentamos el dolor.

3. **Creencia negativa fundamental reafirmada.** Cuando experimentamos un anhelo insatisfecho, este suscita o refuerza las creencias negativas fundamentales y las mentiras que creemos, ahondando un poco más la vía en el cerebro y afirmando las mentiras que ya se han enraizado.

4. **Aislamiento.** A continuación, tenemos la tendencia de separarnos, aislarnos incluso, de otras personas y situaciones que (en nuestra mente, al menos) pueden mantener o incrementar nuestro dolor. En lugar de tratar con lo que está sucediendo dentro de nosotros, lo ignoramos o intentamos dejarlo atrás.

5. **Fantasía.** Intentar escapar del anhelo insatisfecho, de las situaciones que los suscitan y de las mentiras fundamentales nos lleva a un mundo de fantasía. Comenzamos a pensar en lo que podríamos haber dicho o hecho de manera distinta. Nos evadimos de la realidad y comenzamos a pensar en ceder a nuestras conductas no deseadas. Acto seguido, comenzamos a tramar un nuevo recorrido por estas conductas.

6. **Aproximación.** Jugamos con la idea de ceder a nuestros intensos deseos. «Me tomaré solo una cerveza». «Solo miraré un poco». «Sé que no debería hacerlo, pero será solo

esta vez». Nos vamos acercando a la línea que nos juramos no cruzar nunca más.

7. **Conducta no deseada.** Cedemos una vez más a una conducta no deseada y caemos en un surco que ya hemos recorrido muchas veces. Podemos pensar que hemos acabado allí de repente porque no hemos sido lo suficientemente fuertes o porque la tentación nos ha sorprendido, pero el hecho es que hemos tomado una senda previsible —y evitable— para llegar a ese lugar.

8. **Vergüenza.** Este ciclo conduce inevitablemente a la vergüenza. En ningún momento hemos satisfecho verdaderamente nuestros anhelos. Las mentiras se han reafirmado un poco más. Hemos repetido conductas que no deseamos, y somos tan vulnerables como antes a reproducir todo el ciclo la próxima vez que se produzca un episodio activador.

A veces recorremos este proceso de ocho pasos en cuestión de segundos. Por ejemplo, si alguien te critica, tu anhelo de aceptación queda insatisfecho y alimenta la mentira de que eres una persona incompetente. Te indignas y te aíslas de esa persona. Fantaseas en cuanto a cómo deberías haber respondido, te vas acercando a tu conducta no deseada más habitual y cedes a ella. Después, te sientes avergonzado y te torturas por tu debilidad y malas decisiones.

Otras veces, el proceso se desarrolla más lentamente. Pero cada vez que recorremos este ciclo de conducta no deseada entramos en una espiral descendente. Con el tiempo, nuestras decisiones producen cambios fisiológicos en nuestro cerebro. Cuando tomamos decisiones, nuestras neuronas o células nerviosas salen disparadas, emitiéndose señales químicas unas a otras.[4]

La neurocientífica Carla Shatz afirma: «Las neuronas que se disparan juntas forman fuertes conexiones».[5] Creamos vías cerebrales fijas de pensamiento y de respuesta a la vida, algo parecido a la memoria muscular que desarrollamos cuando aprendemos a tocar un instrumento o a montar en bici. Con el tiempo, comenzamos a percibir todo esto como algo natural, instintivo incluso, haciendo que nos sea cada vez más fácil repetir las mismas conductas compulsivas o no deseadas que desearíamos poder cambiar.

¿Alguna vez has llegado conduciendo a casa desde el trabajo o la escuela sin recordar en detalle el recorrido que has hecho para llegar porque estabas absorto pensando en algo? ¿Alguna vez has acabado sentado en la misma silla o sección de la iglesia, en una reunión de trabajo o en la escuela? ¿Alguna vez has tomado el teléfono y revisado tus mensajes y notificaciones sin hacerlo de forma consciente? ¿Alguna vez te has encontrado en el gimnasio con la mente en otro lugar, pensando en lo que vas a hacer el fin de semana, mientras tu cuerpo sigue con los ejercicios? Todos ellos son ejemplos de cómo tu cerebro se sirve de vías neurológicas fijas que ya ha desarrollado.

Una de las razones por las que recurrimos repetidamente a ciertas conductas es que nuestro cerebro nos recompensa con una sustancia química llamada dopamina. La dopamina genera sentimientos de felicidad y placer.[6] Nuestro cerebro segrega dopamina cuando hacemos cosas saludables como mantener una vivaz conversación con un amigo, escuchar nuestras canciones preferidas o comer algo apetitoso. Pero lo hace también cuando nos entregamos a conductas malsanas como comer en exceso, gastar más de la cuenta, jugar demasiado a los videojuegos o perder el tiempo en las redes sociales. Esta emisión de dopamina nos condiciona a relacionar la actividad en cuestión con un sentimiento placentero, y hace que el proceso de superar conductas no deseadas sea tan difícil como aprender a andar con las manos en lugar de hacerlo con los pies. Esta es la razón por la que, aunque queramos intensamente dejar nuestras conductas no deseadas, podemos quedarnos atascados en estos ciclos durante muchos años. Nuestras conductas no deseadas no son únicamente una cuestión de pecado, dolor o patrones malsanos, sino que, rápidamente, se convierten en un asunto del cerebro.

Te des cuenta o no, has desarrollado formas fijas de pensar y actuar para toda tu vida. Tienes formas profundamente integradas de dar sentido al mundo que te rodea. Dios te ha diseñado de este modo para que puedas funcionar de manera eficiente y efectiva en las numerosas decisiones que tomas cada día. Considera, por ejemplo, tu rutina de la mañana. Te despiertas, abres los ojos, mueves el brazo, apagas la alarma, echas atrás la colcha, te sientas, te pones en pie, te diriges al baño, enciendes la luz, vas hasta el lavabo, tomas el cepillo dental, desenroscas el tapón del dentífrico y viertes un poco de pasta apretando el tubo, abres el grifo, empapas el cepillo, lo introduces en la boca, abres la boca, etcétera; y todo esto, ¡simplemente para cepillarte los dientes! Pero lo haces sin pensar en todas estas acciones y decisiones individuales y distintas. Cada una de ellas las has llevado a cabo muchas veces antes, de modo que tu cerebro y tu cuerpo las realizan en piloto automático, sin analizar conscientemente dichas decisiones o las otras miles (millones incluso) que vas tomando a lo largo del día.

La mayoría de tales decisiones se han integrado en tu cerebro para que no tengas que pensar y puedas centrarte en otras decisiones. Como dice el Dr. Ted Roberts: «Se calcula que el 90 % de las decisiones que tomamos cada día son de naturaleza inconsciente».[7] Estas «decisiones en piloto automático» son hermosas y sorprendentes cuando se trata de cuestiones saludables (o indiferentes), como por ejemplo andar, comer, mirar a ambos lados cuando cruzamos la calle, etc. Pero cuando nuestros anhelos insatisfechos y creencias negativas fundamentales nos llevan a desarrollar este tipo de respuestas en piloto automático, estas se convierten en conductas no deseadas habituales que hemos de afrontar.

Esperanza para tu cerebro

A pesar de las creencias fundamentales negativas que se han integrado en nuestra alma y de las conductas no deseadas que han reconfigurado nuestro cerebro, hay una noticia magnífica.

Igual que Dios creó nuestro cuerpo para que luchara contra las infecciones, diseñó también nuestro cerebro para que este pueda sanar. La Biblia declara el poder de Dios —y la parte que podemos desempeñar nosotros— para transformar nuestro cerebro: «No se amolden al mundo actual, sino sean transformados mediante la renovación de su mente» (Romanos 12:2).

Hace varias décadas, la neurociencia hizo un descubrimiento sorprendente al identificar algo llamado «neuroplasticidad»: la capacidad del cerebro humano para cambiar su estructura y funcionar por medio del pensamiento y la actividad.[8] En otras palabras, la ciencia moderna pone de relieve lo que el apóstol Pablo escribió hace dos mil años. Aunque nuestra identidad en Cristo nunca cambia, nuestra mente puede ser renovada y reprogramada. Nuestras creencias fundamentales negativas y conductas no deseadas pueden ser vencidas por el poder del Espíritu Santo a medida que desarrollamos nuevas creencias fundamentales basadas en la verdad bíblica.

Cuando damos pasos para renovar nuestra mente, Dios usa cada pequeño pensamiento y acto para transformar nuestra vida por su poder, algo que la ciencia confirma. Doidge escribe:

> La investigación neuroplástica nos ha mostrado que cualquier actividad constante que se haya cartografiado —entre ellas las actividades físicas, las actividades sensoriales, el aprendizaje, el pensamiento y la imaginación— cambia el cerebro y la mente. Las ideas y actividades culturales no son una excepción. Las actividades culturales que realizamos modifican nuestro cerebro, sea leer, estudiar música o aprender idiomas nuevos. Todos tenemos lo que podríamos llamar un cerebro modificado culturalmente, y a medida que las culturas evolucionan, generan cambios constantes en el cerebro.[9]

Del mismo modo que las neuronas del cerebro se interconectan con el tiempo, también se desconectan. Doidge afirma que: «Las neuronas que se disparan separadas forman conexiones distintas».[10] Nuestro cerebro puede cambiar. Podemos desarrollar nuevas creencias fundamentales positivas y vencer nuestras conductas indeseadas.

A medida que libramos batallas mentales, rebatimos creencias fundamentales negativas y tenemos nuevas experiencias basadas en la verdad sobre quién es Dios y cómo nos ve, podemos desarrollar nuevas creencias fundamentales positivas. La Dra. Caroline Leaf, neurocientífica, dice: «A medida que pensamos, cambiamos la naturaleza física de nuestro cerebro. Cuando dirigimos conscientemente nuestro pensamiento, podemos desarticular patrones tóxicos de pensamiento y sustituirlos por otros sanos».[11] Esto es lo que significa ser transformados por la renovación de nuestra mente. Cuando ponemos la mirada en la verdad de quién es Cristo y quiénes somos nosotros, y aprendemos a experimentar y refutar los engaños con estas verdades, confrontándolas y rebatiéndolas con la Palabra de Dios, podemos renovar nuestra mente y vencer nuestras conductas no deseadas.

Yo (Ben) comencé a experimentar sanación y libertad cuando reconocí el ciclo de la conducta no deseada en mi vida. Me di cuenta de que los episodios activadores —como ser excluido de reuniones sociales, sentirme rechazado por otras personas, tener un volumen de trabajo abrumador o encontrarme con mi exnovia— tenían todos ellos una raíz en determinados anhelos insatisfechos. Mis anhelos insatisfechos accionaban después mis pasadas creencias fundamentales negativas de carencia de valor, incompetencia, desconfianza de los demás y temor a ser abandonado, lo cual me llevaba en una espiral descendente que estimulaba conductas no deseadas que, finalmente, generaban vergüenza.

Cuando comencé a identificar el episodio activador, invocar a Jesús, llamar a algún amigo para que me apoyara, rebatir los engaños y afirmar la verdad, dejé de descender a los mismos caminos destructivos. Desarrollé patrones saludables y bíblicos de responder a los retos de la vida. Con el paso del tiempo, todo esto desarrolló nuevas vías cerebrales y comencé a crecer y a experimentar la satisfacción de mis anhelos de formas saludables. Las antiguas vías malsanas de mi cerebro quedaron menos transitadas, por decirlo así, haciéndome más fácil escoger patrones saludables. Dejé de recurrir a conductas no deseadas como la pornografía, comer en exceso, tristeza abrumadora y profunda ira a medida que Jesús producía su transformación mediante la renovación de mi mente. Esto no significa que ya no incurra en conductas no deseadas o creencias fundamentales negativas, pero ahora tienen menos poder, capacidad de seducción y dominio sobre mi vida puesto que Jesús sigue sanándome por la renovación de mi mente. En este momento, llevo varios años sin caer en la pornografía o abandonarme compulsivamente a la comida. Sigo experimentando episodios activadores y sufro otro tipo de tentaciones, como cualquiera, pero siento los efectos de mis nuevas conexiones neuronales y deseos cambiados, y vivo en victoria por el poder del Espíritu Santo.

Esta batalla del cerebro, ser transformados por la renovación de nuestra mente, es un esfuerzo cooperativo entre nuestras decisiones y el poder de Dios. No se trata de dejar las cosas pasivamente en manos de Dios, sino el fruto de nuestra colaboración con él, el cumplimiento de Romanos 8:13: «Porque, si ustedes viven conforme a ella, morirán; pero, si por medio del Espíritu dan muerte a los malos hábitos del cuerpo, vivirán».

En esta batalla debemos rebatir las mentiras que hemos llegado a creer siempre que aparecen. Tomamos cautivas esas mentiras y pensamientos malsanos y los rebatimos con la verdad de quién es Cristo y quién dice él que somos nosotros. Vivimos en el ámbito de lo que es realmente verdadero y lo experimentamos. Identificamos estas creencias fundamentales negativas que hemos desarrollado en nuestras vidas y reconocemos las maneras en que estas surgen en nuestras circunstancias. Nos decimos la verdad a nosotros mismos para poder reconfigurar las vías creadas por las mentiras. Le pedimos al Espíritu Santo que nos haga madurar, nos ayude a creer la verdad y nos dé nuevas experiencias en las que nuestros anhelos sean satisfechos en lugar de quedar frustrados y perpetuar las mentiras. Desarrollamos creencias fundamentales positivas. Libramos el combate espiritual que tiene lugar en nuestra mente y resistimos el engaño que el padre de mentira (ver Juan 8:44) quiere que creamos. Entendemos el pasado, las mentiras y el modo en que estas aparecen hoy y comenzamos a vivir en la plenitud y no en la penuria emocional y espiritual. Vivir en plenitud significa comprender y vivir la verdad que combate la mentira: la verdad sobre quién es Dios, quiénes somos nosotros y cómo hemos de vivir en relación con los demás. Te invitamos a seguir avanzando en tu recorrido hacia la plenitud apoyándote en la verdad en tus relaciones personales, desenmascarando las mentiras y dando pasos hacia la plenitud (y una forma clave de comenzar y seguir este proceso es uniéndote al *Movimiento de resolución* que hemos mencionado en este libro).[12] En los capítulos siguientes profundizaremos en las cosas prácticas que podemos hacer para renovar nuestra mente, lo cual nos dará esperanza mediante principios y prácticas demostradas capaces de vencer nuestras conductas no deseadas y llevarnos a la vida abundante que anhelamos.

Preguntas para la reflexión

1. ¿Qué creencias fundamentales negativas sobre ti mismo puedes haber desarrollado a partir de tus anhelos insatisfechos?

2. ¿Qué creencias fundamentales negativas sobre Dios puedes haber desarrollado a partir de tus anhelos insatisfechos?

3. ¿Qué creencias fundamentales negativas sobre los demás puedes haber desarrollado a partir de tus anhelos insatisfechos?

4. Menciona 2 o 3 episodios activadores comunes en tu vida que te llevan a anhelos insatisfechos y refuerzan alguna de estas creencias fundamentales negativas.

TE HAS EQUIVOCADO DE DIOS

A finales de julio del 2018, yo (Ben) recibí un inesperado mensaje de mi amigo Teddy sobre Alex, un amigo común: «No le queda mucho tiempo de vida. Lo mejor que puedes hacer es venir a verle». Alex había estado luchando contra una agresiva forma de cáncer en el cerebro prácticamente desde los veinte años. Al día siguiente, me subía a un avión y cruzaba el país hasta Virginia para ver a Alex.

Alex fue uno de mis mejores amigos en la universidad y después siguió siendo un buen amigo. Años atrás había hecho varios tratamientos de quimio y radioterapia y la enfermedad había remitido. Pero el cáncer había vuelto. Su cuerpo no estaba respondiendo bien al tratamiento, que le estaba produciendo hemorragias internas e inflamación cerebral, de manera que habían tenido que detener la quimio.

Cuando llegué a Virginia y vi a Alex, estaba sin energía y apenas podía mantenerse sentado, pero pudimos mantener una breve conversación. Pocos días después, el hombre vibrante, animado y apasionado que había conocido durante muchos años se apagó completamente. Estaba perdiendo la facultad de abrir los ojos, de hablar y de comer. Su comunicación era cada vez más incoherente. Cada día que pasaba su estado se deterioraba un poco más. Estuve sentado a su lado durante muchas horas. Algunos días me quedaba en silencio, con mi mano sobre su hombro. No podía hablar ni abrir los ojos, pero me oía y sentía mi presencia. La realidad se iba imponiendo y fueron días llenos de dolor.

Una semana después del mensaje de Teddy, Alex entraba en la eternidad a los 29 años, dejando sola a su esposa tras dos años de matrimonio y a su pequeño de casi cuatro meses. Aquello no tenía ningún sentido para mí. Me parecía irreal. ¿Por qué precisamente él? ¿Por qué aquella situación? ¿Por qué morir a una edad así? ¿Por qué? ¿Cómo era posible? Estaba conmocionado. Durante las siguientes semanas, me vinieron a la mente conversaciones pasadas, antiguas bromas y momentos especiales que habíamos compartido. Cuando en mi automóvil sonaban canciones que solíamos escuchar juntos, cogía instintivamente el teléfono para mandarle un mensaje a Alex antes de recordar la nueva realidad. A menudo se me inundaban los ojos de lágrimas.

Durante los siguientes meses, fue creciendo dentro de mí una sutil ira hacia Dios a medida que experimentaba más pérdidas y dolor: tensiones con la dirección ministerial, la súbita muerte de un colaborador, la ruptura de una relación sentimental. Poco a poco, mi ira comenzó a inhibir mi vida. Me costaba pensar con claridad y disfrutar de las cosas normales de la vida. Estaba luchando con Dios. Fui honesto con él. Expresé mis sentimientos a otros hermanos para no llevar solo aquella carga. En mi diálogo con él, Dios me recordó cómo había aprendido a superar mi ira en el pasado, trajo a mi mente que durante toda mi vida la ira había sido una forma de tratar con el temor: al rechazo, a no estar seguro y a ser herido. Me hizo ver que el temor y la ira son dos caras de la misma moneda; que, muchas veces, la ira es una forma de protegernos a nosotros mismos cuando tenemos miedo. La ira había sido mi manera de intentar recobrar el control y de mantener a otras personas a distancia. Comencé a preguntarme cuál era el temor que se escondía tras mi ira hacia Dios, y pronto me di cuenta de que tenía miedo de que Dios no fuera como yo pensaba. Temía que no fuera de fiar, que no me tuviera reservadas cosas buenas y que acabara haciéndome daño como lo habían hecho otras personas. Cuando abordé esas mentiras, recordé la pasada fidelidad y bondad de Dios hacia mí y le pedí que me perdonara por mi ira hacia él, mi enfado con Dios comenzó a disiparse.

Unos días después, estuve compartiendo mi ira y temores con el Dr. Ted Roberts. Tras escucharme, el doctor sonrió y dijo con cierta ironía: «¡Si Dios fuera así, estaríamos todos bien apañados! No habría esperanza para nadie». Solté una carcajada. Tenía mucha razón.

Este recordatorio del Dr. Ted y las dudas que había experimentado sobre el carácter de Dios, que se habían manifestado a través de mis emociones y de mi ira, me hicieron rememorar mis luchas de años atrás cuando me había planteado más profundamente quién era Dios. Fue varios meses después de comenzar el periodo de mi sanación, y me estaba reuniendo una vez a la semana con el Dr. Ted. Había ido a la cita con la idea de hablar sobre mis temores y sobre lo que creía que me depararía el futuro. Comencé a decirle que pensaba que Dios solo tenía sufrimiento y dolor reservados para mi vida. Tenía mucho temor al futuro. Creía que mis peores años estaban por llegar.

El Dr. Ted me dijo: «¡Te has equivocado de Dios!».

Esto me sorprendió mucho. En aquel momento había tenido una relación personal con Cristo durante dos décadas. Pasaba tiempo con regularidad en oración y leyendo la Palabra de Dios. Había estudiado en un seminario. Seguía estudiando teología en mi tiempo libre. ¿Cómo podía haberme equivocado de Dios?

En el transcurso de los meses siguientes me di cuenta de que, en lo profundo de mi alma, veía a Dios como alguien iracundo y obsesionado con las reglas. Intelectualmente sabía que Dios me amaba y que había bendecido mucho mi vida; sin embargo, en un nivel emocional profundo estaba creyendo una serie de mentiras sobre él que condicionaban la forma en que me veía a mí mismo, vivía mi vida y trataba a los demás. Había aceptado una falsa narrativa sobre el carácter de Dios y el modo en que se relaciona con nosotros.

A lo largo de este libro y en el *Movimiento de resolución* que hemos puesto en marcha, hemos hablado de los siete anhelos que Dios ha puesto en nosotros, de que hemos sido diseñados para las relaciones personales y de que podemos sufrir heridas que afectan nuestras creencias fundamentales y las percepciones sobre el mundo que nos rodea. La forma de experimentar la satisfacción más profunda de nuestros anhelos, superar conductas no deseadas y desarrollarnos en la vida pasa por entender y experimentar a Dios tal y como es realmente, como un padre comprometido y amoroso que quiere satisfacer nuestros anhelos más profundos. Aunque necesitamos a otras personas para satisfacer nuestros anhelos, Dios es la fuente esencial; con frecuencia Dios satisface nuestros anhelos por medio de otras personas, pero también lo hace mediante nuestra relación personal con él. Cuando los demás fallan, él no. Cuando nuestros anhelos quedan insatisfechos en las relaciones personales, podemos confiar en que él los satisfará. Él nos aceptará siempre, nos mostrará su amor, estará disponible, etc., a través de nuestra relación personal con él. Necesitamos a otras personas para satisfacer nuestros anhelos, especialmente cuando somos niños, pero somos creados para mantener un equilibrio saludable entre la satisfacción de nuestros anhelos que nos llega directamente de Dios y la que experimentamos a través de las personas que nos rodean. Fuimos creados para vivir la plenitud espiritual que viene cuando conocemos y experimentamos a Dios, tal y como es verdaderamente. Este capítulo, y los dos siguientes, forman la base para entender cómo podemos comenzar a vivir esta plenitud de un modo más profundo con Dios, con nosotros mismos y con los demás (ver «Escoger plenitud» en el diagrama de la apologética de la plenitud).

¿Tienes un Dios equivocado?

Es posible que, como yo, hayas tenido creencias fundamentales negativas sobre la persona de Dios. Puede que sepas (intelectualmente, al menos) que Dios te ama, te perdona y que puedes contar siempre con él, pero en lo profundo de tu ser te cuesta creer estas cosas. Puede que intelectualmente creas que cuando Jesús dijo «Consumado es», eso es exactamente lo que sucedió y que, de una vez y para siempre, compró tu salvación, perdón y una nueva identidad; sin embargo, te ves a ti mismo promoviendo tu valor personal y buscando la aprobación de los demás.

Quizá, en lo profundo de tu ser, pienses que Dios está siempre enfadado contigo y que va por ahí con un garrote cósmico esperando a que te equivoques para poder castigarte. Puede que pienses que Dios odia la diversión: que es un mojigato, un aguafiestas cósmico que dio a la humanidad un montón de reglas sin sentido e imposibles de cumplir. Es posible que veas a Dios como alguien que creó el mundo y después lo dejó a su suerte; alguien que se desentendió de su creación y que es indiferente a tu dolor y sufrimiento.

En nuestros viajes por el mundo, conociendo y ministrando a toda clase de personas, hemos descubierto que muchos tienen un Dios equivocado; no le ven tal y como es verdaderamente. Albergan suposiciones y creencias fundamentales erróneas sobre su carácter. Le ven (o sospechan que es) como un ser iracundo, obsesionado con las reglas y distante.

Estos puntos de vista sobre Dios son tóxicos para nuestro bienestar y nos impiden desarrollarnos en la vida. La verdadera plenitud proviene de conocer a nuestro Creador, experimentar su amor por nosotros y comprender su intención de hacernos florecer. Estas creencias fundamentales negativas sobre Dios brotan de dos fuentes principales: enseñanzas erróneas y experiencias dolorosas.

Cuando se nos han enseñado y ejemplificado determinadas ideas erróneas sobre el carácter de Dios, estas mentiras pueden integrarse profundamente en nosotros. En última instancia, solo podemos ver a Dios bajo la óptica de la verdad o de la falsedad. Muchos de nosotros vemos a Dios a través de lentes formadas por nuestra vergüenza y las creencias fundamentales negativas que hemos desarrollado sobre nosotros mismos. Como afirman los escritores del libro *The Cure* [La cura]: «Tu idea de ti mismo es el mayor comentario sobre tu idea de Dios».[1] No podemos evitar ver a Dios bajo la óptica de nuestra propia ruina.

Además, muchas iglesias, predicadores, maestros y personas influyentes transmiten cosas erróneas sobre Dios. Algunos ponen determinadas características divinas por encima de las demás. Quizá enseñan sobre la santidad de Dios pero descuidan que es también benévolo y perdonador. O puede que enseñen que Dios está desilusionado con nosotros y que se indigna siempre que hacemos algo malo en lugar de recordarnos que nos ama a pesar de lo que hacemos. Puede que otros enseñen que Dios lo deja pasar todo y que no tiene normas ni otras características aparte del amor. Algunos han enseñado que Dios está intensamente indignado y que solo ahora nos ama y tolera como consecuencia de la obra de Cristo en la cruz, en lugar de explicar que su amor es precisamente lo que llevó a Jesús a la cruz.

Puede que hayas crecido en una iglesia, comunidad o familia que subrayaba excesivamente las reglas y daba poca importancia a las relaciones personales. Quizá hayas tenido experiencias con un maestro, progenitor o líder espiritual iracundo, ausente u obsesionado con las reglas y que tenía expectativas muy elevadas. Es posible que cuando no hacías lo que se esperaba de ti o no te adaptabas a las normas de otras personas fueras juzgado, avergonzado o castigado. Quizá acabaste creyendo que Dios también es así.

Todos tenemos «problemas paternales»

Por toda la Escritura se alude a Dios como nuestro Padre, así que muy a menudo las ideas que tenemos de Dios nos llegan bajo el prisma de un padre terrenal. Naturalmente, en algunos casos esto es bueno, pero en otros representa un obstáculo para desarrollar una acertada percepción bíblica de Dios.

En una ocasión, mi amigo Norm Wakefield me explicó el impacto que sus experiencias con su padre habían tenido sobre su idea de Dios:

> No fue hasta que pasé de los cuarenta cuando pude establecer una relación cálida y amigable con mi padre. La trayectoria profesional de mi padre estuvo llena de presiones y contrariedades. Para él fue difícil disfrutar de sus hijos, y para nosotros lo fue acercarnos a él.
>
> Recuerdo que puse mi fe en Jesucristo cuando tenía doce años (fui el primer miembro de mi familia que se convirtió). Pero cuando comencé a formarme una imagen mental del amor de mi Padre celestial por mí, no podía evitar la sobreimpresión de mi relación con mi padre terrenal. Puesto que mi padre nunca parecía satisfecho conmigo, sentía que Dios debía de sentirse igual. Era como si me estuviera diciendo: «Norm, tienes que ponerte las pilas. ¿Por qué tengo que soportarte? Más vale que espabiles, jovencito, o tendré que...».
>
> Puedes imaginar el impacto que estas ideas tenían sobre mi autoimagen siendo un adolescente, ¡por no hablar de su impacto en mi percepción del amor de Dios! Es muy común que los niños piensen que Dios los valora del mismo modo que lo hacen sus padres. Si papá es afectuoso, cálido y protector, estos tienden a ver a Dios como afectuoso, cálido y protector. Pero si estos perciben a su padre como alguien frío, distante y ocupado con «cosas más importantes», probablemente sentirán que Dios es alguien inaccesible y sin interés en ellos como personas.[2]

En nuestro tiempo, es bastante frecuente que padres y madres se muestren todavía más desvinculados por su uso de la tecnología. No me entiendas mal, a mí me encanta la tecnología y es un increíble don de Dios, pero veo constantemente a padres que salen con sus hijos y cuando estos se portan mal o se muestran inquietos lo «resuelven» dándoles un teléfono o tableta para que vean algún contenido o se entretengan con un videojuego en lugar de conectar con sus pequeños corazones. Esta agresividad de la tecnología por captar nuestra atención hace que los padres estén más distraídos y desconectados que nunca. La vorágine de los servicios de *streaming*, redes sociales, llamadas, mensajes y notificaciones nos distraen con mucha facilidad e impiden que nos relacionemos con nuestros hijos. Los padres pueden caer fácilmente en la trampa de desarrollar el hábito de estar «juntos a solas» en lugar de satisfacer los anhelos de sus hijos y ayudarles a mejorar las capacidades sociales necesarias para conectar con otras personas y experimentar satisfacción relacional.

Cuando un progenitor (especialmente un padre) ha estado ausente, desconectado, nos ha herido o no ha prestado atención a nuestros siete anhelos, no podemos evitar sentir esos anhelos insatisfechos. Desarrollamos lo que muchos llaman «heridas paternas» o «problemas paternales». Estas experiencias con nuestros padres terrenales determinan a menudo la forma en que vemos a otros padres en general, y también a nuestro Padre celestial. En cierta ocasión le oí decir a William Paul Young: «Tardé cincuenta años completos en conseguir borrar completamente el rostro de mi padre del rostro de Dios».[3] Es posible que algunos de nosotros veamos un rostro indignado y reprobador cada vez que pensamos en Dios. Y la forma en que aprendemos a gestionar todas nuestras relaciones personales en la vida se basa en nuestras relaciones principales y esenciales con figuras clave como nuestros padres. Para bien o para mal, nuestras primeras relaciones en la vida trazarán probablemente el curso que seguiremos en otras relaciones, incluyendo nuestra relación con Dios.

A medida que yo (Ben) experimentaba rechazo e indignación por parte de mi padre, comencé a ver a Dios de la misma manera. Comencé a obsesionarme sobre mi salvación. Pensaba que Dios también me rechazaría cuando estuviera delante de él después de la muerte. Pensaba que mis dudas ocasionales sobre su existencia significaban que no era salvo y que, realmente, no tenía una relación personal con él. Comencé a desear no haber nacido porque pensaba que sería menos doloroso que morir y pasar la eternidad en el infierno. Durante casi diez años, estuve orando «la oración del pecador» hasta veinte veces al día con la idea de que, finalmente, tendría quizá la certeza de estar con Dios en la eternidad. Vivía en una intensa agonía y tortura mental. Ojalá todos aquellos años hubiera podido ver a mi Padre celestial tal como es realmente.

Por supuesto, nadie tiene un padre perfecto. En algún momento todos hemos sufrido decepciones o heridas por parte de nuestros padres. No digo esto para culpar a nadie ni para minimizar el dolor de nadie, sino solo para entender de dónde proceden nuestras percepciones erróneas de Dios y para que así podamos avanzar hacia la plenitud.

Si te preguntas si tienes o no percepciones equivocadas sobre Dios, estos son algunos ejemplos frecuentes de cómo pueden manifestarse estas creencias y acciones. Es posible que no sean pensamientos conscientes, pero son creencias fundamentales negativas alojadas profundamente en nuestros corazones y mentes y que dan fruto en nuestras acciones:

- Hago cosas buenas para ganarme el amor y la aceptación de Dios.
- A menudo me preocupo por el futuro, mi seguridad y asuntos financieros, dudando de la provisión de Dios.
- Siento que Dios se distancia de mí cuando peco y espera que ponga en orden mi vida.
- Creo que Dios se desilusiona a menudo conmigo.
- Creo que Dios me ama, pero no le gusta como soy. Solo me tolera.
- Creo que Dios me ama más cuando funciono, hago buenas obras o cumplo deberes religiosos.

- Creo que Dios está obsesionado con las normas y los reglamentos.
- Creo que Dios está constantemente indignado conmigo por las decisiones que he tomado.
- Creo que Dios no va a estar disponible cuando más le necesite.
- Creo que Dios no puede perdonarme o amarme después de lo que he hecho.

Dios nos creó y diseñó como somos para que vivamos y prosperemos en este mundo. Si tenemos una idea desvirtuada de Dios, nuestras creencias y conductas serán también desvirtuadas. Si tenemos una mala opinión del Creador, es inevitable que tengamos también una mala opinión de su creación. De ser así estaremos confundidos acerca de nuestro valor, propósito y dirección en la vida. Puede que también veamos a los demás como personas indignadas, distantes o peligrosas. Tendremos dificultades para crecer, experimentar felicidad y vivir la vida en plenitud.

Un Dios que sabe lo que es

Es posible que el sufrimiento, la tragedia o los abusos que has experimentado te hayan llevado a la conclusión de que Dios no existe. Piensas que, si existiera, no habría permitido que estas cosas te sucedieran. O quizá creas que hay un Dios pero que no es bueno; de otro modo, habría impedido que todas estas cosas sucedieran. Yo había tenido pensamientos, preguntas y suposiciones parecidas. No hay respuestas fáciles a los pensamientos y preguntas suscitados por el dolor profundo y persistente. Pero Dios sabe lo que es sufrir, ser traicionado por sus amigos más cercanos, ser públicamente humillado, abandonado, sometido a abusos, golpeado y azotado hasta ser irreconocible, y luego ejecutado por delitos que no cometió.

Dios no ignora ni es indiferente al dolor y las adversidades inherentes a la condición humana. Él anduvo entre nosotros en la persona de Jesucristo y experimentó más sufrimientos, traumas y anhelos insatisfechos de lo que nadie ha vivido en la historia del mundo. Él nos comprende y se compadece de nosotros. Aunque Jesús era plenamente Dios cuando estuvo en esta tierra, era también completamente humano, y como tal participaba de estos siete anhelos como el resto de nosotros. Jesús experimentaba y sigue experimentando profundas emociones.

Él llora cuando nosotros lloramos. Sabe lo que es el dolor. Sabe lo difícil que puede ser. Jesús puede manejar nuestras dudas, preguntas y temores. Y un día pondrá fin a toda herida, maldad, dolor y sufrimiento. Hará justicia y corregirá los errores.

Es también importante observar que el bien y el mal no pueden existir si Dios no existe. Si no hay un Creador y todos somos fruto de un accidente aleatorio y sin sentido, los conceptos de bien y mal son entonces constructos sociales sin ninguna base objetiva. Sin embargo, Dios no creó el mal y el sufrimiento; estas cosas son la ausencia o carencia de la bondad de Dios. Así como la oscuridad se define por la ausencia de luz, el mal lo hace por su relación con el bien; como dijo una vez Agustín de Hipona, el mal es «parasitario de lo bueno».[4] El mal y el sufrimiento no proceden de Dios, sino de corazones, vidas, lugares y cosas que ignoran a Dios o se oponen a él.

¿Y si Dios no es quien tú piensas?

Existen muchas opiniones distintas sobre quién es y quién no es Dios. Los panteístas afirman que Dios es todo, y todo es Dios; lo ven como una fuerza cósmica vital que incluye todas las sustancias del universo. Los politeístas creen en múltiples dioses y diosas que controlan distintos aspectos de la creación como el tiempo o protegen a determinadas personas y causan daño a otras. Los deístas creen en un ser supremo que creó todo lo que existe, pero que después se desvinculó completamente de su creación, como un relojero que diseñó el mundo, le dio cuerda y, desde entonces, lo ha dejado funcionar por sí mismo, sin su cuidado o intervención.

Los cristianos creen, sin embargo, en un Dios personal que ya existía antes del espacio y el tiempo tal y como los conocemos. Él pronunció las palabras «Que exista...», y por su poder hizo realidad todo lo que existe (Génesis 1:3). Creemos que estas palabras fueron articuladas por un Dios personal e infinito quien «hizo todas las cosas; nada de lo que existe fue hecho sin él» (Juan 1:3, DHH).

Naturalmente esto suscita una serie de preguntas: ¿cuál es la naturaleza de este Dios? ¿Es cognoscible? ¿Por qué nos creó? Aunque un Dios capaz de crear enormes universos va a estar de muchas maneras fuera de nuestra comprensión como criaturas finitas que somos, es, sin embargo, cognoscible para nosotros. Pero ¿cómo? Aunque no podemos conocerle de un modo exhaustivo, sí podemos hacerlo verdadera, suficiente y confiadamente por lo que él nos ha revelado sobre sí mismo.

Por ejemplo, él es eterno, sin principio ni fin (Isaías 40:28). Es omnipotente y todopoderoso (Job 42:2). Es omnipresente, está en todas partes a la vez (Jeremías 23:23–24). Es inmutable, nunca cambia (Salmos 102:26–27). Es omnisciente, lo sabe todo (Isaías 46:9–10). Es trino, una unidad y una Trinidad de Padre, Hijo y Espíritu Santo (Génesis 1:26; Mateo 28:19; Lucas 3:22; Juan 15:26). El Padre nos amó lo suficiente para enviar a su Hijo (1 Juan 4:14). Su Hijo nos amó lo suficiente para entregarse en sacrificio (Juan 10:18). El Espíritu Santo nos amó lo suficiente para entrar en nuestra vida y hacer que nuestra relación con Dios sea real, personal e íntima (Juan 14:26). Es un padre amoroso (1 Juan 4:8), atractivo y personal (Salmos 46:1; Filipenses 4:19), benévolo (Salmos 145:8) y perdonador (1 Juan 1:9).

Aunque para algunos es difícil creerlo, Dios ama a cada ser humano (Juan 3:16; 1 Juan 4:8–10). John Eldredge escribe:

Eres hijo de un Padre bondadoso, fuerte y comprometido, un Padre suficientemente sabio para guiarte en el camino, suficientemente generoso para proveer lo que necesitas en tu viaje, un Padre que se ofrece a andar contigo a cada paso. Esto es quizá lo que más nos cuesta creer, creerlo de verdad, en lo profundo de nuestros corazones, de modo que nos cambie para siempre, que transforme la forma en que nos acercamos a cada uno de nuestros días.[5]

Nuestros anhelos insatisfechos del pasado dificultan que podamos ver a Dios tal como es e impiden que nos veamos a nosotros mismos como somos realmente, como Dios nos ve. Por ello, las mentiras basadas en nuestro dolor nos hacen vulnerables y nos impiden vivir y desarrollarnos según la verdad.

Otra de las cosas que pueden hacer difícil de entender que Dios nos ama es que muchos de nosotros vemos el amor como un mero sentimiento. Aunque el amor puede suscitar sentimientos, no es inherentemente un sentimiento, sino un acto de la voluntad que nos lleva a proteger y a proveer. Esto lo sabemos por varias razones. En primer lugar, vemos incontables ejemplos del amor de Dios en acción: Cristo muriendo en la cruz por nosotros (Romanos 5:8), el Padre ofreciéndonos a su hijo único, Jesús (Juan 3:16), y Cristo entregándose por nosotros (Gálatas 2:20). En segundo lugar, no se puede generar un sentimiento mediante un mandamiento, pero sí puedes ordenar una acción, y se nos manda amar: «Queridos hermanos, amémonos los unos a los otros, porque el amor viene de Dios, y todo el que ama ha nacido de él y lo conoce. El que no ama no conoce a Dios, porque Dios es amor» (1 Juan 4:7–8). En tercer lugar, las emociones van y vienen, pero el amor es un compromiso o pacto eterno. Dios le dijo a Israel: «Con amor eterno te he amado» en Jeremías 31:3. Él mantiene siempre su «pacto de amor» con sus hijos y sigue amando a mil generaciones (Deuteronomio 7:9). El deleite de Dios en nosotros, su obsesión con nosotros como hijos suyos y su pasión por relacionarse con nosotros son actos de su voluntad. Dios tiene mucho más que sentimientos hacia nosotros. Tiene promesas, compromisos y una imparable y feroz voluntad de protegernos y suplir nuestras necesidades: amor verdadero.

Dios es un padre amoroso que demuestra su amor para con nosotros protegiéndonos y proveyendo para nuestras necesidades. Si has tenido una relación difícil con tu padre o con alguna otra figura de autoridad importante para ti, esto puede ser difícil de entender. Pero es verdad, y no es un sentimiento pasajero; amarte forma parte de su naturaleza y de su voluntad.

Dios te amó antes de tu primer aliento

Hablo con muchas personas, de todas las edades, que no se dan cuenta de que Dios los ama desde antes de que se hicieran cristianos. Cuando todavía estábamos en la oscuridad, cuando éramos todavía enemigos de Dios, nos amó y murió por nosotros (Efesios 5:8, Romanos 5:8). Nos amó primero (1 Juan 4:19). No esperó a que nos enmendáramos. No esperó a que cumpliéramos con sus expectativas. No esperó a que le hiciéramos sentir orgulloso. Simplemente nos amó. Y no solo esto, sino que nos mostró su amor.

No es la clase de padre a quien le cuesta abrazar a su hijo o decirle «Te quiero». No es la clase de padre que tiene «cosas más importantes que hacer». Nos ama más que nada (Romanos 8:32). Nos declaró su amor a través del Verbo (Juan 1:14). Nos lo mostró sobre una cruz. Nos lo escribió con sangre.

El Padre no solo nos ama ante todo, sino también para siempre (Jeremías 31:3). El amor del Padre por nosotros es completo, constante e incondicional. No podemos merecerlo, huir de él ni borrarlo. Puede que nuestras acciones le desilusionen cuando le desobedecemos, le entristezcan cuando nos alejamos de él o le duelan cuando pecamos, pero nunca, nunca, nunca deja de amarnos. Estas cosas apenan su corazón porque nos desconectan de él, no porque nuestra conducta le ponga tenso. El amor incondicional de nuestro Padre por nosotros es tal que «ni la muerte ni la vida, ni los ángeles ni los demonios, ni lo presente ni lo por venir, ni los poderes, ni lo alto ni lo profundo, ni cosa alguna en toda la creación podrá apartarnos del amor que Dios nos ha manifestado en Cristo Jesús nuestro Señor» (Romanos 8:38–39).

Como dice la escritora Sally Lloyd-Jones, Dios nos ama con «un amor que nunca se detiene, nunca tira la toalla, un amor inquebrantable, permanente y eterno».[6]

Dios es también personal, bondadoso y atractivo. No necesita nada y, sin embargo, desea tener una relación personal e íntima contigo y conmigo. Dios creó a los seres humanos porque quería que tuviéramos una relación de amor con él. Por medio de esta relación encontramos la plenitud que produce verdadera alegría y felicidad.

Él es un Dios personal que nos invita a acercarnos a él tal como somos, no como deberíamos ser, porque en esta vida nunca seremos como deberíamos ser. Él nos acepta a pesar de nuestra debilidad. Él entra en nuestro mundo. Él se identifica con nosotros. Él está comprometido con los detalles finitos de nuestras vidas. Él se preocupa profundamente por nosotros. Él conoce nuestros pensamientos. Él nos invita a echar toda nuestra ansiedad sobre él (1 Pedro 5:7). Él se preocupa por lo que nos preocupa. Él es un Padre más maravilloso de lo que jamás podamos imaginar.

¿Alguna vez has conocido a un padre así? ¿Alguien tan íntimo y que se preocupe tanto por sus hijos? Mi amigo Daniel es uno de los padres más afectuosos y encantadores que conozco. Trata con mucho cariño a sus pequeños. Bromea y se divierte con ellos, y se esfuerza por satisfacer sus deseos.

Recientemente, dos de ellos comenzaron a interesarse por los dinosaurios, como hacen muchos niños. Así que Daniel se compró un disfraz hinchable de *T. rex*. Un día, después de la escuela, Daniel se puso el disfraz y esperó a que llegaran sus hijos en el autobús de la escuela. Cuando el autobús se detuvo frente a su casa, Daniel, el papá jurásico, salió corriendo por el césped. Los niños estaban emocionados cuando su papá les perseguía por el jardín. Sus corazones se llenaron de carcajadas, sonrisas y entusiasmo. Era magnífico que su papá se hubiera transformado en un *T. rex* delante de todos sus amigos, pero lo era mucho más ver el amor y la complicidad de su padre. Sabían que los amaba apasionadamente, se interesaba en las cosas que les gustaban y hacía todo lo posible por conectar con sus corazones.

¿Sabes quién es realmente tu Padre celestial? ¿Entiendes hasta qué punto te ama y las formas en que se esfuerza por conectar personalmente contigo cada día? ¿Reconoces las sutiles sorpresas y regalos que recibes cada día, sin que a veces siquiera repares en ellos, como afectuosas expresiones de cariño de tu Padre? Él derrama amor sobre nosotros día tras día, aunque muchas veces no seamos conscientes de ello. Cuando descubres un nuevo y delicioso tipo de comida o bebida, cuando te duermes como un tronco y te despiertas completamente nuevo, cuando escuchas canciones que imparten vida a tu alma o cuando experimentas sencillos placeres que te hacen sentir un momento de felicidad, Dios te está mostrando quién es él y cuánto te ama.

Billy Graham dijo una vez: «Dios demostró su amor en la cruz. Cuando Cristo colgaba de aquel madero, cuando derramaba su sangre y moría, Dios estaba diciéndole al mundo: "¡Te amo!"».[7] Lo que Dios hizo por millones de personas, lo habría hecho también por una sola: tú. Si fueras el único ser humano que jamás ha existido, Jesús habría venido a la tierra, habría muerto en la cruz y resucitado del sepulcro llevando tu pecado para restaurar su relación contigo. Su amor por ti es temerario, implacable, apasionado y persistente. Dios no está obsesionado con tu pecado o deficiencias; lo está contigo.

Puedes ver a Dios como es verdaderamente

No importa lo que hayas experimentado, creído o te hayan enseñado sobre su carácter, Dios desea restaurar nuestra idea de él. Quiere que le experimentemos como nuestro verdadero y amoroso Padre celestial, personal y encantador, como le sucedió a mi amigo Norm, a quien he citado al principio de este capítulo:

Tuve esta imagen errónea de Dios hasta los cuarenta, cuando él introdujo determinadas circunstancias en mi vida que, literalmente, transformaron mi relación con él. ¡Descubrí hasta qué punto es un Dios afectuoso, entregado y vitalmente interesado por nosotros! Y, curiosamente, estas mismas circunstancias hicieron caer los muros, y mi padre y yo nos acercamos el uno al otro mucho más de lo que jamás habíamos estado.

Como parte de mi descubrimiento de la naturaleza de Dios, leí los Salmos, bolígrafo en mano, anotando todas las menciones del Señor. Al estudiar estos versículos, me di cuenta de que casi todas las referencias describían, directa o indirectamente, a nuestro Padre celestial. Pronto llené varias páginas de atributos, y de ellos surgió un perfil de lo que la mayoría consideraríamos un padre «ideal». ¿Mi conclusión? Las cualidades esenciales de paternidad que vemos en nuestro Señor son las que él desea formar en los padres cristianos de hoy.

¡Había descubierto una teología de la paternidad, en la que Dios mismo era el modelo esencial![8]

Aunque yo (Josh) había tenido la suerte de encontrar ejemplos maravillosos de paternidad en un par de amigos, Norm me ayudó a ver que había pasado por alto el modelo supremo —el original, la norma para una paternidad eficiente—: Dios mismo. La imagen mental que tenía de la clase de padre que quería ser era realmente una imagen de mi Padre celestial, el dador de todo lo bueno que se nos da (Santiago 1:17).

Él es «el Padre, de quien todo procede» (1 Corintios 8:6). Dios sopló aliento de vida en el primer hombre, y Adán se convirtió en el primer «hijo de Dios» (Lucas 3:38). A partir de este momento, cada uno de nosotros ha sido creado a semejanza de nuestro Padre y Creador, quien nos creó y formó (Deuteronomio 32:6). Literalmente, Dios ha deseado desde el primer día tener una relación padre-hijo con cada uno de nosotros; pero no solo eso, sino que además nos ha presentado el modelo de una paternidad saludable.

Dios es un Padre tierno que nos invita a dirigirnos a él como «Abba», el término arameo equivalente a «papá» o «papaíto» (Romanos 8:15; Gálatas 4:6). Es un Padre atento que quiere que nos acerquemos a él con total libertad como «Padre nuestro que estás en el cielo» (Mateo 6:9). Es un padre amoroso que, desinhibida y apasionadamente, expresó su amor paternal en el bautismo de su Hijo, Jesús, diciendo con voz de trueno: «Este es mi Hijo amado; estoy muy complacido con él» (Mateo 3:17). Es un Padre generoso que da buenos regalos a sus hijos (Mateo 7:11). Es el Padre de todos (Efesios 4:6), la definición misma de paternidad, la fuente de todo lo que es bueno, moral y digno de imitación.

Aquellas características que había anhelado y que no encontré en mi padre eran las características de Dios. Esta comprensión, esta percepción, maduró y me empoderó. Dejé de sentirme incapacitado por el ejemplo de mi padre terrenal. Ya no tenía que bregar para formarme una clara imagen de lo que debería ser un padre o del padre que yo debería ser. Mis necesidades y anhelos podían encontrar plena satisfacción en Dios, ¡el Padre ejemplar!

Tenemos un Padre más grande que puede sanar nuestras «heridas paternas» y vencer nuestros «problemas paternales». Tenemos un Dios que promete satisfacer todas nuestras necesidades y anhelos. ¿Ves a Dios tal como es verdaderamente? ¿Experimentas su amor y cercanía paternales? Él desea satisfacer tus deseos. Desea conocerte a un nivel personal y profundo y traer satisfacción y plenitud por medio de una estrecha relación con él.

Si todavía no has comenzado a disfrutar una relación personal con Dios, puedes hacerlo ahora mismo. La Biblia dice que hemos nacido con una naturaleza pecaminosa y en un estado de alienación de Dios.[9] Pero Dios desea perdonar nuestros errores y pecados y restaurarnos a una relación con él.[10] Por ello Dios envió a Jesús para que viviera una vida de perfecta obediencia a Dios[11] que nosotros no podíamos vivir, muriera en la cruz cumpliendo la sentencia de nuestros pecados[12] y se levantara de los muertos, conquistando el pecado[13] y ofreciéndonos el perdón y una relación restaurada con Dios.[14] Por medio de Jesús[15] y no por ninguna buena obra o conducta,[16] podemos tener perdón y una relación reconciliada con Dios con solo pedírselo.[17] Esto es la gracia, ¡el favor inmerecido y gratuito que Dios nos da! Si todavía no disfrutas de una relación personal con Dios, te invitamos a comenzarla hoy. Solo tienes que orar (hablar con Dios) y decirle: «Dios, quiero tener una relación personal contigo. Deseo rendirte toda mi vida. Por favor, perdóname, por medio de Jesús, mi pecado y todos los errores que he cometido, todas las formas en que me he vuelto en contra de ti, de mí mismo y de los demás. Ven a mi vida y toma el control desde este momento en adelante».

Si has seguido estas indicaciones y has iniciado una relación personal con Dios, ¡te damos la bienvenida a la familia de Dios, a la vida eterna y a la vida abundante para la que Dios te creó! Esta es la mejor decisión y la más importante que jamás puedas tomar. Si deseas dar los siguientes pasos en tu nueva relación con Dios, consulta la sección de recursos adicionales al final de este libro.

Sea cual sea el punto en que te encuentres en tu recorrido vital, te invito a poner en práctica algunos de los siguientes pasos que Dios ha usado para ayudarnos a seguir avanzando en conocerle y experimentarle tal y como es realmente, siendo transformados por la renovación de nuestra mente.

- Recuerda con regularidad lo que Dios ha hecho en tu vida
- Habla con él a lo largo del día
- Dale gracias diariamente por cinco cosas buenas que él haya hecho o te haya dado en ese día
- Lee la Biblia bajo la óptica de quién es Dios verdaderamente como Padre amoroso y encantador
- Busca los regalos y detalles sutiles con que Dios te expresa su amor y bondad

- Lee libros de escritores que ven a Dios tal como es verdaderamente
- Escucha a maestros y predicadores que enseñan las Escrituras y que subrayan nuestra identidad como sus entrañables, amados y justificados hijos e hijas
- Medita cada día en Dios como tu padre amoroso
- Pasa tiempo con personas que sean ejemplos del amor y compromiso de Dios hacia ti
- Conoce y observa a padres amorosos que se involucran con sus hijos
- Ejercítate en llevar cautivo todo pensamiento erróneo sobre Dios y recuérdate a ti mismo quién es él realmente
- Identifica las experiencias negativas, mensajes erróneos y anhelos insatisfechos que tienes de tus experiencias pasadas con tu padre, figuras de autoridad o maestros espirituales
- Identifica las formas prácticas en que Dios ha satisfecho y está satisfaciendo hoy tus siete anhelos, tanto directamente como por medio de otras personas

Preguntas para la reflexión

1. ¿Qué creencias fundamentales negativas puedes tener sobre Dios?
2. ¿Qué anhelos insatisfechos, experiencias dolorosas o relaciones con figuras de autoridad del pasado pueden haber contribuido a estas creencias?
3. ¿Qué creencia fundamental positiva sobre quién es Dios realmente deseas desarrollar?
4. ¿Qué padres que conoces son un buen ejemplo del verdadero carácter de Dios, y puedes aprender de ellos deliberadamente?

VIÉNDOTE COMO TE VE DIOS

¿Tienes alguna foto de tu cónyuge, pareja o hijos como fondo de pantalla de tu celular, deseando enseñarla a cualquiera en la primera ocasión? ¿Y la foto del permiso de conducir? ¿La enseñas también a los demás con el mismo deleite? ¿La pasas para que la vean todos en las fiestas? ¿La copias en tu perfil *online*? ¿O te pasa como a mí y te mueres de vergüenza cada vez que la ves? ¿Oras para que cuando renueves el permiso la foto quede, al menos, un poco mejor? ¿Cuál es la razón? ¿Es que los del Departamento de Tráfico parecen expertos en sacar las peores fotografías posibles? De acuerdo, puede que sea esto. Pero es también posible que la foto de tu permiso de conducir no represente correctamente tu aspecto.

Cada uno de nosotros lleva otra foto de identificación personal, una que es mucho más importante que cualquiera que tengamos en el teléfono, cartera o monedero. Es un autorretrato mental, nuestro concepto de quiénes somos. Como tu foto del permiso de conducir, tu autorretrato interior puede o no ser una fiel representación de tu verdadero ser. Al igual que la calidad de una fotografía disminuye si el objetivo no está bien enfocado, hay poca luz o los parámetros de la cámara no están bien ajustados, tu autorretrato interior puede ser impreciso si has recibido datos erróneos o incompletos y una programación desvirtuada en cuanto a tu identidad.

Pensemos en Alex, por ejemplo. El principal mensaje que oyó cuando era niño fue: «Alex, no haces nada bien». ¿Era una descripción exacta de él? ¡No! Puede que fuera incompetente en ciertas áreas, como lo somos todos. Pero decir que no hacía nada bien era una valoración degradante y enormemente inexacta. Sin embargo, este mensaje estaba impreso en la película del corazón de Alex desde la infancia. Hoy Alex lleva este autorretrato desvirtuado dondequiera que va: la imagen de un hombre de treinta y dos años que se ve a sí mismo como poco más que un error, un fracaso a punto de producirse en cualquier momento. Se siente avergonzado de revelar su supuesta identidad a los demás y, por ello, es tímido y poco sociable.

Pensemos, por otra parte, en Theresa, cuya percepción de sí misma es para enmarcar. Creció en un hogar donde fue criada con mucho cariño por unos padres amorosos y cristianos. Supo desde muy pequeña que era una singular criatura de Dios, entrañablemente amada por él. Por ello, Theresa comenzó su vida adulta confiada en su valor para Dios y para los demás. A Theresa le es fácil relacionarse, y Dios la ha usado para llevar a Cristo a varias de sus nuevas amistades.

¿Cómo te sientes acerca de tu autorretrato interior? ¿Es quizá, como en el caso de Alex, una imagen que te avergüenza y que prefieres mantener oculta? ¿O es más como la de Theresa, una representación de tu verdadera identidad como hijo o hija de Dios? Cada año dirijo mis charlas a decenas de miles de adultos y jóvenes, y converso personalmente con cientos de esas personas después de las reuniones. Tristemente, pocos tienen un trasfondo positivo de cuidado y protección como el que disfrutó Theresa. Con mucha frecuencia, son personas que han desarrollado autorretratos gravemente desenfocados; se trata de personas con grandes luchas por una vida difícil en el hogar, la cultura que les rodea o experiencias fuera del marco bíblico (o una combinación de estas tres cosas) que han oscurecido su verdadera identidad.

Todos los anhelos insatisfechos que hemos experimentado pueden generar creencias fundamentales negativas acerca de nosotros mismos. A lo largo de toda la vida, pero especialmente en nuestros primeros años, nos fijamos en las acciones y palabras de las personas para determinar nuestra importancia y valor. Con el tiempo aceptamos lo que otros dicen o nos comunican acerca de nuestro valor, y esto puede generar una idea distorsionada de nosotros mismos. En tu caso quizá fuiste intimidado o rechazado por otras personas. Puede que otros te brindaran su aprobación cuando funcionabas bien, pero te dieran la espalda cuando fracasabas. Es posible que no se te permitiera expresar tu opinión o que, en general, te sintieras ignorado. Cualquiera de estos escenarios, intencionado o no, puede transmitirnos un sentido de falta de valor, llevándonos a desarrollar creencias fundamentales negativas sobre nuestra valía y a generar vergüenza (a creer «Soy malo» o «A mí me pasa algo raro»). Aunque intelectualmente «sepamos» que somos amados y valorados tal como somos, no acabamos de «apropiarnos» de esa realidad. Puede que recibamos cumplidos o felicitaciones de otras personas, pero estas cosas, lejos de suplir nuestras necesidades, parecen más bien resbalarnos.

La escritora e investigadora Brené Brown afirma: «La vergüenza es la más poderosa de las emociones rectoras. Es el temor de que no somos suficientemente buenos».[1] La mentira de la vergüenza puede estar profundamente grabada en nuestra alma, disfrazándose a menudo de humildad y manteniéndose como un obstáculo que nos impide ser la persona que Dios diseñó.

Estoy convencido de que la vergüenza está en el núcleo de la mayoría de nuestras luchas personales, solo superada por la naturaleza pecaminosa con que hemos nacido (y cooperando con ella). La inseguridad nos lleva a reaccionar negativamente y a enfadarnos. Culpamos a otras personas o a las circunstancias en lugar de reconocer nuestros errores. Encontramos formas malsanas de sobrellevar nuestro estrés y dolor porque no creemos que podamos hacerlo mejor o ser mejores. Muchos de nosotros estamos luchando las batallas equivocadas. Combatimos nuestras conductas no deseadas, lo cual solo hace que pensemos más en ellas. Naturalmente, tenemos que buscar la ayuda de Dios y de otras personas para abordar nuestras conductas no deseadas, y necesitamos un plan y apoyo para ponerlo en práctica. Pero en lugar de enfocarnos exclusivamente en una determinada conducta, hemos de entender nuestros anhelos insatisfechos y las creencias fundamentales negativas que suscitan estas conductas no deseadas. Hemos de llevar cautivos tales pensamientos y hacerlos obedientes a la verdad de Cristo. Hemos de creer la verdad de quiénes somos y vivir de acuerdo con nuestra verdadera identidad. En la medida en que lo hagamos, nuestra conducta se irá ajustando a la verdad, las conductas no deseadas perderán su atractivo y nosotros experimentaremos la plenitud emocional para la que fuimos creados: la vida abundante que procede de conocer y experimentar el valor e identidad que Dios ha puesto en nosotros. Puesto que nuestros anhelos insatisfechos activan nuestras creencias fundamentales negativas, nuestra principal batalla está muchos pasos antes de nuestros momentos de tentación. La batalla comienza desarrollando nuevas creencias fundamentales positivas y veraces sobre nuestro ser, Dios y los demás, y confiar después en que Dios proveerá nuevas experiencias que nos ayudarán a consolidar estas convicciones.

Un caso de identidad equivocada

Tristemente, la resplandeciente aurora del tercer milenio ha encontrado a muchas personas —también cristianas— estresadas, descontentas, frustradas y hasta abatidas. ¿Por qué? Porque muchos no están seguros de su verdadera identidad. Incluso la iglesia enturbia a veces el asunto de la identidad subrayando en exceso el papel de la antigua naturaleza pecaminosa, la cual, en el caso de los creyentes, fue crucificada y sepultada con Cristo.

Nuestro sentido de identidad puede verse negativamente afectado cuando alguien se refiere a nosotros como «pecadores convertidos». Pensemos, por ejemplo, que a las mariposas no las llamamos «orugas convertidas». Ahora son mariposas; lo viejo ha desaparecido y ha dado paso a lo nuevo. Cuando confiamos en Cristo, nos convertimos en nuevas criaturas. Las cosas viejas pasan, y todas son hechas nuevas (ver 2 Corintios 5:17).

Tengo el presentimiento de que muchos tienen miedo de lo que sucedería si dejaran de verse a sí mismos como «pecadores convertidos» y se vieran como «santos» (Efesios 5:3, RVR1960). ¿Se volverían acaso orgullosos y arrogantes? ¿Dejarían de tener en cuenta los mandamientos de Dios porque saben que él los ama, los perdona y, pase lo que pase, se deleita en ellos? ¿Acaso pecarían más porque su vergüenza ya no les inhibiría? Creo que no. Creo que tendrían una relación más íntima con Dios, sentirían más deseos de obedecerle porque han experimentado lo mucho que los ama y se preocupa por ellos, y creo que su impacto en el mundo sería mayor.

No es de extrañar que nuestro mundo luche tanto con la vergüenza y las creencias fundamentales negativas sobre uno mismo. La vergüenza y el falso sentido de identidad no son cosas nuevas. Nuestro mundo padece una crisis de identidad, y ha sido así desde que los primeros seres humanos pisaron esta tierra. La vergüenza ha sido la táctica número uno del enemigo desde la creación de la humanidad. Y como hemos dicho en capítulos anteriores, Satanás es el padre de las mentiras; no ignoremos, pues, sus tácticas más efectivas contra nosotros.

Como dijimos antes, cuando Adán y Eva se volvieron contra Dios en el huerto del Edén, se dieron cuenta inmediatamente de que estaban desnudos y se sintieron avergonzados. Cosieron hojas de higuera para cubrirse. Después, cuando oyeron que Dios caminaba por el huerto, se escondieron movidos por el temor. Fue una escena trágica. La perfecta armonía que tenían con Dios había sido destruida. Fue la primera vez que Adán y Eva habían sentido vergüenza y habían tenido miedo, y la primera vez que se habían escondido de Dios. Habiendo conocido solo plenitud, experimentaron los efectos de la caída y la fragmentación. Todo fue resultado de creer mentiras sobre Dios y sobre ellos mismos. La vergüenza, que Dios no quería que experimentáramos, había entrado en el mundo, y desde entonces se ha transmitido de generación en generación, asolando a la humanidad. Pero fíjate en que, en lugar de acusar a Adán y Eva, lo cual habría aumentado su vergüenza, Dios se acercó a ellos con curiosidad y bondad. Conocía el temor, el dolor y la tragedia de lo que había sucedido y sabía cómo se sentían. Dios no se centró principalmente en el asunto del pecado, sino en su relación con ellos porque los amaba profundamente. Tenía el corazón roto. Habían creído mentiras. Habían traicionado su confianza. Estaban desconectados. Habían perdido la intimidad. Pero en lugar de reprenderles o señalarles con el dedo, Dios preguntó: «¿Dónde está[n]?» (Génesis 3:9). En hebreo, la palabra «dónde» puede traducirse de distintas formas: «cómo», «qué», «dónde». Me imagino su corazón paternal, hecho añicos, no buscando información, sino iluminando la situación: «¿Qué están haciendo? ¿Por qué se esconden? Saben lo mucho que los amo y me preocupo por ustedes. Saben quién soy. Saben que no tienen que tener miedo».

Con su pregunta Dios no pretendía enterarse de algo que no supiera. Recuerda que es omnisciente. Preguntó porque es un ser personal y quería mostrar su corazón paternal y compasivo hacia sus hijos; Dios deseaba apelar a sus corazones y volver a conectar con ellos después de la desconexión que acababa de producirse. ¿Cuántas veces lo primero que hacemos es señalar el pecado de las personas en lugar de conectar con ellos a través de la curiosidad y la amabilidad? ¿Cuántas veces acentuamos más su sentido de vergüenza, lo cual nos lleva a desconectar y perder nuestra intimidad? ¿Cuántas veces lo primero que les decimos es: «Eres pecador y estás separado de Dios, pero él quiere perdonarte», en lugar de involucrarles con el amor y la bondad de Dios, diciéndoles: «Cuéntame tu experiencia y tu dolor. ¿Qué sufrimientos y anhelos insatisfechos has soportado? Dios te ama profundamente y quiere conocerte de un modo personal, sanarte e invitarte a entrar en la vida para la que él te creó». No olvidemos que es la bondad de Dios la que nos lleva al arrepentimiento (ver Romanos 2:4).

Y vemos que Adán no responde saltando desde los matorrales donde estaba escondido, diciendo «Estoy aquí», sino explicándole lo que había sucedido. Él dijo que había oído a Dios, estaba desnudo, tuvo miedo y por ello se escondió (Génesis 3:10). Adán estaba avergonzado de sí mismo y de sus acciones; su conducta no fue solo resultado de creer mentiras, sino que también le llevó a creer más mentiras sobre sí mismo y sobre Dios. Dios le preguntó: «¿Y quién te ha dicho que estás desnudo?» (Génesis 3:11). Dios conocía el corazón de sus queridos hijos. Sabía que habían creído una mentira y que habían caído en la trampa de la serpiente. Y lo mismo sucede con nosotros. ¿Cuántas personas nos han «dicho» una mentira sobre Dios, nosotros mismos u otras personas, ya sea por medio de palabras, acciones o experiencias? Esta es la táctica principal del enemigo con nuestros anhelos insatisfechos: usar personas, situaciones y experiencias para inocularnos vergüenza y creencias fundamentales negativas.

Adán respondió culpando simultáneamente a Eva y a Dios: «La mujer que me diste por compañera me dio de ese fruto, y yo lo comí» (Génesis 3:12). ¡Vaya! No fue muy brillante por parte de Adán. El hecho es que ¡sintió vergüenza e intentó culpar a otros! Las personas que sienten vergüenza culpan a otras. Quieren deshacerse de sus sentimientos y creencias negativas lo antes posible. No quieren sentir que son los únicos «equivocados». Sin embargo, aunque Adán señaló a otros culpables, Dios le abrió los brazos, respondiendo con bondad y gracia.

Después Dios le preguntó a Eva; ella, también llena de vergüenza, trasladó la culpa a la serpiente, explicando que esta la había engañado (Génesis 3:13). A continuación, se produjo la primera consecuencia. Dios trató primero con aquel que les embaucó —Satanás, la serpiente— antes de impartir a Adán y Eva las consecuencias de sus decisiones. Dios maldijo a la serpiente y prometió que un día sería despojada de todo su poder (Génesis 3:14–15). Un día perdería toda capacidad para manipular, engañar o tentar a los hijos de Dios. Un día Satanás sería conquistado por el magnificente plan que Dios había trazado para redimir a la humanidad mediante la vida, muerte y resurrección de Jesús para liberar al mundo de las consecuencias que produjo esta tragedia. Sí, Adán y Eva sabían lo que estaban haciendo cuando desobedecieron; sin embargo, fueron también manipulados por el maligno. Dios es justo. Primero se enfrentó al engañador, al impostor: a Satanás, el padre de mentiras.

Después Dios se volvió a Adán y Eva, pero en lugar de maldecirles como lo hizo con la serpiente, les anunció las consecuencias que sus decisiones habían introducido en el mundo (Génesis 3:16–19): dolor, sufrimiento, muerte física y espiritual, separación de Dios y una lucha de poder entre el hombre y la mujer.

Todo esto suscita la pregunta «¿Quién te lo ha dicho?». ¿Quién te ha dicho las mentiras que te han avergonzado y contribuido a las creencias fundamentales negativas que tienes acerca de ti mismo? ¿Quién te ha dicho que careces de valor, eres indigno de ser amado o solo uno más entre la multitud? ¿Qué anhelos insatisfechos del pasado y el presente te han llevado a esta conclusión sobre ti mismo? ¿Fue uno de tus padres? ¿Un hermano? ¿Un amigo, tu prometido o tu cónyuge? ¿O fue acaso un maestro o líder espiritual? Sea como sea, ya has sufrido demasiado tiempo las consecuencias de esas mentiras. No tienes por qué seguir aferrándote a ellas. Puedes decidir escuchar a Dios preguntándote «¿Quién te ha dicho que…?» y sustituir los engaños de otras personas —incluso los tuyos— con la verdad de Dios.

¿Sin valor?

Las personas con una clara idea de su verdadera identidad se sienten importantes. Entienden que son importantes para Dios y los demás, y que el mundo es un lugar mejor porque ellos forman parte de él. Son capaces de interactuar con los demás y apreciar su valor sin sentirse amenazados. Son personas que irradian esperanza, alegría y confianza porque están seguros de su identidad como hijos de Dios. Se aceptan como personas valiosas, dignas de ser amadas y miembros competentes de la creación de Dios, redimidas y reconciliadas con Dios para convertirse en todo lo que él desea que sean.

Sin embargo, aquellos que tienen una idea borrosa de su identidad como creación de Dios muestran varios rasgos insanos. La forma más frecuente en que las personas manifiestan una identidad imprecisa o borrosa son las creencias fundamentales negativas de ser alguien que carece de valor, indigno de ser amado o solo uno más entre la multitud.

Sebastián creció en una familia latina de Sudamérica antes de trasladarse a Estados Unidos siendo todavía un niño. Desde que era muy pequeño, su padre le había maltratado físicamente a él, a sus hermanos y a su madre. Era un hombre irascible, agresivo y violento. Siendo adulto, Sebastián tenía una inquietante sensación de que algo iba mal en lo profundo de su ser. Tenía una imagen negativa de sí mismo, su autorretrato era deficiente. Se sentía inadecuado. Posponía constantemente las decisiones, le costaba mantenerse al día en los estudios y sus intentos de hacer que su vida fuera más soportable le dejaron atrapado en muchas conductas no deseadas. Su forma de desenvolverse delataba un sentido de vergüenza y de falta de valor: andaba con los hombros caídos y se mostraba tímido, callado, absorto y emocionalmente ausente. Daba la impresión de ser un joven pasivo, inocente e inseguro de sí mismo y del propósito de su vida. Aun siendo cristiano, tenía luchas para sentir alguna autoestima. Amaba a Dios de todo corazón, pero le costaba verse verdaderamente como él le veía.

Puede que, como Sebastián, creas que careces de valor, que Dios solo te tolera o que te ama pero no le gusta cómo eres. Es posible que no lo digas con estas mismas palabras, pero pregúntate si te identificas con alguna de las afirmaciones de la lista siguiente.

☐ No sé o no creo realmente lo que Dios dice sobre mi verdadero valor

☐ Me encuentro a menudo esforzándome frenéticamente por conseguir un sentido de valor personal

☐ Me obsesiona mi aspecto físico, personalidad y lo que los demás piensan de mí

☐ A menudo tengo temor a ser rechazado

☐ Me preocupa que la gente me abandone

☐ Me siento avergonzado con facilidad

☐ Con frecuencia siento que soy inadecuado, incapaz o que no doy la talla

☐ A veces me siento triste por mí mismo

☐ Me encuentro intentando demostrar mi valor a través del éxito, los buenos contactos, la aprobación de otras personas o las posesiones materiales

☐ Tengo la tendencia de dejar las cosas para después

☐ Tengo mucho temor al fracaso

☐ No me ocupo de mis necesidades físicas y afectivas

Quizá digas que la expresión «sin valor» es demasiado fuerte para expresar lo que tú sientes, pero crees que no das la talla, te sientes inadecuado, inseguro e insignificante. Bienvenido al club. Desde que la vergüenza entró en el mundo, las dudas sobre nuestro valor nos han agobiado. Quedamos atrapados en el engaño de la vergüenza, luchando por conseguir un cierto sentido de valor a través del prestigio, las relaciones, las posesiones materiales y los logros. Intentar hacer cosas para que alguien reconozca nuestro valor —nosotros mismos, Dios u otras personas— siempre resultará inútil y frustrante. Estos esfuerzos por conseguir resultados son la esencia de la religión hecha por los hombres, que nos enseña a hacer buenas obras para ganarnos el favor de Dios. Pero lo que enseña el cristianismo es que Dios ya nos ama, y por ello hacemos el bien. No hacemos buenas obras para ganarnos el amor de Dios, sino porque lo hemos experimentado junto con la presencia de su Espíritu que vive dentro de nosotros.

Piénsalo: si nuestra identidad viniera de nuestros esfuerzos por hacer el bien, entonces Jesús habría muerto en vano. La misión de Jesús en la tierra fue vivir la clase de vida perfecta que nosotros nunca podríamos vivir, en completa obediencia al Padre, y morir llevando el castigo y la separación de Dios que nosotros merecíamos por nuestra rebelión y pecado. Jesús llevó la culpa de nuestros pecados, cargó con nuestra vergüenza y pagó el precio para conseguir nuestra aprobación por parte de Dios. Consumado es. A través de Jesús, podemos ser plenamente amados y completamente aprobados por Dios.

¿Indignos de amor?

Yo (Ben) recuerdo vívidamente un día en que iba sentado en la parte de atrás de la camioneta de mis padres. Mi amigo y yo estábamos en quinto de primaria; íbamos camino de la piscina con el bañador puesto y sin camiseta. Él me miró y me dijo: «Yo estoy gordo, pero no tanto como tú». Sus palabras me dejaron estupefacto. Me sentí herido, confundido y triste a la vez. Antes de aquel momento, no sabía nada de autoimagen física. Pero en un instante, mi idea de mí mismo cambió; algo que nunca antes me había planteado se convirtió de repente en una obsesión. Sentí quizá lo que Adán y Eva sintieron cuando de repente se dieron cuenta de que estaban desnudos y se avergonzaron, viendo lo que antes no veían.

Aquel comentario de mi amigo pasó a ser la base de mi identidad física durante muchos años. Puesto que en la escuela secundaria sufrí acoso por tener un poco de sobrepeso, la sensación de no ser atractivo se combinó con la de ser indigno de amor. Intenté escapar de aquella realidad comiendo lo mínimo, saltándome comidas, con dietas estrictas, más ejercicio de la cuenta, perdiendo mucho peso a base de voluntad para después empezar a comer compulsivamente cuando no veía los resultados esperados. Quería huir de aquellos sentimientos de fracaso. Anhelaba inspirar amor. Este anhelo insatisfecho me llevó a comer compulsivamente, hasta el punto de ganar más de 45 kilos. Durante varios años me dediqué a comer todo lo que quería, siempre que me apetecía. La comida pasó a ser una forma de evitar el dolor de mis anhelos insatisfechos. Me encantaba la evasión temporal que me ofrecía la comida basura, y escondía lo que hacía. Solía ir a esos establecimientos, compraba toneladas de comida y después eliminaba las «pruebas» para no sentirme avergonzado por mis excesos. Todo esto lo hacía solo, por temor a ser juzgado. Sin embargo, me sentía avergonzado. Tenía miedo y por ello me escondía. Aunque comer compulsivamente me producía cierto placer, me arrastraba en una espiral descendente de vergüenza y creencias fundamentales negativas sobre mí mismo. Gordo, poco atractivo, indisciplinado, descontrolado. Indigno de amor.

Puede que no hayas tenido problemas con la comida, pero quizá sí has tenido anhelos insatisfechos y experiencias que te han llevado a pensar que eras incapaz de inspirar amor. Considera cómo puede manifestarse esta creencia negativa fundamental en tu vida preguntándote si te identificas con alguna de las afirmaciones de la lista siguiente.

- ☐ Temo lo que otras personas puedan decir o hacer en respuesta a mis pensamientos o acciones
- ☐ Tengo luchas con el deseo de agradar a los demás o «mantener la paz» a cualquier precio
- ☐ Creo que si las personas me conocieran realmente —o supieran lo que he hecho— me rechazarían
- ☐ Tengo luchas con la ira
- ☐ Me entristezco o enfado mucho cuando me siento ignorado
- ☐ Tengo miedo de que se me conozca plenamente
- ☐ Me cuesta mucho mostrar cómo me siento realmente

☐ A veces soy excesivamente sensible y me siento
fácilmente herido

☐ Siento que soy una carga para las personas y que
consumo mucho de su tiempo

☐ No me gusta quién soy y me esfuerzo por amarme a mí
mismo

☐ Algunos aspectos de mí mismo no me gustan o
no me siento cómodo con ellos (rasgos físicos, de
personalidad, etc.)

¿Un rostro más entre la multitud?

Aliyah creció en Estados Unidos, en una familia procedente de
Oriente Medio. Desde muy pequeña se sintió poco valorada como
persona. Se veía a sí misma como una pieza de una comunidad
mayor y más valiosa que el individuo. Las decisiones que tomaba
en su vida personal eran a menudo tema de conversación con sus
padres; tales decisiones les alegraban o entristecían dependiendo
de cómo representaban a la familia. Muchas de estas conversaciones giraban en torno a la reputación de la familia más que en torno
a ella como persona. Se sentía como una más entre la multitud.

Aliyah me dijo:

Incluso cuando pensaba en el amor de Dios, no me sentía como
una persona individual. Me veía como una parte del paquete, un
poco como si Dios hubiera enviado una circular diciendo que
nos amaba y yo me las hubiera arreglado para incluirme en el
texto. Pasajes como el salmo 139 no tenían el mismo impacto
en mí que en mis amigos que habían crecido en un mundo
donde al individuo se le valora por encima de la comunidad. Sigo
pidiéndole a Dios que reconfigure mi corazón para que entienda
que soy su obra maestra, creada en Cristo Jesús para hacer buenas obras. No una idea de último momento, sino una creación
deliberada de Dios según un plan y propósito específicos.

Como Aliyah, muchos de nosotros podemos sentir que somos simplemente un número, uno más entre la multitud. Solo uno de los siete mil millones de seres humanos que andan sobre esta tierra, no muy distinto de cualquier otro. Podemos oír cosas como «Dios nos creó» o «Jesús murió en la cruz por nuestros pecados y quiere tener una relación personal con nosotros» y, sin embargo, no recibirlo de un modo personal y específico para nosotros. Puede que pensemos que, evidentemente, Dios nos creó, pero más o menos como un producto fabricado en serie en una línea de montaje, no de forma artesanal y prestando atención a esos detalles que hacen de nosotros personas singularmente configuradas y dotadas. Puede que nos hagamos preguntas sobre nuestra importancia y si de verdad importa que estemos o no aquí. Considera las formas en que esta creencia fundamental negativa puede manifestarse en tu vida preguntándote si te identificas con alguna de las afirmaciones de la lista siguiente.

☐ Creo que Jesús murió por todos, pero no hubiera muerto solo por mí

☐ Tengo muchas dudas sobre mi propósito y dirección en la vida

☐ Rara vez pienso mucho en mí mismo y mis necesidades

☐ Me cuesta sentirme motivado

☐ No veo que el mundo sea un lugar mejor porque yo forme parte de él

☐ No creo que a la gente le importe que esté vivo o no

☐ No veo que esté aportando algo singular a este mundo

☐ No creo que sea alguien singular, dotado y que esté aquí para hacer un impacto en el mundo

Todos albergamos creencias fundamentales negativas sobre nosotros mismos, sea la sensación de carecer de valor, ser incapaces de inspirar amor o la de ser solo uno más entre la multitud. Como Adán y Eva sentimos vergüenza y temor y, por ello, nos escondemos. Nos entregamos a conductas no deseadas. Nos aislamos de Dios y de los demás. Corremos sin aflojar nunca el ritmo por temor a lo que podamos descubrir. Y nuestras hojas de higuera metafóricas son, en última instancia, tan ineficaces como las suyas (Génesis 3:7).

Nuevas hojas de higuera

Las personas seguimos recurriendo a las hojas de higuera, aunque hoy las nuestras son figurativas. Siguen siendo un intento de encubrir nuestra vergüenza y tienen distintos estilos: falsa confianza, trabajo en exceso, sarcasmo, frialdad y otras conductas no deseadas. Son cosas que gratifican, pero nunca satisfacen. No son solo problemas, sino pseudosoluciones. Son cosas temporales e ineficaces, por mucho que nos escondamos tras ellas.

Tenemos una opción mejor; es una verdadera solución que está llena de libertad. Una solución que lleva a una vida de desarrollo y plenitud. Una cura para nuestra vergüenza, temor y ocultación. Un tratamiento que Dios ya nos ha conseguido: el cumplimiento de la promesa que hizo en el huerto del Edén cuando maldijo a la serpiente. Esta cura se lleva a cabo mediante la relación personal y la identidad que podemos recibir gratuitamente por medio de Jesús como hijos e hijas de Dios. Usando la metáfora de una máscara en lugar de las hojas de higuera, los autores de *The Cure* escriben: «Si esta vida de Cristo en nosotros es verdadera —si no hay condenación, si él está obrando de manera perfecta para hacernos madurar desde dentro hacia fuera y si nos ama con locura a pesar de todas nuestras cosas—, ¿qué razón tendría ninguno de nosotros para ponerse de nuevo una máscara?».[2] Si no permitimos que los demás vean nuestro verdadero yo, solo recibirá amor nuestro falso yo. Cuando tenemos miedo, nos escondemos y arrastramos una carga de vergüenza, lo que más tememos es lo que más necesitamos: ser completamente conocidos y amados. Experimentar a Dios y a otras personas amándonos tal como somos es el antídoto de la vergüenza y de nuestras creencias negativas sobre nosotros mismos.

Es fácil quedarnos atrapados en la dinámica de la vergüenza, peleando y esforzándonos por experimentar amor y valor personal a través de nuestras acciones y de la aprobación de los demás en lugar de siendo nosotros mismos. Pero somos «seres humanos», no «obras humanas». A los cristianos nos es fácil escondernos tras las disciplinas espirituales y ciertas formas de servir a otras personas para sentirnos bien con nosotros mismos: un viaje misionero al extranjero, incansables horas de servicio, lectura bíblica diaria, asistencia rigurosa a la iglesia, incontables reuniones de oración. Podemos sentirnos bien con nosotros mismos y pensar que estamos más cerca de Dios por nuestros esfuerzos religiosos. Todas estas cosas son buenas, pero cuando las llevamos a cabo a partir de creencias fundamentales negativas acerca de nosotros mismos, podemos perdernos en las actividades intentando «compensar a Dios» por su obra en la cruz o como una manera de «estar más cerca de Dios». Sin embargo, estas pueden ser meras formas de ponernos bajo la ley en lugar de actuar bajo la libertad de la gracia de Dios. No podemos estar más cerca de Dios de lo que ya estamos en Cristo.

Como nos dice Josh en su libro *Mírate como Dios te mira*:

> Nos guste o no, nuestra percepción de quiénes somos tiene una enorme influencia sobre nuestro bienestar espiritual, emocional y relacional. Las investigaciones han mostrado que tendemos a actuar en consonancia con lo que percibimos ser. Por ejemplo, los niños que son ridiculizados como incompetentes suelen cometer más errores durante su crecimiento. A menudo, las personas que se consideran poco atractivas tienen dificultades para mantener amistades sanas. Si te ves como una persona fracasada, encontrarás alguna forma de fracasar por mucho que quieras avanzar. Si te ves como alguien adecuado y capaz por tu relación con Dios, afrontarás la vida con mayor optimismo y sacarás lo mejor de ti en todo lo que hagas.[3]

Muchas personas llegan al estado adulto con una idea sesgada de su valor para Dios y para los demás. Por ello, tienen una idea sesgada de su verdadera identidad. Nuestros padres y maestros, los medios de comunicación, el mundo del *marketing* y la publicidad y hasta algunas de nuestras experiencias religiosas han reforzado la idea de que nuestra identidad se forma a través de nuestra apariencia, nuestra forma de desenvolvernos y nuestros logros. Aun cuando entendemos la verdad, es difícil liberarnos de los arraigados patrones de pensamiento que influencian nuestra conducta en estas áreas.

Nos parecemos al elefante de circo que está atado a una estaca con una cadena de bicicleta. ¿Cómo puede una cadena tan endeble contener a un animal tan fuerte? Es un recuerdo lo que mantiene encadenado al elefante. Se le ató por primera vez con la cadena cuando era muy joven, y todos sus esfuerzos por liberarse resultaron inútiles. El elefante aprendió que aquella cadena era más fuerte que él e interiorizó una lección que, para él, seguía siendo válida como adulto. Aunque ahora es lo bastante fuerte para romperla y escapar, está condicionado para seguir atado a ella.

La percepción de nuestra identidad funciona de manera similar. Desde nuestra infancia estamos tan condicionados por la importancia del aspecto, los logros y el estatus que seguimos atados a determinadas falsas nociones incluso cuando nuestro juicio ha madurado. Pero la verdad acerca de quién eres es más fuerte que las inconsistentes cadenas que te han impedido entender tu pleno potencial como una criatura de Dios única y apreciada. Puedes experimentar libertad de estas ataduras que has interiorizado. Puedes participar plenamente en la alegría, sentido y satisfacción que son tu herencia como hijo de Dios.

Tu verdadera identidad

No importa si en tu familia, trabajo, escuela o iglesia te consideraban alguien o nadie, para Dios eres alguien. Tu infinito valor para él no disminuye en absoluto si las cosas que consigues son grandes o pequeñas. Dios te tiene en alta estima y quiere que te veas a ti mismo como él te ve. Quiere que vivas una vida de integridad espiritual, emocional y relacional: una vida plena.

Puede que algunos digan: «Pero esto no es bíblico; la Biblia dice que no hemos de tenernos en alta estima». Esto no es exactamente así. Romanos 12:3 dice: «Nadie tenga un concepto de sí más alto que el que debe tener, sino más bien piense de sí mismo con moderación». La Palabra de Dios no nos dice que tengamos un mal concepto de nosotros mismos, sino un concepto correcto. ¿Cómo deberíamos pensar sobre nosotros mismos? Una imagen saludable de nosotros es vernos como nos ve Dios; ni más ni menos. Esta es la norma de Dios y nos proporciona una imagen e identidad saludables. La pregunta es: «¿Cómo me ve Dios?».

Dios dice que tienes un valor infinito; eres una persona amada y única. Estos no son pensamientos ilusorios ni de autoayuda. No es una huida hacia adelante ni autosugestión. Se trata de creer la verdad, de obedecer a Dios y de tener una correcta comprensión de su Palabra: de lo que dice sobre ti y sobre la vida para la que fuiste creado.

No podemos sacarnos de la manga un criterio subjetivo como base de nuestro valor y vida. Necesitamos algo que esté fuera de nosotros mismos, como humanos, que defina nuestro valor. Debe haber un criterio objetivo y universal para establecer nuestro valor de una fuente externa y mayor que nosotros mismos. Si compras un paquete de harina de un kilo y cuando llegas a casa compruebas que solo tiene medio kilo, es posible que te sientas confuso e incluso enfadado. Supongamos que vuelves a la tienda y te quejas al encargado, que te dice: «Esta es nuestra norma. A estos paquetes los llamamos paquetes de un kilo de harina. Lo que tú quieras llamarlo es cosa tuya». Naturalmente, esto sería ridículo porque la justicia y el comercio dependen de ciertas normas confiables, objetivas y universales (existe incluso una Oficina Internacional de Pesas y Medidas que define estas normas).

Muchos de nosotros usamos asimismo ridículos criterios de medición para definir nuestro valor e importancia. Aceptamos como criterio las críticas o cumplidos de otras personas. Medimos nuestro valor basándonos en nuestro éxito o fracaso, nuestro aspecto o nuestro estatus. Pero hay un criterio universal e inmutable que podemos usar para conocer nuestro valor.

Eres de gran valor

Eres una persona valiosa. Cualquiera que te haya dicho lo contrario estaba equivocado. Es esencial que te veas a ti mismo como una persona valiosa, porque así es como Dios te ve.

La sociedad nos dice que nuestro valor depende de nuestros logros, éxito, aspecto, posición, plan de jubilación y póliza de seguro de vida. Incluso la revista *Time* tasó el valor de la vida humana promedio en 129.000 dólares.[4] Esto es completamente absurdo. Existe un criterio universal y objetivo que determina nuestro valor, igual que hay una norma para las pesas y medidas. Este criterio universal procede del Creador, el fabricante, el todopoderoso Dios del universo. Esto es algo que los seres humanos sabemos inherentemente. Esta es la razón por la que aborrecemos la esclavitud, el asesinato, la violación y el tráfico humano.

Eres una persona valiosa porque estás hecho a imagen de Dios (ver Génesis 1:27), lo cual significa que posees una dignidad, valor, mente racional, deseos morales y aptitudes relacionales distintivos. Toda la tierra te fue confiada para que hicieras tu parte en gobernarla y reinar sobre ella (ver Génesis 1:28). Dios creó a los seres humanos con sus propias manos y sopló en ellos aliento de vida, a diferencia de los animales y demás cosas creadas (ver Génesis 2:7). Él creó al ser humano como pináculo de su creación y dijo que era «muy bueno» (ver Génesis 1:31). En toda la historia del mundo no hay ni ha habido nadie que tenga la misma personalidad, características o atributos físicos que tienes tú. Eres un original. Dios decidió crearte exactamente como eres, con tu singular combinación de dones, personalidad y rasgos físicos.

Aunque el pecado entró en el mundo por medio de Adán y Eva, y tú naciste con una naturaleza pecaminosa (Salmos 51:5), esto no cambia el hecho de que fuiste creado a imagen de Dios (Génesis 9:6). Nada de lo que haces o hayas hecho disminuirá el amor que Dios te tiene o tu valor intrínseco.

Uno de los salmos del rey David detalla con gran belleza el gran valor que tenemos para Dios.

Me pregunto:

> «¿Qué es el hombre, para que en él pienses?
> ¿Qué es el ser humano, para que lo tomes en cuenta?».
> Pues lo hiciste poco menos que Dios,
> y lo coronaste de gloria y de honra:
> lo entronizaste sobre la obra de tus manos,
> todo lo sometiste a su dominio.
> (Salmos 8:4–6)

Eres también infinitamente valioso, insustituible e imprescindible (1 Corintios 12:22) porque Dios dio a su Hijo único para reconciliarte consigo, pagando un incalculable rescate que dice que eres infinitamente valioso. La muerte de Jesús en la cruz no creó tu valor, sino que lo demostró. En el calvario, Dios declaró al cielo, al infierno y a toda la tierra que eres digno del don de Jesucristo, su amado Hijo. Si alguna vez te pones precio a ti mismo, tendrá que ser «Jesús», porque esto es lo que Dios pagó para salvarte (ver 1 Corintios 6:19–20; 1 Pedro 1:18–19). Tu valor no depende de nada que hayas hecho o puedas hacer; no es un valor creado por uno mismo. Eres de gran valor porque nuestro Dios de amor te creó así. La humildad consiste en saber quién eres y quién te hizo así, y darle la gloria de ello a Dios. Tu valor no puede estar determinado por otras personas, ni siquiera por ti mismo. Solo tu Creador puede determinar el valor de su creación.

Eres digno de ser amado

La Biblia habla repetida y enérgicamente de lo mucho que eres amado. Por ejemplo:

Jesús le dijo a su Padre en oración: «los has amado a ellos tal como me has amado a mí» (Juan 17:23).
Dios te ama tanto como a Jesús.

Jesús les dice a sus seguidores: «Como el Padre me ha amado, así también yo os he amado; permaneced en mi amor» (Juan 15:9).
Jesús te ama tanto como Dios Padre ama a Jesús.

La Biblia nos dice: «¡Fíjense qué gran amor nos ha dado el Padre, que se nos llame hijos de Dios! ¡Y lo somos!» (1 Juan 3:1).
Dios te ama tanto que te ha hecho su hijo o hija.

La Palabra de Dios declara: «El que no escatimó ni a su propio Hijo, sino que lo entregó por todos nosotros, ¿cómo no habrá de darnos generosamente, junto con él, todas las cosas?» (Romanos 8:32).
Dios te ama tanto que lo dio todo por ti.

Quizá has crecido sintiéndote ignorado, no deseado, despreciado o incluso odiado. Las personas que te transmitieron esta imagen estaban equivocadas. Dios te creó a su imagen y te ama como a un hijo. Dios no comete errores. Si te ama —y te ama— eres eternamente digno de ser amado. Es esencial que te veas digno de ser amado porque así es como Dios te ve.

Jesús no soportó el rechazo, la ridiculización, la tortura y la muerte por seres despreciables. Por amor, Jesús fue a la cruz para redimir y restaurar una relación con aquello que se había perdido: tú.

Uno de los versículos más conocidos de la Escritura muestra la enormidad de su amor por ti: «Porque tanto amó Dios al mundo que dio a su Hijo unigénito» (Juan 3:16). Dios no te tolera o te ama solo por la obra de Cristo en la cruz; fue precisamente su amor lo que le motivó a enviar a Jesús para que muriera por ti.

Fíjate en cómo expresa Salmos 17:8 el amor y el cariño de Dios hacia nosotros. Este texto dice: «Cuídame como a la niña de tus ojos; escóndeme, bajo la sombra de tus alas». A primera vista, es posible que no parezca una declaración especialmente contundente. Pero la palabra hebrea que se traduce como «niña» significa literalmente «hombrecillo». Cuando estás muy cerca de alguien, ves un reflejo diminuto de ti mismo en la pupila de la persona en cuestión. Te ves a ti mismo como el «hombrecillo» de sus ojos. En este salmo, David está diciendo que tú eres esto para Dios: el «hombrecillo» que se refleja en el ojo de Dios. Estás siempre en su visión. Eres siempre el objeto de su cariño y obsesión. Así es como te ama y valora Dios.

Eres único

Nadie en el mundo es ni será nunca tú. Tu singularidad va más allá de tu raza, cultura, personalidad, rasgos físicos, gustos, aversiones, dones, talentos y de la manera en que Dios te diseñó. Tú expresas la imagen de Dios de un modo que nadie más puede hacerlo o lo hará nunca. La Biblia incluso se refiere a ti como «la obra maestra de Dios» (Efesios 2:10, NTV). Lo que el compositor de la antigüedad le cantaba a Dios sobre sí mismo se aplica también a ti: «Tú creaste mis entrañas; me formaste en el vientre de mi madre. ¡Te alabo porque soy una creación admirable! ¡Tus obras son maravillosas, y esto lo sé muy bien!» (Salmos 139:13–14). Dios ha hecho contigo como el alfarero que crea una obra de arte hermosa y única, moldeándola, dándole forma y tallándola sin prisas (ver Isaías 64:8).

Dios te hizo con dones y talentos únicos que son cruciales para este mundo. Primera de Corintios 12 se refiere a los cristianos, colectivamente, como «el cuerpo de Cristo», con una analogía que procede del funcionamiento del cuerpo físico y lo aplica al del cuerpo de Cristo. Este pasaje deja claro que cada uno de nosotros, sea cual sea nuestra raza, personalidad, dones y talentos, es único, crucial e importante:

El ojo no puede decirle a la mano: «No te necesito». Ni puede la cabeza decirles a los pies: «No los necesito». Al contrario, los miembros del cuerpo que parecen más débiles son indispensables, y a los que nos parecen menos honrosos los tratamos con honra especial. Y se les trata con especial modestia a los miembros que nos parecen menos presentables, mientras que los más presentables no requieren trato especial. Así Dios ha dispuesto los miembros de nuestro cuerpo, dando mayor honra a los que menos tenían, a fin de que no haya división en el cuerpo, sino que sus miembros se preocupen por igual unos por otros. Si uno de los miembros sufre, los demás comparten su sufrimiento; y, si uno de ellos recibe honor, los demás se alegran con él.

Ahora bien, ustedes son el cuerpo de Cristo, y cada uno es miembro de ese cuerpo (1 Corintios 12:21–27).

Eres único, crucial e importante. Estás aquí con un propósito. El mundo es un lugar mejor porque tú existes. Todos necesitamos que conozcas tu valor, entiendas lo muy amado que eres y aceptes las cosas que hacen que tú seas *tú*.

La manifestación de aceptar tu verdadero ser

Un día yo (Josh) subí a un avión y vi algo extraño. La azafata de vuelo que saludaba a los pasajeros que iban entrando a la aeronave tenía un ramo en la mano con una docena de bonitas rosas. A lo largo de mi vida he hecho, literalmente, miles de vuelos comerciales, pero nunca antes había visto a una azafata con un ramo de flores en la mano.

Fui hasta donde estaba y le pregunté:

—¿Ha sido su novio quien le ha regalado las flores?

—No —me dijo.

—¿Su marido, entonces?

La azafata sacudió la cabeza.

—De acuerdo —insistí—. Entonces, ¿quién ha sido?

—Me las he comprado yo —me dijo con una gran sonrisa.

Volví a mi asiento y guardé mi equipaje de mano, después volví a la zona delantera y me presenté a la azafata. Durante nuestra conversación, le dije que servía en un ministerio cristiano y ella me dijo que también era creyente.

Todavía curioso sobre las flores, le pregunté:

—¿Por qué se ha regalado una docena de rosas?

Ella respondió inmediatamente:

—Porque me gusto.

Esto es increíble, pensé. De modo que, también yo, me regalé *dos* docenas de rosas.

¡Qué plataforma tan increíble tenía aquella mujer para compartir a Cristo con otras personas, y qué testimonio tan precioso tenía! La forma en que nos percibimos puede ser decisiva para la efectividad de nuestro testimonio verbal y de vida. Cuando se desarrolla nuestra conciencia de que Dios nos ama, nos valora y nos utiliza, nos convertimos en lo que Pablo llamó «olor de vida» para aquellos que buscan desesperadamente la paz que disfrutamos como hijos de Dios (ver 2 Corintios 2:16).

Dios tiene un propósito más importante para restaurar nuestro autorretrato defectuoso, más incluso que ayudarnos a vencer nuestras conductas no deseadas y luchas. Él quiere que estemos completamente convencidos de que somos amados, valiosos y competentes porque quiere encomendarnos una tarea. ¿Te has dado cuenta de que tú y yo somos un regalo de Dios para el mundo? Si no es así, no hay ninguna razón para que estemos aquí. Habría sido más lógico que Dios nos mandara directos al cielo en el momento en que confiamos en Cristo. Dios tiene una misión para nosotros: compartir su mensaje de amor, perdón y reconciliación con él e invitar a otras personas a una relación personal con su Creador.

Nuestra formación cristiana nos ha inculcado a muchos de

nosotros que tenemos que compartir a Cristo con otras personas. Para aquellos que no tenemos una clara conciencia de quiénes somos como hijos de Dios amados, apreciados y competentes, el desafío de testificar solo genera más culpa a medida que pasan los años y no vemos a nadie entregarse a Cristo por nuestro testimonio. De hecho, nuestro autorretrato interior parece incluso más distorsionado porque sospechamos que Dios nos ama menos por nuestra falta de fruto como testigos suyos. Pero Dios quiere que tengamos una próspera relación con él y con los demás, que le veamos a él como es verdaderamente y a nosotros como él nos ve, y quiere también que disfrutemos de su bondad porque de este modo otras personas se sentirán atraídas y convencidas por la vida abundante de libertad y satisfacción para la que él nos ha creado.

Puede que sea el momento de regalarte una docena de rosas como una declaración de que vas a aceptarte como la persona que Dios diseñó, darle gracias a él por lo que ha hecho y amar al mundo que te rodea. Quizá es el momento de «darte un capricho» consiguiendo un cuadro o retrato que puedas poner en algún lugar para recordarte que tienes que verte como te ve Dios. Quizá sea el momento de encontrar formas de celebrar lo mucho que Dios te valora, ama y quiere utilizarte a ti y tu singular aportación al mundo.

Convertirte en quien ya eres

Es posible que muchos de nosotros nos sintamos atraídos hacia estas verdades sobre nuestra identidad, pero tengamos luchas para creerlas como consecuencia de nuestros anhelos insatisfechos, experiencias dolorosas y las creencias fundamentales negativas que hemos desarrollado a lo largo de muchos años. Vernos como nos ve Dios es uno de los factores más importantes para vencer conductas no deseadas. Una rica confianza y convicción de que Dios satisfará nuestros anhelos desarrolla en nosotros una resiliencia que nos lleva a resistir la necesidad de sobrellevar nuestros problemas mediante conductas no deseadas. Cuando sabemos quiénes somos y tenemos creencias fundamentales bíblicas y positivas sobre nosotros mismos, separamos nuestros anhelos insatisfechos de nuestra identidad y procuramos su satisfacción de formas sanas.

¿Cómo, pues, experimentamos este cambio en nosotros mismos? El hecho es que nosotros no podemos cambiarnos, al menos no exactamente. Los autores de *The Cure* explican:

> La meta no es cambiarme. Ya estoy cambiado. La meta es madurar. Cuando dependo de la nueva criatura en la que me he convertido por la obra de Jesús en la cruz, comienzo a vivir de forma más saludable, más libre del pecado, más libre para amar. Aprendo a creer que todo su poder, amor, verdad y excelencia ya está presente en mí, en este momento. Aun en mi peor día.[5]

En el momento de nuestra salvación ya fuimos transformados, tras lo cual crecemos y maduramos desarrollándonos como la persona que Cristo nos ha hecho. Nuestra actividad espiritual nunca transformará nuestra identidad espiritual. Esto sugiere que quienes seguimos a Jesús ya hemos sido cambiados por el poder que actúa en nosotros, y ahora se trata de que nuestros corazones, pensamientos y conductas se alineen cada vez más con lo que ya es cierto de nosotros.

Esto no significa que ahora tengamos que relajarnos y aceptar nuestras conductas no deseadas y problemas personales. No, hemos de esforzarnos, buscar ayuda y desempeñar un papel activo en el proceso de maduración (1 Corintios 15:10). Jesús habló de tomar medidas drásticas para tratar con el pecado en nuestra vida (Mateo 5:29). Lo bueno es, sin embargo, que nuestros esfuerzos no son para *cambiar* nuestra identidad, sino *desde* una identidad que ha sido cambiada. No intentamos convertirnos en algo nuevo, sino que, puesto que ya somos algo nuevo, nos esforzamos por experimentar la alegría, paz y satisfacción de la vida para la que fuimos creados.

En esta vida de acuerdo con la identidad que Dios ya te ha dado y tu desarrollo en esta misma dirección, tendrás que hacer un esfuerzo consciente para recordar quién eres verdaderamente.

No eres una persona indigna de amor. Ni carente de valor. Ni la suma de lo que otros han dicho de ti o te han hecho. Dios te ha creado a su imagen, te ha otorgado una dignidad y un valor infinitos, y te ama. Lo que tú hayas hecho a otras personas o a ti mismo, o lo que otros te hayan hecho a ti no te define. Quien te define es Dios y la identidad que él te ha otorgado como su amado hijo o amada hija . Descansa en tu valor como portador de una imagen y en tu identidad como un hijo o hija que ha sido adoptado en la familia de Dios. Busca relaciones que satisfagan tus siete anhelos y personas que afirmen tu verdadero valor como hijo de Dios. Medita en lo que Dios dice acerca de tu identidad y del valor que tienes para él. Medita en aquellas ocasiones de la vida en que has sentido su amor y experimentado su aceptación.

Siempre que te sientas inadecuado, no amado o meramente uno más entre la multitud, comienza preguntándote qué mentira estás volviendo a creer sobre ti mismo. A continuación, lleva esta mentira cautiva y dite a ti mismo quién eres verdaderamente. Si quieres seguir un proceso paso a paso para hacer esto, que incorpora una investigación neurocientífica, lee el apartado «Renovar la mente» en el apéndice de este libro.

Preguntas para la reflexión

1. ¿Te ves a veces a ti mismo como alguien carente de valor, indigno de recibir amor o meramente como uno más entre la multitud?
2. ¿Qué anhelos insatisfechos y experiencias dolorosas del pasado podrían haberte llevado a desarrollar estas creencias fundamentales negativas sobre ti mismo?
3. ¿Qué creencia(s) fundamental(es) positiva(s) sobre tu verdadera identidad quieres desarrollar?
4. ¿Conoces a alguien con quien puedas pasar tiempo deliberadamente, alguien que te trata como a una persona valiosa, amada y singular?

ESTÁS HECHO PARA ALGO MÁS

Me acuerdo como si fuera ayer. Yo (Josh) había mantenido algo en secreto durante mucho tiempo y sabía que tenía que compartirlo con mi esposa, Dottie. En aquel momento llevábamos veinticinco años casados.

Le dije que quería hablar con ella y nos sentamos en la alfombra del salón. Me era difícil encontrar las palabras.

Por segunda vez en mi vida, iba a compartir con otra persona que había sufrido abusos sexuales a lo largo de mi niñez. Temblando, le dije: «Durante el periodo entre los seis y los trece años, sufrí abusos sexuales, fui violado y forzado a ver pornografía homosexual por Wayne Bailey, un empleado que ayudaba a mi familia en la granja». Inmediatamente Dottie se acercó, me abrazó intensamente, me miró a los ojos y me dijo: «¡Cariño! Siento mucho que te pasaran estas cosas. ¡Me alegro de que ya no esté vivo porque, de lo contrario, iba a tener una conversación con él! ¡Te quiero muchísimo!».

Me sentí aliviado, aceptado y completamente amado. Dottie me dio las gracias por haber compartido esto con ella y después, con un tono suave y afectuoso, me dijo algo que nunca me habría esperado: «Valoro mucho que me hayas confiado tu historia. Estoy muy orgullosa de ti, y siento muchísimo que hayas tenido que pasar por todo esto. Pero, Josh, este es un mensaje muy profundo, y si quieres compartirlo con todo el mundo te apoyaré firmemente, porque muchas personas han tenido que enfrentarse a esta angustia y ¡necesitan escuchar tu historia!». Estaba atónito. Aquella era la última reacción que habría esperado. Iba completamente en contra de su personalidad tan celosa de su privacidad.

Aquella experiencia con Dottie y sus palabras de aceptación y ánimo eran exactamente lo que necesitaba. Fue una de las experiencias más impactantes y positivas de mi vida.

Dottie era la segunda persona a la que había contado esta parte de mi historia. La primera había sido mi madre. Cuando tenía once años, reuní finalmente el valor para decirle que, a lo largo de los últimos cinco años, Wayne Bailey había estado abusando sexualmente de mí. Necesitaba que ella me creyera y me protegiera, pero no lo hizo. Y no solo eso, sino que me azotó hasta que me vi forzado a decir gritando que era mentira. Aquel fue el peor momento de mi vida.

Las heridas físicas de aquellos azotes sanaron, pero aquella parte angustiosa de mi vida hacía que me sintiera emocionalmente rechazado, atemorizado y lleno de ira. Me sentía solo y desconectado. No podía compartir aquello con nadie más, nunca, de modo que sepulté aquel secreto durante cuarenta años. Nunca mentí al respecto; me limité a ocultarlo, temiendo que hablar de ello supondría más rechazo. Pero si la respuesta de mi madre me produjo temor y alienación, la reacción de Dottie me comunicó una aceptación y un amor incondicionales. Puedo decir honestamente, y Dottie estaría de acuerdo, que cuando compartí toda mi historia con ella, nuestra conexión e intimidad emocional crecieron.

¿Cómo crecemos?

¿Cuál crees que es el factor clave para que las personas crezcan? He hecho esta pregunta a muchas personas y he escuchado incontables respuestas. Creemos que la clave del crecimiento son las relaciones personales. Como hemos visto hasta ahora en este libro, todas las relaciones personales se enmarcan dentro de tres categorías principales: relación con Dios, con uno mismo y con los demás. En este capítulo profundizaremos en el tercer grupo de relaciones. Nuestras relaciones personales con otras personas constituyen el rico suelo en el que experimentamos una mayor plenitud espiritual y emocional. Es decir, los demás tienen la capacidad de mostrarnos el amor de Dios y de ejemplarizar su carácter. Tienen la capacidad de amarnos y aceptarnos, de ayudarnos a conocer y creer en nuestro verdadero valor e identidad.

Cuando tenemos relaciones personales saludables y ordenadas con Dios, con nosotros mismos y con los demás, comenzamos a crecer porque así es como fuimos diseñados. Fuiste creado para crecer y desarrollarte. Fuiste creado para que tus siete anhelos fueran satisfechos de formas saludables, y cuando esto suceda experimentarás crecimiento y desarrollo. Después podrás comenzar a funcionar a partir de creencias fundamentales saludables sobre ti mismo, Dios y los demás.

¿Por qué? Fuimos creados por un Dios relacional que nos hizo para ser plenamente conocidos y amados. Fuimos hechos para amar, servir, apoyar y mostrar el amor de Dios a los demás. Necesitamos a otras personas y ellas nos necesitan a nosotros. Somos relacionales y la plenitud relacional es lo que impulsa y apoya nuestra plenitud espiritual y emocional. Y, puesto que somos heridos en las relaciones personales, debemos ser también sanados en ellas.

Plenitud relacional de un Dios relacional

¿Cuál fue la primera crisis de la historia humana? Muchos apuntarían a Adán y Eva comiendo del árbol en Génesis 3:6, es decir, a la entrada del pecado en el mundo. Esto fue una crisis, sin duda, pero no la primera. La primera crisis tuvo lugar en el capítulo anterior, Génesis 2, donde se registran estas palabras de Dios: «No es bueno que el hombre esté solo» (Génesis 2:18). Fue una crisis de soledad. ¿Acaso Adán no tenía a Dios allí con él? Sí, por supuesto; pero, aunque estaba con él en el huerto, Dios observó que Adán estaba solo. Adán tenía comunión con Dios, pero no había nadie como él con quien pudiera compartir la vida. Un comentarista afirma: «Dios ha creado la vida humana para la comunión con él, pero también para ser una entidad social que desarrolla relaciones personales con otros seres humanos».[1] Las palabras de Dios en Génesis 2 afirman algo sobre la soledad de Adán que nos revela una parte de la naturaleza de Dios y de lo que significa ser hechos a su imagen.

En el capítulo anterior hablamos de plenitud emocional. Estamos hechos a imagen de Dios, y esto significa que tenemos una dignidad y un valor inherentes. Podemos vencer la vergüenza y desarrollar creencias fundamentales saludables sobre nosotros mismos. Pero hay otro aspecto de nuestra constitución a imagen de Dios que llamamos plenitud relacional, o la integridad que procede de experimentar relaciones saludables con otras personas. Has sido creado por un Dios relacional para experimentar relaciones personales saludables.

Las relaciones están y estarán siempre en el núcleo de la naturaleza de Dios. Tanto en el Antiguo Testamento como en el Nuevo, la Biblia enseña que Dios es una Trinidad. Dios existe como tres personas y, sin embargo, es un solo ser. Cada una de las personas —Padre, Hijo y Espíritu Santo— tiene una identidad separada, pero comparte la misma esencia de naturaleza que las demás; no se trata de naturalezas similares en distintos roles. Algunos pueden pensar que esto es confuso o contradictorio. Pero la representación bíblica de Dios como un ser que coexiste eternamente como tres personas transmite la sorprendente verdad de que las relaciones íntimas han existido eternamente. Dios no creó a los seres humanos porque necesitara una relación, puesto que ya la tenía. Él existe en relación. El Padre ha amado siempre e infinitamente al Hijo, el Hijo ha amado siempre e infinitamente al Padre, y el Espíritu Santo ha amado siempre e infinitamente al

Padre y al Hijo. En el seno de la Trinidad fluye un constante ciclo de relaciones perfectas. Aunque no podemos comprender plenamente esta perfecta y permanente relación, todos anhelamos experimentarla. La imagen de Dios solo puede verse completamente en nosotros por medio de las relaciones personales.

Las relaciones forman parte de nuestra identidad nuclear. Dios dijo: «No es bueno que el hombre esté solo». Él creó a los seres humanos a su imagen, y esta imagen reflejaba la perfecta relación de las tres personas de la Trinidad: una unidad infinitamente amorosa, un vínculo, una unión y una conexión sin precedente en el universo.

Y para su creación humana Dios anhelaba una unidad parecida a la suya. Por ello, en lugar de dejar solo al hombre recién creado, hizo otro ser humano de su costado: Eva.

Igual que, por su propia naturaleza, Dios vive en relación, él nos crea para que vivamos en relación. La unidad en la Trinidad es la clave que revela la forma en que Dios concibió el funcionamiento de nuestras relaciones personales. Aunque nunca podremos comprender plenamente la unidad de Dios en sus relaciones, sí podemos entender lo suficiente de este misterio para experimentar el verdadero sentido de las relaciones personales. Descubrir el misterio de la Trinidad es como asomarnos al corazón mismo de Dios.

Nada en la vida puede impactarte tanto como una relación humana, o su ausencia. Estamos estructurados para la relación y la conexión desde que nacemos; de hecho, en un principio no podemos ni siquiera sobrevivir, no digamos desarrollarnos, sin relaciones humanas. Lo contrario de crecer es vivir de un modo aislado y desconectado de los demás. Ninguna persona que crece y se desarrolla está aislada y desconectada, y viceversa: nadie que está aislado y desconectado crece y se desarrolla.

Conexión humana: sobrevivir y crecer bien

¿Hasta qué punto es importante la conexión humana? Se ha investigado mucho sobre la importancia del papel de los cuidadores principales, que suele ser uno de los progenitores. Uno de los estudios más famosos, que se conoce hoy como Experimento del rostro inexpresivo,[2] emparejaba a niños con un cuidador principal. El adulto jugaba con el bebé, sin juguetes, mediante expresiones tiernas y juguetonas durante tres minutos antes de volverse momentáneamente y ponerse después, de nuevo, delante del pequeño. Se pedía al cuidador que ahora permaneciera totalmente frío y apático, manteniendo el contacto visual, pero con el rostro inexpresivo, durante dos minutos. A continuación, el cuidador volvía a jugar con el bebé con expresiones tiernas y estimulantes durante tres minutos.

Los resultados fueron muy sorprendentes (puedes ver videos del experimento *online*). En el momento en que el cuidador se da la vuelta y se muestra inexpresivo y apático, los pequeños captan inmediatamente el cambio y pasan de la conexión a la desconexión, mostrando una actitud juguetona frente a la mirada fría y apática del cuidador.

Durante los dos minutos del «rostro inexpresivo», los pequeños parecen desesperados por volver a conectar y obtener una respuesta del cuidador. Extienden los brazos hacia el cuidador, señalan, gritan, lloran y dan patadas. La desconexión y la falta de respuesta llevan al pequeño a un estado de ansiedad y agitación, hasta que el cuidador vuelve a jugar y reconecta con él.

El Experimento del rostro inexpresivo pone de relieve lo importante que es la conexión y la relación para los seres humanos, y lo destructivos que pueden llegar a ser incluso dos breves minutos de desconexión. Dios nos hizo seres relacionales, y nuestra necesidad de conexión con los demás es evidente desde las primeras etapas de la infancia. Y, desde un punto de vista bíblico, nuestras relaciones personales —con Dios y con los demás— están entre las pocas cosas que nos acompañarán más allá de esta vida.

Quebranto y plenitud relacional

En las relaciones personales se originan tanto belleza como quebranto. Las relaciones son un instrumento de bendición cuando son saludables y de dolor cuando no lo son (y aun las mejores relaciones personales pueden llegar a generar dolor). Cuando las relaciones personales nos producen dolor, hemos de ser precisamente sanados en ellas, encontrando la satisfacción de nuestros siete anhelos de formas sanas.

Todos nosotros fuimos creados para ser plenamente conocidos y completamente amados dentro de las relaciones personales, tanto con Dios como con los demás. Al igual que el Dios trino, quien es el ejemplo decisivo de tres personas plenamente conocidas y amadas, fuimos creados con una necesidad innata de ser completamente conocidos y amados. Puesto que Dios es omnisciente, lo cual significa que sabe todas las cosas (ver Juan 21:17), él lo sabe todo de cada uno de nosotros. Él conoce todos nuestros secretos, pensamientos, sufrimientos y anhelos. Lo sabe todo y aun así quiere tener una relación íntima y personal con nosotros (ver Romanos 5:8).

No es solo que Dios nos conozca plenamente, sino que también nos ama plenamente cuando somos reconciliados con él mediante una relación salvífica con Jesús. Nuestra relación con Dios satisface el anhelo de ser plenamente conocidos y amados; sin embargo, como Adán, también nosotros hemos sido creados para ser plenamente conocidos y amados por otras personas.

Timothy y Kathy Keller han escrito:

> Ser amado pero no conocido es reconfortante pero superficial. Ser conocido pero no amado es nuestro mayor temor. Pero ser plenamente conocido y verdaderamente amado es, digamos, como ser amado por Dios. Nos libera de cualquier hipocresía, nos humilla y aparta de nuestro moralismo, y nos fortifica para cualquier dificultad que pueda depararnos la vida.[3]

En lo profundo de nuestro ser anhelamos ser plenamente conocidos, pero también lo tememos. Si deliberadamente te aferras a tu dolor, pecado secreto o conductas no deseadas y a contar las verdades a medias, estás en el terreno de juego del enemigo, donde se generará vergüenza, mentiras y desconexión. Esto es lo que sucede: alguien te elogia, te trata con respeto o te muestra gratitud —cosas que podrían satisfacer alguno de tus siete anhelos— pero tú lo rechazas. No puedes recibirlo. Piensas: *Si* de verdad *me conociera, no lo haría.* Filtras sus palabras a través de las cosas que te niegas a mostrarle. Los secretos que no puedes contar te mantienen cautivo, porque solo las partes que sacas verdaderamente a la luz pueden ser plenamente amadas.

Ser plenamente conocido es una experiencia desafiante. Requiere que compartas la culpa y la vergüenza que hay en tu vida por los pecados que has cometido contra otras personas (y contra ti mismo), así como aquellos pecados que se han cometido contra ti. Pero recuerda que hay una diferencia entre culpa y vergüenza. La culpa dice: «He hecho algo malo». La vergüenza afirma: «Soy malo». El rechazo y la vergüenza son los principales factores que impiden que las personas se abran completamente a los demás. La única manera de volver a una conexión saludable es asumiendo el riesgo de ser plenamente conocido.

El Dr. Ted Roberts me dijo una vez: «Lo que más necesitamos es lo que más tememos». El coste de lo que más necesitamos es alto; es difícil para todos y nunca se vuelve más fácil. Pero puede que sea la herramienta más potente que hayas descubierto; se llama vulnerabilidad. La investigadora y escritora Brené Brown define la vulnerabilidad como «incertidumbre, riesgo y desabrigo emocional».[4] Cosas aterradoras.

Pero Brené dice también que la «vulnerabilidad es lugar donde nace el amor, la pertenencia, la alegría, el valor, la empatía y la creatividad».[5]

Jessica era una universitaria que, desde la adolescencia, había sido adicta a la pornografía dura. Había intentado todo lo que sabía para liberarse de su adicción. Oraba, leía la Biblia, se implicaba en la iglesia y amaba verdaderamente a Jesús. Pero se sentía sola. Luchaba en silencio. Sentía tanta culpa y vergüenza que apenas si podía vivir con ella misma. Sabía que tenía que ser lo suficientemente vulnerable como para pedir ayuda, pero siempre se le había dicho que la pornografía era un asunto de hombres, y esto la hacía sentir un bicho raro. Tenía miedo de ser juzgada o rechazada. Cuando finalmente su supervisor encontró pornografía en el historial de su navegador se sintió aliviada porque por fin salía a la luz, pero el responsable dijo: «Sabemos que no puedes haber sido tú, porque las mujeres no tenéis este problema». Jessica se sintió descorazonada y pensó que nunca podría compartir su problema con nadie.

Pasaron muchos meses sombríos antes de que la esperanza irrumpiera. Jessica entró en un instituto bíblico donde las líderes residentes hablaron de forma abierta y honesta con las nuevas estudiantes sobre la pornografía y el pecado sexual y las invitaron a ser vulnerables acerca de sus luchas. Jessica escribió una nota sobre su lucha con la pornografía y se la dio a una de las líderes. Al poco tiempo una de ellas fue a verla y le dijo que había dado un paso valiente haciéndose vulnerable, y le explicó lo que podían hacer para ayudarla. El temor había mantenido cautiva a Jessica en un espacio de aislamiento y desconexión, precisamente el lugar en que nunca podría encontrar libertad. Solo dejándose ver y conocer en su dolor, luchas y pecado podía encontrar el amor y la conexión que la ayudarían a vivir en la plenitud y libertad para las que Dios la creo.

Algunas personas me han preguntado: «Josh, ¿por qué no contaste tu historia de abusos sexuales al comienzo?». Hay muchas razones, pero estas son las dos más importantes. En primer lugar, no quería compartir este aspecto de mi experiencia y ser solo conocido por todo el mundo como un superviviente de abusos sexuales. Esto es parte de mi historia, pero no toda ella, y temía que la gente no pensara en otra cosa cuando pensaban en mí. En segundo lugar, tenía miedo de que no se me creyera. Me costó muchísimo compartir lo sucedido con mi madre aquella primera vez; no te imaginas lo mucho que necesitaba que ella me creyera e hiciera algo para ayudarme. Que no me creyera generó en mí toda una serie de creencias negativas y un temor que afectaría ciertas partes de mi vida durante décadas. Me sentí estúpido por habérselo contado, y no quería volver a sentirme de aquel modo. Entiendo por qué tardan tanto tiempo muchas de las víctimas y supervivientes en compartir sus experiencias; es muy aterrador ser plenamente conocido cuando se trata de aspectos tan íntimos y delicados. Resulta tentador minimizar estas cosas y actuar como si no hubieran sucedido. Pero doy gracias de que finalmente permití que Dottie, mi familia, nuestros amigos más íntimos y después todo el mundo conociera todos los aspectos de mi vida. Ahora me siento más libre y más conectado que nunca, y todo comenzó con la vulnerabilidad. He aprendido que el poder de Dios no siempre se ve en las cosas que evita; está también presente en la forma en que toma las piezas rotas de nuestra vida y hace algo hermoso con ellas.

Para mí, parte de ser completamente conocido significaba compartir aquello que me daba más miedo compartir. Aquello que más temía, hacerme vulnerable y dejar que la gente viera esta parte de mí, era precisamente lo que más necesitaba para sanar. Estaba herido en mi relación con mi madre y tenía que ser sanado en otras relaciones personales que Dios proveyó con Dottie, la familia y los amigos.

Este proceso comenzó cuando di pasos hacia la vulnerabilidad, dejando que otras personas me vieran y amaran como soy. He conocido a muchos líderes y personas de todo el mundo, y me doy cuenta de que muchos tienen temor de ser verdaderamente amados y de amar verdaderamente a otra persona. He conocido a muchos que no han estado dispuestos a hacerse vulnerables, cerrándose de este modo al amor que otros les ofrecen. En su libro *Los cuatro amores*, C. S. Lewis dice:

> Amar es hacerse vulnerable. Ama cualquier cosa y tu corazón se retorcerá y posiblemente se romperá. Si quieres asegurarte de mantenerlo intacto, no debes darle tu corazón a nadie, ni

siquiera a un animal. Envuélvelo cuidadosamente con pasatiempos y pequeños lujos; evita todos los enredos; guárdalo bajo paño en el cofre o ataúd de tu egoísmo. Pero dentro de ese ataúd —seguro, oscuro, inmóvil, sin aire— cambiará. No se romperá. Se convertirá en algo irrompible, impenetrable, irredimible.[6]

Ser plenamente conocido y amado es uno de los recorridos más gratificantes que el corazón humano puede emprender. Solo Dios puede conocernos y amarnos plenamente de manera perfecta, pero nosotros, como personas hechas a su imagen, conseguimos disfrutar las transformadoras bendiciones de permitir que otros nos conozcan y amen plenamente. Cuando nos abramos a este conocimiento y amor, comenzaremos a desarrollarnos de formas que nunca habríamos creído posibles.

Entornos de crecimiento

Hace algunos años, el periodista británico Johann Hari fue objeto de titulares por su charla en la plataforma TED Talk, donde dijo: «Lo contrario de la adicción no es la sobriedad. Lo contrario de la adicción es la conexión».[7] Hari vivió en primera persona el caos de las conductas compulsivas y no deseadas con algunos de sus seres queridos. Esto le condujo a una experiencia de investigación y descubrimientos en el ámbito de los modelos de tratamiento contrastados para quienes luchan con estas conductas. Johann descubrió que lo esencial de la adicción no estaba tanto en lo agradable de los efectos de las drogas, los *smartphones*, la conducta, etc., sino en la incapacidad de las personas para suplir sus necesidades mediante conexiones saludables con los demás.[8] Estos hallazgos coinciden sin duda con los conceptos bíblicos que hemos explorado en este libro sobre anhelos insatisfechos, conductas no deseadas y con regresar a una relación saludable con Dios, nosotros mismos y los demás.

¿Cómo se aplican en la práctica algunos de los conceptos esenciales de este libro? ¿Cómo comenzamos a crecer y a involucrarnos en relaciones que nos ayuden a experimentar y a vivir de acuerdo con nuestra identidad como hijos e hijas de Dios, siendo plenamente conocidos y verdaderamente amados? Este proceso conlleva encontrar —y crear cuando sea necesario— entornos de crecimiento que promuevan la plenitud espiritual, emocional y relacional. ¿Cómo es este entorno de crecimiento ideal?

En primer lugar, en un entorno de crecimiento tiene que haber personas que encarnen la verdad sobre quién eres en Cristo y lo mucho que eres amado y apreciado. ¿Con quién pasas tu tiempo? ¿Hacen tus principales relaciones que seas más consciente de quién eres verdaderamente (o al menos ayudan a ello)? Necesitas pasar tiempo de calidad con personas que saben que eres amado, valorado y útil para Dios y para otros (y que te ayudan a ti a saberlo), personas que te aman y te aceptan por quién eres, no por lo que puedas hacer. Estas personas no serán necesariamente las más ocupadas en la obra de Dios. Muchas veces, los «trabajólicos» cristianos están excesivamente atareados porque intentan ganarse la aprobación de Dios en lugar de vivir confiadamente en ella. Los buenos ejemplos de una identidad saludable irradian una relación íntima con Dios y disfrutan sinceramente sirviéndole. Estas personas pueden tener más o menos aptitudes sociales, pero se sienten cómodas entre la gente porque tienen confianza en su identidad. Muchas de estas personas están involucradas en el discipulado o mentoría de otros creyentes, sea de manera formal o informal.

En segundo lugar, un entorno de crecimiento es aquel en que la verdad acerca de Dios y de tu valor se enseña y ejemplifica claramente a partir de las Escrituras. En este entorno se te enseña una idea correcta de Dios como tu Padre amoroso y tu verdadera identidad. Esto no es solo algo que aprendemos mediante la enseñanza de otros, sino también mediante su ejemplo. Es posible que durante tu niñez uno de tus padres, un maestro o algún otro adulto influyente te comunicara que no eras lo suficientemente bueno. Esta información acerca de quién eres es errónea. Necesitas que se te enseñe la verdad sobre cómo te ve Dios. Necesitas rodearte de maestros de la Biblia, líderes de estudio bíblico y otros cristianos maduros que en sus lecciones y conversaciones declaren tu aceptación y valor para Dios.

En tercer lugar, un entorno de crecimiento nos proporciona un contexto de relaciones personales íntimas y amorosas. En la medida en que los creyentes expresen la verdad, verás que las personas se consideran unas a otras como dignas de amor, valiosas y competentes. Y puesto que los creyentes enseñan la verdad, aprenderás de las Escrituras que Dios te ve como alguien digno de amor, valioso y competente. Pero cuando te relaciones con personas que entienden su verdadera identidad experimentarás esta verdad de forma personal. Es en el contexto de estas relaciones cristianas afectuosas donde las personas se expresan amor, se valoran y se sirven los unos a los otros de formas prácticas.

Por ejemplo, digamos que justo antes de acabar tu jornada laboral, tu jefe te llama y te explica que no se te ha escogido para la promoción y ascenso que estabas esperando. Se le ha dado prioridad a un nuevo empleado con más formación. Conduciendo de vuelta a casa, te sientes abatido con una profunda desilusión. Antiguos sentimientos de incompetencia y fracaso te tientan a saltarte el grupo de estudio bíblico de aquella noche; te dan ganas de aislarte de todo y dejarte llevar por la autocompasión. Pero has aprendido a plantarles cara a las creencias negativas sobre ti mismo, y vas al grupo de estudio bíblico. Les cuentas a tus amigos del grupo lo que ha sucedido y ellos responden rodeándote de consuelo y cariño. Sabes que su amor es auténtico porque te has mostrado vulnerable con ellos y en otras ocasiones ya te han dado su apoyo y ánimo (y tú has hecho lo mismo con muchos de ellos). Te recuerdan que sigues siendo una persona capaz, hábil y útil, no solo para la compañía en la que trabajas, sino también para el grupo. Después, durante el estudio, uno de los miembros del grupo menciona la parte de la Escritura que describe al pueblo de Dios como miembros útiles —imprescindibles incluso— del cuerpo de Cristo. Otra persona del grupo rememora la ocasión en que ayudaste a su familia a trasladarse a un nuevo apartamento. Afirman tu don espiritual de servicio a los demás. Dejas el grupo sabiendo que otros han visto y experimentado la gloria y belleza de quién Dios te ha hecho. Te sientes amado, comprendido y necesario en el grupo. Las enriquecedoras relaciones que encuentras en este entorno de crecimiento te ayudan a ver con claridad el valor, utilidad y propósito que tienes para Dios y para otras personas.

El plan de Dios para tu crecimiento

Lamentablemente, seremos tentados a volver a nuestras conductas no deseadas, a aislarnos y a abandonar el proceso de crecimiento. ¿Qué hemos de hacer en estos casos? Necesitamos un entorno de apoyo personal. Este tipo de ambiente requiere una decisión diaria de buscar ayuda, dentro de una comunidad segura, para procesar el dolor y las tensiones que motivan nuestro pensamiento y conductas. Reconocemos que no caemos, sin más, en nuestras malas decisiones; antes de acabar volviendo a aquellas cosas que nos propusimos solemnemente no volver a hacer experimentamos determinados patrones y ciclos recurrentes. Reaccionamos a los desafíos, críticas y estrés, y comenzamos a creer mentiras y a sentir emociones como ira, tristeza o temor. Empezamos después a pensar en formas de sobrellevar estas emociones o huir de ellas (estos ciclos de desencadenante y respuesta operan con frecuencia a nivel subconsciente; se han arraigado firmemente en nosotros, llevándonos a rutas cerebrales fijas que debemos reprogramar deliberadamente).

Lo que necesitamos es *ayuda en esos momentos* en que se inician nuestro pensamiento reactivo y nuestras emociones. Necesitamos apoyo, ánimo y amor para crecer y superar las decisiones erróneas. Afortunadamente, Dios nos ha dado un increíble don en el cuerpo de Cristo para experimentar una vida comunitaria mucho más profunda de lo que a menudo vivimos. En lugar de volver a nuestras conductas no deseadas, que hacen que nuestro cerebro segregue dopamina con su momentánea sensación agradable, podemos buscar la conexión con otras personas, que libera la misma sustancia «placentera».[9] Renovando nuestra mente llegamos, mediante conexiones saludables, a lo mismo que antes experimentábamos con nuestras conductas destructivas y no deseadas.

La sanación comienza cuando desarrollamos un estilo de vida en que buscamos ayuda en lugar de aparentar normalidad. Tenemos la opción de experimentar salud y sanación cuando vivimos abiertamente con personas seguras. Hacer esto nos ayuda a entender por qué regresamos a las conductas destructivas y a llevar el timón para evitar futuras decisiones nocivas.

Una vez más, *la sanación comienza cuando desarrollamos un estilo de vida en que buscamos ayuda en lugar de aparentar normalidad.*

Yo (Ben) estuve atrapado durante años en la pornografía, una forma de adicción a la comida, ira profunda y muchas otras luchas porque practicaba una rendición de cuentas reactiva y malsana en lugar de buscar un apoyo proactivo y sanador. Claro que tenía *software* de internet en mis dispositivos para filtrar mis búsquedas y un «compañero de apoyo», pero esto era muchas veces una mera reunión semanal con un amigo para confesar mis deslices después de vivir aislado durante otra semana. La conversación terminaba frecuentemente con el compromiso de esforzarnos más intensamente. Confesar mi pecado a otra persona (como se nos dice que hagamos en Santiago 5:16) era un paso hacia la conexión; *sin embargo, el hecho de vernos solo una vez a la semana estaba limitando mi crecimiento.*

Intentar dejar nuestras malas decisiones sin averiguar primero el *porqué* de nuestras acciones limita mucho nuestro crecimiento. Y yo no estaba enfocando correctamente mis esfuerzos. Me centraba principalmente en mi conducta y en evitar el pecado, en lugar de buscar sanación y *apoyo* para la vergüenza, heridas emocionales y áreas no resueltas de mi vida subyacentes en la raíz de mis conductas. Para superar estas cosas, tenía *que invitar cada día a Jesús y a otras personas* para que me ayudaran a discernir las razones de mis conflictos y a entender las cuestiones no resueltas de mi corazón y mente que necesitaban sanación. Solo entonces podría dejar de vivir de manera reactiva y experimentar sanación y satisfacción.

Al hacerlo, descubrí que lo que alimentaba mi ira era el temor profundo y permanente generado por el frecuente rechazo que experimenté en mi niñez por parte de mi familia y amigos. Había aprendido a protegerme mediante la ira, y esto había empeorado siendo adulto. Esforzarme para dejar de ser irascible solo había intensificado mi lucha.

Con la ayuda de otras personas, pude analizar los elementos precursores y estresantes, así como las emociones y situaciones que solían producirse antes de «caer en» conductas no deseadas. Esto implicaba crear un plan de acción con personas seguras. Significaba pedirles a algunos amigos de confianza que me animaran y apoyaran con las luchas y tensiones que afrontaba a lo largo de la semana. Y me ayudaba inmensamente saber que no me iba a encontrar con actitudes condenatorias, sino con gracia y verdad.

Este tipo de apoyo consiste en invitar a otras personas a que nos ayuden a entender las razones que nos llevan a hacer lo que hacemos, y a procesar las dificultades de la vida que desencadenan nuestras respuestas negativas. Requiere una decisión proactiva y diaria. Esto coincide con la instrucción de 1 Juan 1:7 acerca de andar en la luz, teniendo comunión los unos con los otros y siendo limpiados de todo pecado por Jesús. Es un estilo de vida diario en el que somos completamente transparentes con Jesús y con personas seguras acerca de nuestro bienestar y luchas emocionales.

No nos limitamos a dejar las cosas pasivamente en manos de Dios. En la resolución de nuestros problemas por el poder del Espíritu Santo, Dios nos ha dado un papel activo que desempeñar (ver Romanos 8:13). Cuando confesamos nuestros pecados a Dios y los unos a los otros, compartiendo nuestras heridas y luchas y pidiendo ayuda, el Espíritu Santo produce crecimiento y sanación en nuestras vidas.

Este apoyo proactivo y sanador no es un programa de modificación de la conducta, sino un proceso en el que invitamos a Dios y a otras personas a formar parte de la sanación de nuestras heridas y áreas no resueltas de nuestra historia que preferiríamos eludir: uno de los principales objetivos del *Movimiento de resolución* que antes hemos mencionado.[10] Es más fácil culpar a nuestra antigua naturaleza pecaminosa que reconocer que tenemos heridas y problemas de vergüenza sin resolver que nos siguen llevando a patrones malsanos de conducta. Este apoyo proactivo y sanador tampoco se limita a hablar acerca del pecado o las malas decisiones de nuestra vida. Es un estilo de vida que nos lleva a buscar ayuda *cada día* para procesar el dolor y el estrés que a menudo influye en las formas en que intentamos sobrellevar estas tensiones. Debemos entender que nuestro pecado y nuestras decisiones malsanas no son casuales. Pecamos porque hemos nacido con una naturaleza pecaminosa, pero también porque otros nos han hecho daño y hemos desarrollado formas de sobrellevar este dolor del pasado cuando algo lo desencadena. Cuando somos proactivos y conseguimos esta clase de apoyo para sanar, Jesús nos lleva a madurar según su diseño original.

Cuando dejamos de esforzarnos erróneamente y comenzamos a poner en práctica este apoyo proactivo y sanador, podemos invitar a Jesús a hacer su obra en el rico suelo que él diseñó para que se produjeran la sanación y el crecimiento. Él nos ayuda a vencer nuestras luchas y conductas no deseadas. Lo sé porque lo ha hecho conmigo.

Cuando experimentes un «episodio activador» —una situación en la que te sientas tentado a recurrir a una conducta no

deseada— tómate un momento, pulsa el botón de pausa y sigue
un proceso como el que sigue:

1. Identifica la sensación negativa que estás sintiendo (p. ej.,
   ¿es rechazo? ¿te sientes poco apreciado? etc.).
2. Reconoce el anhelo legítimo que subyace tras este sentimiento (p. ej., si te sientes rechazado, experimentas un
   anhelo insatisfecho de aceptación. O si sientes alguna
   forma de inseguridad, el anhelo legítimo que se ve amenazado o insatisfecho sería el de aseguranza de seguridad
   y protección).
3. Responde con la verdad a las creencias fundamentales
   negativas que te estás diciendo a ti mismo (p. ej., «Me
   siento inútil e inadecuado, pero Dios dice que para él soy
   de gran valor, y personas que me conocen coinciden con
   Dios en esto»).
4. Busca el cumplimiento de este anhelo de formas saludables,
   como expresar tu necesidad a un amigo o grupo de amigos
   de confianza (p. ej., «Me siento falto de valor por algunas
   cosas que han sucedido hoy; creo que me haría bien escuchar algunos recordatorios sobre el valor de mi persona y
   de lo que hago»).
5. Repite este proceso cada vez que lo necesites.

Estos pocos pasos, repetidos de forma rápida y frecuente
cuando experimentes un episodio activador, pueden reprogramar
tu corazón y mente para escoger plenitud en lugar de quebranto.
Este proceso puede diagramarse del modo siguiente:

QUEBRANTO FRENTE A PLENITUD

EPISODIO ACTIVADOR
Cualquier situación o anhelo insatisfecho. P. ej., rechazo de un amigo, pensar en una tarea próxima o fecha límite; un cónyuge o amigo que no te presta atención; sentirte malentendido en una conversación.

ANHELO INSATISFECHO
El episodio activador conduce a la insatisfacción de uno o más de los siete anhelos. Esto suele traer consigo el dolor de los mismos anhelos siendo insatisfechos en ocasiones y circunstancias anteriores.

REFUERZO DE CREENCIAS BÁSICAS NEGATIVAS
Te dices mentiras a ti mismo (p. ej. «No le importo a nadie», «No soy digno», «Mi vida no se arreglará nunca», «Tengo que devolver el golpe», «Dios no es bueno ni me ama».

BÚSQUEDA DE SATISFACCIÓN DE LOS ANHELOS DE FORMAS MALSANAS
Trabajar en exceso para conseguir un sentido de valor. Comer demasiado o insuficientemente para recuperar el control o sentirte seguro. Recurrir a la pornografía para sentir la atención de alguien. Procrastinación, ansiedad, depresión, ira, dormir en exceso, etc.

MÁS QUEBRANTO
Vergüenza, indecisión, pérdida de control. Atasco en conductas no deseadas y patrones malsanos. Repetición del ciclo.

REFUERZO DE CREENCIAS BÁSICAS POSITIVAS
Te dices la verdad (p. ej. «No me define su rechazo, opiniones ni estos sentimientos; soy amado, digno, redimido por Jesús, dotado» etc.).

BÚSQUEDA DE SATISFACCIÓN DE LOS ANHELOS DE FORMAS SANAS
Recurrir a personas seguras y compartir tus anhelos insatisfechos y sentimientos. Pídeles que te recuerden la verdad. Experimenta aceptación y validación. Habla con Dios y medita sobre quién dice él que eres.

MÁS PLENITUD
Satisfacción, sanación, resiliencia. Crecimiento dentro de tu verdadera identidad y victoria sobre patrones malsanos. Repetición del ciclo.

A medida que damos pasos hacia la plenitud, satisfaciendo nuestros anhelos y buscando el apoyo de otras personas, comenzamos a construir una rica atmósfera de sanación y salud. Esta atmósfera puede reemplazar la idea que has tenido de ti mismo desde la infancia con la verdad de quién Dios te ha hecho y te ha llamado a ser. Es vital que te impliques en una relación constante, amorosa y de apoyo mutuo con otros creyentes. Puede ser una clase de escuela dominical de adultos, un grupo de estudio bíblico del barrio o un grupo pequeño de tu iglesia. En cualquier caso, debe ser un grupo suficientemente pequeño para que puedas conocer a varias personas de forma íntima. Sentarte en la reunión de una iglesia durante unas horas el domingo por la mañana no permite desarrollar relaciones significativas. Encuentra —o ayuda a crear— un grupo pequeño en el que una interacción consistente y amorosa refuerce la verdad de quién Dios dice que eres.

Puede que digas: «Este proceso suena a discipulado». Sí, la transformación de nuestro sentido de identidad está envuelta en el proceso de discipulado. Aunque a menudo vemos el discipulado como aprender a vivir la vida cristiana, en su sentido más amplio es más bien aprender a ser un seguidor de Jesús. Tienes que saber quién eres antes de entender cómo vivir. Lamentablemente, muchos tienen una percepción errónea o desvirtuada del discipulado desde el principio porque nuestros anhelos insatisfechos nos ciegan tanto que no creemos lo que Dios dice sobre nuestra identidad. Tenemos creencias fundamentales erróneas que nos predisponen a quedar atrapados en conductas no deseadas. Intentamos reunir suficiente fuerza de voluntad para leer la Biblia, compartir el evangelio, servir más, etc., mientras ignoramos las heridas y mentiras que nos tiene atascados.

Dios nos ha diseñado para superar las luchas, sanar de nuestras heridas y tener una vida plena. Nos ha diseñado para que crezcamos y lleguemos a ser las personas que él dice que somos. Esto puede suceder cuando entendemos nuestros anhelos insatisfechos, analizamos los engaños que se han arraigado en nosotros, conseguimos el apoyo de otras personas y nos rodeamos de un rico entorno de crecimiento.

No importa cuáles sean tus heridas, las cosas que hayas hecho o los engaños que creas, Dios te quiere como eres hoy. Jesús desea perdonarte y sanarte. Quiere que experimentes una rica relación personal con él y con otras personas. Él desea que seas plenamente conocido y amado. Quiere que seas libre para desarrollarte y experimentar una vida plena. ¿Darás el paso de implicarte en un entorno de crecimiento y compartir con personas seguras las partes rotas de tu vida?

Preguntas para la reflexión

1. Piensa en una persona con la que puedas ser vulnerable para compartir las áreas de tu vida que te producen vergüenza.
2. ¿Qué riesgos puedes afrontar si sigues adelante con tu vida sin hacerte vulnerable y buscar sanación?
3. ¿Qué visión podría tener Dios para que tu vida haga un impacto positivo en el mundo y que se ve limitada por tus heridas y conductas no deseadas?
4. ¿Qué paso puedes dar hoy para implicarte en un entorno de crecimiento?

LO QUE ES VERDAD PARA MÍ LO ES TAMBIÉN PARA TI

Alejandra, de seis años, salió por la ventana de su dormitorio y se encaramó al tejado del porche de la entrada. Era Halloween y estaba muy contenta con su disfraz de Supergirl. Alejandra, que era una apasionada seguidora de la serie de televisión *Supergirl*, dio un paso y un salto hacia adelante, como le había visto hacer muchas veces a su superheroína, aunque los resultados fueron muy distintos. En lugar de alzar el vuelo, Alejandra cayó al suelo y se rompió la pierna y el brazo.

Cuando le preguntaron por qué había saltado desde el tejado del porche, Alejandra explicó que con el traje y la capa de Supergirl creía que tendría también su poder para volar. Pero creerlo no había hecho que fuera real. La verdad es que los seres humanos no pueden volar como Supergirl, por mucho que lo crean.

Y lo que es verdad para Alejandra lo es también para ti y para mí. ¿Por qué? Porque los humanos no estamos estructurados fisiológicamente para volar y, por tanto, no podemos vencer la ley universal de la gravedad. El hecho es que ciertas cosas de este mundo son correctas y verdaderas porque se ajustan a la realidad.

Hasta ahora en este libro, hemos demostrado que tenemos necesidades y anhelos legítimos. Cuando estas necesidades y anhelos son satisfechos de formas correctas nos desarrollamos emocional, relacional y espiritualmente. Lo contrario también es cierto. Cuando nuestras necesidades y anhelos quedan insatisfechos —o intentamos satisfacerlos de formas malsanas— sufrimos emocional, relacional y espiritualmente. ¿Por qué? Porque no vivimos de acuerdo con la realidad de nuestro diseño de creación.

Una de las acepciones de verdad según el diccionario Webster es: «cuerpo de cosas, acontecimientos o hechos reales; propiedad de estar de acuerdo con hechos o realidades».[1] Volar como Supergirl, el personaje de DC Comics, no está de acuerdo con las realidades conocidas de este mundo natural.

La cultura moderna se ha apartado de una comprensión y reconocimiento de la verdad objetiva. La verdad objetiva se define como algo que es verdadero para todas las personas, de todas las culturas y de todos los tiempos. Es universalmente cierto sean cuales sean las experiencias o sentimientos de las personas. Por ejemplo: «Los seres humanos necesitan agua y aire para vivir». Esto es cierto para todas las personas, en cualquier lugar, y sean cuales sean sus opiniones o emociones. Sin embargo, desde hace algunos años, hablar de verdad objetiva suele verse como un signo de cerrazón mental, puesto que hay cada vez más personas convencidas de que toda verdad es subjetiva, es decir, solo determinada por la persona o personas concernidas, de modo que algo puede ser «verdadero» para mí pero no para ti. Ese ha sido un cambio radical, pero más radical todavía es la idea muy extendida en nuestro tiempo de que son las emociones las que determinan la verdad. Si *sientes* que algo es verdadero para ti, lo es. Dicho con sencillez, este es el primer momento de la historia en que se considera que los sentimientos son más importantes que la ciencia y los hechos. Hace poco, vi un clarísimo ejemplo de esto en una entrevista de televisión concedida por el escritor Michael Wolff, autor de *Fuego y furia: dentro de la Casa Blanca de Trump*, acerca del expresidente de Estados Unidos Donald Trump. La presentadora de la MSNBC, Katy Tur, le hizo a Wolff una pregunta sobre la credibilidad de su libro: «Si la gente cuestiona su veracidad, ¿por qué no presenta las pruebas?». Wolff respondió: «Mis pruebas son el libro. Lee el libro. Si te parece lógico, si te toca la fibra, si te suena verdadero, entonces es verdadero». Tur dijo: «Yo lo he leído [...]; mucho de lo que dice [...] parece verdadero». Wolff afirmó que los sentimientos del lector eran más importantes que los datos, que la verdad de sus afirmaciones y conclusiones se basaba únicamente en los sentimientos que inspiraba en el lector, y su entrevistadora pareció aceptar completamente su razonamiento.[2]

Este es un cambio cultural que se encuentra en su tercera progresión. Durante siglos, la base de la verdad se veía como objetiva: lo que observas. La segunda progresión afirmaba que la verdad es subjetiva: lo que piensas. Hoy, Wolff y otros promueven una tercera progresión, la idea de que la verdad es emoción: lo que sientes. La verdad se considera cada vez más como algo que sentimos, no algo que sabemos.

Quizá te preguntes a quién le importa la verdad en el mundo de hoy. El hecho es que a todos. ¿Alguna vez has escrito correctamente una dirección en el navegador de tu teléfono y te ha llevado a un lugar equivocado? Es frustrante, ¿no crees? Todos esperamos que cuando introducimos correctamente una dirección nos lleve al lugar que queremos ir. Queremos que nuestros dispositivos funcionen según una norma confiable de verdad. Del mismo modo, también queremos que las personas podamos funcionar de acuerdo con una norma de verdad. Es importante para todos que las cosas y las personas cumplan su función dentro de los parámetros de lo que es cierto.

Una verdad universal

En nuestro tiempo, algunos afirman que no existe ninguna verdad objetiva, universal y moral. Tales personas sostienen que toda verdad moral se decide de manera subjetiva por decisiones o preferencias personales. Por ejemplo, ¿cuál de estas afirmaciones es verdadera: «Los perros son las mejores mascotas» o «Los gatos son las mejores mascotas»? Tu respuesta dependerá de tus preferencias; en este caso no habría una respuesta correcta ni errónea, verdadera o falsa. Los perros pueden ser las mejores mascotas para ti, y los gatos pueden serlo para mí. En este caso no hay ninguna contradicción porque estamos hablando de nuestras preferencias subjetivas. Esta opinión o preferencia es relativa a la persona y puede cambiar. Pero la verdad moral es otra cosa porque sí existe una norma universal de verdad moral.

Por ejemplo, si no hay una verdad moral objetiva y universal, entonces el movimiento #MeToo no tiene ninguna legitimidad. Si no hay una verdad moral universal, tu valor como persona es infundado. Las verdades que hemos explorado en este libro sobre quién es Dios, lo mucho que te ama, nuestra necesidad de otras personas y el hecho de que nuestro cerebro se configura y puede sanar no tendrían ninguna relevancia. Sin embargo, interiormente sabemos que ciertas cosas son completamente erróneas. Sabemos que la violación, el abuso infantil y los genocidios son cosas malas. Todas las personas que han padecido a manos de un abusador «saben» dentro de sí mismas que es malo. Estas cosas no son malas por el mero hecho de que lo *sintamos* así; sabemos que lo *son* verdadera, objetiva y absolutamente.

Podemos decir «lo que es verdad para mí lo es también para ti» porque la verdad no es un elemento social o cultural. No es un concepto creado que pueda ser alterado. La verdad tiene sus raíces en la naturaleza de Dios. Jesús dijo: «Yo soy el camino, la verdad y la vida» (Juan 14:6). Debemos mirar a Jesús para descubrir lo que es la verdad. Por otra parte, cada uno de nosotros fue creado a imagen y semejanza de un Dios relacional. Por ello, como hemos visto en este libro, todos hemos sido diseñados para desarrollarnos y florecer. Tenemos anhelos que impulsan nuestras acciones. Por decirlo de otro modo: hay un camino universal a la plenitud y la salud emocional porque fuimos creados para vivir en relación con Dios y los unos con los otros; y no en una relación cualquiera, sino en una plenitud relacional que promueve la plenitud emocional y espiritual.

Webster sigue definiendo «verdad» como «fidelidad a un original o estándar».[3] Este original o estándar se determina fuera de nosotros mismos; es, por necesidad, objetivo.

Intenta construir una casa utilizando tus propias normas de medición. Esparce el hormigón de los cimientos sin orden ni concierto, pon las viguetas según tu estado de ánimo y clava los paneles de yeso donde te parezca, sin seguir ningún código ni norma. ¿Qué clase de casa vas a construir? Una casa que no tendrá estabilidad.

La construcción de una estructura sólida y fiable se ajusta a un patrón de medición universal. La estructura de una casa no puede medirse de manera subjetiva; debe ser objetiva. Cada medida de longitud, anchura y profundidad está en conformidad con el patrón universal que establece la Oficina internacional de Pesas y Medidas. Cuando una tabla de dos metros coincide con la marca de dos metros de una cinta métrica, que a su vez se ajusta al patrón internacional de los dos metros, puedes decir que la tabla en cuestión mide, de verdad, dos metros. Es una longitud correcta y verdadera cuando se conforma exactamente al original o patrón de medición. Cuando construyes una casa utilizando normas objetivas, es más probable que consigas un edificio firme y estable.

La norma universal de verdad

¿Cuál es, pues, la norma para la verdad moral universal? Jesús la declaró cuando dijo: «Yo soy el camino, la verdad y la vida» (Juan 14:6). Él es quien define y ejemplifica la plenitud emocional, relacional y espiritual. Y es su Palabra, la Biblia, la que nos comunica esta verdad moral universal.

La verdad moral universal no es una mera preferencia o un concepto abstracto; se origina en una persona que es la norma de moralidad original y permanente. En última instancia, la fuente de la verdad moral es un «alguien», no un «algo». En otras palabras, las afirmaciones morales son universalmente verdaderas si se corresponden con el carácter de Dios: la fuente objetiva de moralidad. Dios es la fuente de toda verdad moral. «Él es la Roca —afirmó Moisés—, cuya obra es perfecta [...]. Dios de verdad, y sin ninguna iniquidad en él; es justo y recto» (Deuteronomio 32:4, RVR1960). La naturaleza y carácter de Dios determinan la verdad moral. Él define lo que es correcto y lo que no lo es, el bien y el mal.

Pero la verdad no es, primordialmente, algo que él decide, sino algo que *es*.

La base de todo lo que llamamos moral, la fuente de todo lo bueno, es el Dios eterno que está fuera de nosotros, por encima de nosotros y más allá de nosotros. El apóstol Santiago escribió: «Toda buena dádiva y todo don perfecto descienden de lo alto, donde está el Padre que creó las lumbreras celestes, y que no cambia como los astros ni se mueve como las sombras» (Santiago 1:17).

La razón por la que tenemos este concepto de que, desde un punto de vista moral, ciertas cosas son correctas y otras son erróneas no es que una iglesia las difunda, ni siquiera que estén escritas en un libro llamado la Biblia. La autoridad moral de la Biblia no la encontramos en sus mandamientos y reglas. La autoridad de la Escritura emana directamente del propio carácter y naturaleza de Dios, se fundamenta en ellos y se personifica en Jesucristo. Toda verdad moral reside en Dios y procede de él.

La razón por la que creemos que existen conceptos de «justicia» e «injusticia» es que nuestro Creador es un Dios justo.

La razón por la que la honestidad es correcta y el engaño es erróneo es que Dios es veraz.

La razón por la que el amor hacia los demás es correcto y el egoísmo es erróneo es que el Dios de las relaciones que nos creó es un Dios de amor. Todas las cosas que son morales, correctas y buenas fluyen de la naturaleza de Dios. Él nos dirige a seguir sus caminos, porque estos nos llevan a espacios de plenitud y crecimiento. Y cuando vemos a Dios como fuente de toda verdad moral, esto afecta a cómo vemos las reglas y leyes que él nos da.

Puede tener lógica afirmar que fuimos creados por un Dios relacional, a su imagen, y que hemos sido diseñados para disfrutar de relaciones personales ricas y gratificantes. Pero ¿cómo lo sabemos? ¿Cómo podemos estar seguros de que Dios existe, de que se ha dado a conocer en la persona de Jesucristo y de que la Biblia que declara todo esto es una fuente digna de confianza?

Lo que dicen las pruebas

Diecinueve años. Arrogante. Escéptico. Decidido. Estos son los adjetivos que me describían (Josh) cuando dejé la universidad en Estados Unidos y viajé a Europa con la intención de refutar las principales afirmaciones del cristianismo mediante mis investigaciones. En concreto pretendía demostrar que la Biblia era poco fiable desde un punto de vista histórico, y que Jesús no era el Hijo de Dios.

De pie en la biblioteca de la Universidad de Glasgow, Escocia, me quedé observando un antiguo manuscrito del Nuevo Testamento. Era un fragmento de Juan 16 cuya tinta y material papiráceo de soporte tenían más de 1.600 años. Aquel raro fragmento manuscrito del Evangelio de Juan del tercer siglo estaba conservado dentro de una vitrina de cristal en la biblioteca universitaria. Era un objeto de incalculable valor que citaba a Jesús.

Un extraño e inesperado sentimiento me invadió mientras miraba aquel manuscrito. Aunque en aquel momento no sabía absolutamente nada del griego en que estaba escrito aquel fragmento, aquellas palabras parecían alcanzarme de una forma casi

192

mística. Y aunque entonces no era cristiano, sentí un misterioso poder en aquellas palabras.

Mientras miraba aquellos manuscritos antiguos, mi actitud estaba lejos de ser humilde. La arrogancia me dominaba. Me había propuesto demostrar a un grupo de estudiantes cristianos que su fe en Cristo y en la Biblia era torpe e infundada. En una ocasión en que me burlé de ellos, me desafiaron a examinar las pruebas de la veracidad de la Biblia y las afirmaciones de Jesucristo. Acepté el desafío por orgullo, y mi recorrido había comenzado precisamente allí, en Glasgow.

Después de recorrer las bibliotecas y museos de Escocia me dirigí a las bibliotecas inglesas de Cambridge, Oxford y Manchester. Examiné y estudié los manuscritos antiguos conservados en esas instituciones, entre ellos el manuscrito del Nuevo Testamento más antiguo conocido en aquel momento. Pasé varios meses investigando en universidades de Alemania, Francia y Suiza. Después de devorar docenas de libros y hablar con destacados eruditos, acabé en la Biblioteca Evangélica en la calle Chiltern de Londres. Eran sobre las 6:30 de la tarde cuando puse a un lado todos los libros que tenía a mi alrededor. Reclinándome en la silla, me quedé mirando el techo y sin pensar dije estas palabras en voz alta: «¡Es verdad!». Las repetí dos veces más. «Es verdad. ¡Realmente es verdad!».

Un torrente de emociones me inundó al darme cuenta de que el registro bíblico de la vida, muerte y resurrección de Cristo había sido fielmente registrado y era verdadero. La verdad de que Cristo era el Hijo de Dios penetró profundamente en mi alma. Ya no podía rechazar la realidad de Cristo sin dejar de ser intelectualmente honesto conmigo mismo. El impacto de aquel hecho representó un momento realmente decisivo para mí. Reconocí que no estaba rechazando a Cristo por ninguna razón intelectual, sino por cuestiones de orden emocional. Había estado forcejeando con la pregunta: «¿Es verdadera la Biblia?». Pero mi verdadera lucha era: «¿Es bueno el Dios de la Biblia?» y «¿Cómo puede Dios ser bueno si

permitió que fuera objeto de abusos sexuales y que sufriera tanto?».
Lentamente comenzaba a entender quién era realmente Dios. El
amor y la aceptación que me mostraron mis amigos cristianos
en la universidad, animándome a investigar la credibilidad del
cristianismo, ponía de relieve lo mucho que me amaba Jesús.
Pronto entendí mi rebeldía y rechazo del cristianismo. Comencé
a ver que mi pecado y transgresiones se interponían entre mí y un
Dios de amor que había enviado a su Hijo para que muriera en
mi lugar. El poder y profundo significado de aquellos antiguos
manuscritos me pusieron cara a cara con la verdad. Y la verdad
era una persona. Y su nombre era Jesús.

Pronto oraría y confiaría en Cristo como mi Salvador personal.

Esta relación me cambió desde dentro y me llevó a iniciar un
viaje con Cristo que me ha conducido a la vida de crecimiento y
plenitud para la que fui creado.

Desde aquel momento, he pasado la mayor parte de mi vida
investigando y compartiendo las pruebas de la veracidad de las
afirmaciones de Jesús, la realidad de su resurrección corporal y la
autenticidad de las Escrituras que dan testimonio de la verdad.
He escrito docenas de libros para reforzar nuestra fe en Dios y su
Palabra que nos imparte una verdad moral universal por la que
vivir. Y he descubierto que, con mucha frecuencia, la reticencia de
las personas a considerar —no digamos a aceptar— las pruebas
de la fe cristiana no se debe tanto a sus recelos intelectuales, sino
al dolor y anhelos insatisfechos de su pasado. Algunos culpan a
Dios («crean» o no en él) de cosas que les han sucedido. Otros han
sido heridos por personas que pretendían seguir a Jesús. Un tercer
grupo reacciona a las dolorosas acciones de quienes usaron la Biblia
como un arma en lugar de ser portadores de la «buena noticia»
que proclama. Su dolor es real, y no lo tomo a la ligera. Pero no
tiene sentido decir que los sufrimientos que hemos padecido en
el pasado están «mal» o son «perversos» mientras que, al tiempo,
negamos la existencia de una norma objetiva, universal y eterna
de «bien» y «mal». Si borramos a Dios de nuestro pensamiento e

ignoramos sus normas de verdad y de lo bueno y lo malo, erosionamos la base que nos permite decir: «Esto no debería haberme sucedido». El bien existe porque existe Dios; el mal es malo porque ofende a Dios, y a su imagen en nosotros.

Aun así, no espero que creas por lo que digo. De hecho, no *quiero* que creas por lo que digo. Te invito a hacer lo que hice yo y lo que han hecho otras personas —como Ben explicará más adelante— y que investigues las pruebas por ti mismo. Tengo la plena confianza de que descubrirás pruebas más que suficientes para creer que Jesús es quien afirmó ser —el Hijo del único Dios verdadero— y que la Biblia es un fiel reflejo de lo que Dios anhela que sepamos. Me encanta poder decir que la base bíblica de todo lo que hemos explorado en este libro —nuestros siete anhelos, cómo tales anhelos nos llevan a conductas no deseadas cuando quedan insatisfechos y cómo podemos sanar y desarrollarnos— es digna de confianza. Por último, podemos resumir lo que es y lo que no es la verdad, y por qué, mediante las dos frases siguientes: 1) aquello que coincide o refleja la naturaleza y carácter de Dios es correcto (justo y verdadero); 2) aquello que no coincide o refleja la naturaleza y carácter de Dios es falso (erróneo e injusto).

¿Quién dices tú que soy?

Hay una abrumadora cantidad de pruebas apuntando a la conclusión de que el cristianismo es verdadero, la Biblia es confiable y la verdad de Dios es objetiva y relevante para nuestras vidas. Puede que te estés preguntando: «¿Y qué? ¿Por qué es esto importante?». Como dijo una vez C. S. Lewis: «Si el cristianismo es falso, es irrelevante. Si es cierto, es de importancia infinita. Lo único que no puede ser es medianamente importante».[4]

Si todo esto es cierto, podemos saber sin ninguna sombra de duda que las verdades bíblicas que se presentan en este libro son verdaderas para cada uno de nosotros: nuestro valor, el carácter de

Dios, nuestra necesidad de otras personas, los efectos de nuestros anhelos insatisfechos, por qué nos quedamos atrapados en conductas no deseadas y cómo podemos volver a la vida abundante para la que fuimos diseñados. Si todo esto es cierto, entonces comprender y satisfacer los siete anhelos que Dios te ha dado es de infinita importancia. Cuando sepas quién eres por lo que dice de ti tu Creador, y cómo relacionarte con el mundo en base a cómo él lo hizo y diseñó, llegarás a conocer y experimentar a Dios de maneras profundas.

C. S. Lewis lo dijo de este modo: «Creo en el cristianismo igual que creo que el sol ha salido, no solo porque veo el sol, sino porque por medio de él veo todo lo demás».[5]

Pero a pesar de tener todas las pruebas del mundo, podemos seguir dudando. Podemos, aun así, negarnos a seguir a Jesús. A veces nuestros anhelos insatisfechos son tan profundos que culpamos a Dios y nos burlamos del pensamiento de rendirnos a él. Hacemos suposiciones sobre su carácter en base a las tragedias que hemos experimentado. Quizá te hayas preguntado si el cristianismo es cierto, mientras a un nivel más profundo dudas que Dios sea bueno. ¿Y cómo puede ser bueno cuando hay tanto sufrimiento y maldad en el mundo?

Años antes de que yo (Ben) conociera personalmente a Josh, tenía muchas dudas generadas por mis anhelos insatisfechos y heridas. Como he dicho antes en este libro, había experimentado mucho rechazo, críticas y juicio por parte de algunas figuras de autoridad, y aunque no me daba cuenta en aquel momento, veía a Dios a través de los deformados lentes de mis sufrimientos más que de la verdad. Pensaba que, aunque había entregado mi vida a Jesús y era cristiano, vivía en un autoengaño y Dios me rechazaría cuando muriera. Vivía atormentado, obsesionado con la idea de morir e ir al infierno; esto me llevaba a clamar a Dios, a veces veinte veces al día, pidiéndole que salvara mi alma.

También dudaba a menudo de su existencia y me costaba mucho verle como un Padre amoroso y cercano.

Cuando entré en la universidad, estas dudas siguieron conmigo. Pero allí conocí a otros estudiantes que estaban locos por Jesús. Rebosaban de su amor. Me aceptaron y amaron, con todos mis defectos. Querían pasar tiempo conmigo. Era hasta divertido estar con ellos. Nunca había conocido a personas como aquellas. Eran vivos ejemplos de Jesús y le conocían personalmente. Durante ese periodo me regalaron un ejemplar del libro de Josh, *Más que un carpintero*. A medida que lo iba leyendo detenidamente, me sentía muy impresionado por las pruebas de la existencia de Dios, de la vida, muerte y resurrección de Jesús y de su divinidad. Las pruebas me convencieron no solo de que Dios existía, sino también de que las enseñanzas de la Biblia eran verdaderas. A medida que seguía encontrándome con Jesús, creciendo en mi relación personal con él y experimentando su amor a través de otras personas, comencé a experimentar sanación. Mis dudas comenzaron a desaparecer y mis emociones empezaron a estar de acuerdo con la verdad intelectual que había descubierto.

En un mundo de sufrimiento, tragedias, dolor, anhelos insatisfechos y conductas no deseadas, no siempre entendemos el porqué de nuestras experiencias. Pero nuestras experiencias no cambian lo que es cierto y lo que no lo es. Si permitimos que las circunstancias de nuestra vida interpreten lo que percibimos como verdadero —en lugar de dejar que la verdad interprete nuestras experiencias— nunca experimentaremos la plenitud relacional, emocional y espiritual que Dios anhela que disfrutemos.

Sé lo que es experimentar tragedias, sufrimiento, anhelos insatisfechos y conductas no deseadas. Pero el tiempo que pasé huyendo de Dios por mis preguntas sin respuesta y mi ira hacia él no produjo ningún progreso, resolución, salud o plenitud. Solo sirvió para acentuar mis anhelos insatisfechos y profundizar mis conductas no deseadas y mi falta de satisfacción en la vida. Sin embargo, cuando llegué a saber en «quién» había creído, aunque no entendiera siempre los «porqués», encontré la esperanza, sanación, libertad y satisfacción que tan desesperadamente anhelaba. ¡Y vale totalmente la pena!

Cuando Jesús anduvo en esta tierra, sanando personas, enseñando e invitando a la gente a una vida de plenitud, muchos reaccionaron con críticas y escepticismo. Un día, mientras andaba con sus discípulos, los hombres en quienes había estado invirtiendo su vida, les preguntó qué estaban diciendo las multitudes acerca de él:

—¿Quién dice la gente que soy yo?
—Unos dicen que Juan el Bautista, otros que Elías, y otros que uno de los profetas —contestaron (Marcos 8:27–28).

Entonces Jesús llegó al meollo:

—Y *ustedes*, ¿quién *dicen* que soy yo?
—Tú eres el Cristo, el Hijo del Dios viviente —afirmó Simón Pedro (Mateo 16:15–16, cursivas del autor).

Pero ¿y *tú*? ¿Quién dices que es Jesús? Todos tenemos una conversación pendiente con Jesús y hemos de tomar una decisión personal acerca de él. ¿Nos rendiremos a él o nos rebelaremos contra él? ¿Seremos sus amigos o nos apartaremos de él? Cuando muramos, compareceremos delante de Dios, y aquellos que han entregado sus vidas a Jesús y le conocen personalmente pasarán la eternidad en el cielo, un lugar de plenitud donde no habrá más lágrimas, dolor ni sufrimiento. Aquellos que no se rindan a Jesús sufrirán las consecuencias de su decisión: una eternidad lejos de Dios y de todo lo que él es, de todo lo bueno, agradable, gratificante y hermoso. Pero Jesús te invita aquí y ahora a acercarte a él. ¿Quién dices que es? Al final del capítulo 7 hemos explicado cómo podemos comenzar una relación personal con Dios y hemos propuesto una sencilla oración que puedes presentar a Dios si así lo deseas. Si todavía no has entregado tu vida a Jesucristo, te animamos a que lo hagas ahora, antes de seguir leyendo. ¿Estás dispuesto a sopesar las pruebas, considerar el amor y propósito de Jesús para ti y tomar una decisión hoy?

Preguntas para la reflexión

1. Antes de leer este capítulo, ¿pensabas que la verdad era importante? De ser así, ¿por qué? Después de leer este capítulo, ¿qué has aprendido acerca de la verdad?
2. ¿De qué formas ha afectado a tu idea de verdad el cambio de nuestra cultura hacia una visión subjetiva y emocional de la verdad?
3. ¿Qué relevancia tienen las verdades exploradas en este capítulo para tu identidad, valor y propósito en la vida?
4. Si deseas aprender más, ¿por qué no consigues y lees los libros de Josh, particularmente *Evidencia que exige un veredicto* y *Más que un carpintero*?

TE TOCA A TI

Todos hemos emprendido un viaje vital, y nuestras decisiones diarias determinan nuestro destino. La mayoría diríamos posiblemente que queremos tener éxito. Queremos cambiar el mundo y hacer un impacto. No queremos malgastar nuestra vida. Queremos vivir en plenitud. Pero ¿cómo es eso posible sin saber adónde nos llevan nuestras decisiones diarias? ¿Dónde, pues, te encuentras en este punto de tu vida? ¿Hoy, en este momento? ¿Estás creciendo y llegando a ser la persona que quieres ser? ¿Estás madurando y convirtiéndote en la persona que Dios tenía en mente cuando te creó?

Al comienzo de este libro yo (Josh) expliqué que mis anhelos insatisfechos y conductas no deseadas me llevaron al agotamiento personal y a dañar a otras personas. Me sentía frustrado con las personas con las que trabajaba, servía y a quienes llamaba amigos. No sé si alguna de ellas se daba cuenta, pero así me sentía. Cuando alguien me pedía algún tipo de favor, yo decía *sí* con la boca, pero *no* con el corazón. Con el tiempo me di cuenta de que muchas de las mismas personas volvían, pidiéndome otra cosa, y no era extraño, porque decía «sí» a todo. «Sí, voy a ayudarte a pagar la cuenta de tu tarjeta de crédito». «Sí, cuenta conmigo para que dé una charla en un evento, aunque acabas de avisarme y no tengo apenas tiempo para prepararme». «Sí, puedo ayudarte con esto o con lo otro». Casi siempre decía «sí», especialmente cuando alguien parecía estar en un verdadero aprieto. Después, sin embargo, me sentía frustrado, resentido y amargado con aquellos a quienes más amaba y quería servir.

Finalmente llegué a un lugar al que llamo «Punto del dolor». Es un cruce de caminos, un lugar en el que hemos de elegir entre el dolor del cambio y el dolor de seguir igual. En este punto nos damos cuenta de que el dolor es ineludible, pero que solo uno de los caminos lleva a la mejoría. Personalmente decidí que el dolor de mis conductas no deseadas había llegado a ser incontrolable. Estaba a punto de estrellarme y necesitaba ayuda urgentemente.

Estoy muy agradecido porque encontré a un amigo que me ayudó a descubrir por qué me sentía tan agotado y qué pasos prácticos podía dar para sanar. No tenía ni idea de todo lo que arrastraba de mi pasado e incidía en la formación mi presente, pero pronto lo descubriría con la ayuda de un guía, amigo y psicólogo llamado Dr. Henry Cloud.

Mis conductas presentes eran el producto de mi pasado. Casi todas las personas que experimentan importantes anhelos insatisfechos durante la niñez se esforzarán por conseguir la aceptación de los demás mediante su conducta. Personalmente, creía que si sacaba a alguien de un apuro le estaba expresando amor. Pero no era verdad. Lo hacía porque anhelaba ser aceptado, porque uno de los mayores anhelos que tenía siendo niño era ser aceptado incondicionalmente por mi padre. Esto nunca sucedió, y a medida que crecía, este anhelo se intensificaba. Pronto descubrí que sentía algo parecido a la aceptación cuando rescataba a mi madre o a mi hermana de la agresividad de mi padre; estas parecían ser las únicas ocasiones en que podía encontrar lo que anhelaba. A lo largo de muchos años y repeticiones de este patrón, ayudar a personas en sus apuros se convirtió en una parte tan importante de mí como mi propio apellido. Llegó un momento en que sí se convirtió no solo en mi primera respuesta cuando alguien tenía una necesidad, sino que me parecía la única posible. Esta era la receta ideal para la frustración, el agotamiento y la amargura. Henry me ayudó a entender que el anhelo insatisfecho de aceptación de mi niñez motivaba mi conducta no deseada como rescatador siendo adulto.

Henry me ayudó a entender las palabras de Jesús: «Cuando ustedes digan "sí", que sea realmente sí; y, cuando digan "no", que sea no. Cualquier cosa de más, proviene del maligno» (Mateo 5:37). Me hizo ver que mi frustración presente se producía porque seguía intentando satisfacer mis anhelos del pasado de formas malsanas. Esto no solo me parecía lógico, sino que, además, Henry me hizo ver que cada invitación a ayudar o rescatar a alguien era una oportunidad para fortalecer mi honestidad, integridad y mi relación con el Señor, y eso me dio una gran esperanza. Sabía que necesitaría tiempo y ayuda de Dios y de otras personas, pero tras años siendo una persona que complacía y socorría a los demás para sentirme aceptado, comencé a creer en un futuro mejor, más saludable y agradable a Dios, para mí y para aquellos que más amaba.

Quería dejar de rescatar a las personas por una serie de razones. Primero, quería honrar a Dios siendo honesto. Quería ser una persona íntegra y decir *sí* cuando quería decir *sí* y *no* cuando quería decir *no*. Puede sonar ridículamente simple, pero no ha sido nada fácil. Quería que la honestidad y el amor fluyeran de mi corazón *y* de mi boca. Necesitaba saber que podía decir *no* sin dejar de amar, y que a veces lo mejor que podía hacer era, precisamente, decir *no*.

En segundo lugar, quería tratar a los demás con amor y respeto. Resolviendo indiscriminadamente los problemas de las personas les negaba la oportunidad de crecer. De este modo no honraba a Dios ni a ellos. Si un amigo me pedía que cancelara la deuda de su tarjeta de crédito, lo hacía, y después le veía seguir viviendo por encima de sus posibilidades. Al intervenir de este modo, a menudo agravaba la situación «resolviendo» el problema de alguien que, de este modo, no tenía que afrontarlo. Evidentemente, este ciclo nos perjudicaba una y otra vez, tanto a mí como a la persona a quien creía estar ayudando.

De manera que, durante muchas semanas, cada vez que se presentaba una ocasión para socorrer a alguien, oraba y le pedía a Dios sabiduría para saber lo que tenía que decir y hacer. Con frecuencia, sentía que Dios me decía que no rescatara a la persona en cuestión de las consecuencias naturales de sus acciones. No me era difícil orar a Dios, pero sí lo era siempre alejarme de la ruta de rescate que tan bien conocía y tanto había transitado. Aunque me fue muy difícil, seguí adelante, orando a Dios, escuchando sus indicaciones, siendo honesto conmigo mismo y dejando después que mi voz interior fuera también mi voz exterior: haciendo que mi *sí* fuera *sí* y mi *no* fuera *no*.

Una tercera razón fue aflorando de forma gradual. Al principio, lo que quería principalmente era librarme de mis conductas no deseadas, pero después mi motivación comenzó a cambiar. No solo quería dejar de socorrer indiscriminadamente a otras personas o de trabajar en exceso; quería desesperadamente ayudar a los demás a experimentar sanación y a vivir de acuerdo con su verdadera identidad. Ayudar a los demás se convirtió en la motivación más elevada que me ha ayudado a dar pasos para dejar de ser un rescatador frustrado y convertirme en un amigo apacible. Quería amar de verdad a las personas en lugar de utilizarlas para que me impartieran un sentido de amor y aceptación mediante su gratitud. Comencé a experimentar el verdadero amor del que escribió Pablo en 1 Corintios 13, cuando afirmó que el amor «no busca lo suyo» (1 Corintios 13:5, RVR1960), porque considera las necesidades de la otra persona más que las propias. Cuando me dedicaba a socorrer personas, consideraba principalmente cómo me sentiría yo si dijera «no». Quería sentirme como una persona buena y amorosa. Estaba más centrado en mis necesidades personales que en las de la otra persona. Aun cuando creía estar ayudándoles, en realidad solo pensaba en mí mismo.

Han tenido que pasar varios años, y aun hoy sería fácil volver a decir «sí» por mi necesidad de aceptación; sin embargo, esta es la gran diferencia: como me aseguró Henry Cloud, he tenido muchas oportunidades de fortalecer mi honestidad, integridad y mi relación con Dios volviéndome hacia él y avanzando más hacia la salud. En este proceso he experimentado el amor y aceptación incondicionales de Dios no por lo que yo hago —a quien socorro o ayudo—, sino por quién es él y quién soy yo como su hijo amado (ver 1 Juan 3:1). Yo sabía, naturalmente, que Dios me había aceptado y que me amaba de manera incondicional, pero al escoger el dolor del cambio por encima del dolor de seguir igual, pude experimentar un nuevo nivel de aceptación de Dios y de otras personas que satisfacía mis anhelos más profundos y, hoy en día, sigue cambiando mis conductas no deseadas.

Las consecuencias del caos

¿Recuerdas la última vez que decidiste abandonar algo malsano a favor de algo saludable? Fue quizá en enero cuando consideraste algunos de tus malos hábitos y te propusiste avanzar hacia la salud con una resolución de Año Nuevo. ¿Cuál era la conducta no deseada que querías abandonar? Ahora que la tienes en mente, quiero que te hagas una pregunta más profunda. ¿Recuerdas lo que te motivó a querer abandonar dicha conducta y avanzar hacia la salud? El diccionario *Oxford Living Dictionary* define motivación como «razón o razones que uno tiene para actuar o comportarse de una forma determinada».[1] Según esta definición, ¿recuerdas qué razón o razones tenías para querer dejar de actuar de una forma determinada? Creo que, esencialmente, todas las motivaciones para cambiar se reducen al dolor o al placer. El dolor de una conducta malsana acaba siendo imposible de soportar; por ello, el deseo de eliminarlo o reducirlo puede llegar a ser una motivación para el cambio. Por otra parte, quizá queremos experimentar un mayor placer o satisfacción en la vida, y por ello damos pasos hacia el cambio movidos por esta esperada recompensa.

Nuestras conductas no deseadas tienen consecuencias que producen dolor en nuestras vidas y en las de quienes nos rodean, y con el tiempo ese dolor no hace más que intensificarse. Dios quiere usar nuestro dolor para despertarnos a la realidad de dónde estamos y hacia dónde nos dirigimos. En su libro *El problema del dolor*, C. S. Lewis escribió: «El dolor insiste en ser tenido en cuenta. Dios nos susurra en nuestros placeres, nos habla en nuestra conciencia, pero nos grita en nuestro dolor: es su megáfono para despertar a un mundo sordo».[2]

Muchas personas han gastado mucho dinero, tiempo y esfuerzos intentando huir de la verdad universal que Pablo cita en Gálatas 6:7: «No se engañen: de Dios nadie se burla. Cada uno cosecha lo que siembra». Finalmente, vas a tener que afrontar las consecuencias de tus acciones. Aunque no es popular decir esto, tampoco es descortés; más bien al contrario: lo descortés es pretender que no habrá consecuencias de las conductas no deseadas ni de los actos pecaminosos. Como ser humano hecho a su imagen, Dios te ha dado un privilegio singular y sagrado: la libertad de elección. Sin embargo, esta libertad de elección no significa que tengas la capacidad de escoger las consecuencias de tus decisiones. Existe una relación inquebrantable entre la elección y la consecuencia.

Dios reveló cómo funciona esto en los relatos de la primera familia humana. La Biblia dice que cuando Caín y Abel ofrecieron sus sacrificios a Dios, «el Señor miró con agrado a Abel y a su ofrenda, pero no miró así a Caín ni a su ofrenda. Por eso Caín se enfureció y andaba cabizbajo» (Génesis 4:4–5). Dios le dijo a Caín: «¿Por qué estás tan enojado? ¿Por qué andas cabizbajo? Si hicieras lo bueno, podrías andar con la frente en alto. Pero, si haces lo malo, el pecado te acecha, como una fiera lista para atraparte. No obstante, tú puedes dominarlo» (Génesis 4:6–7). Caín podría haber decidido dominar su pecado, pero no lo hizo, y su pecado lo dominó a él. Tenía la libertad de escoger el bien o el mal, la vida o la muerte y, trágicamente, escogió matar a su hermano Abel y acarrearse el juicio y el exilio. ¡Qué diferentes habrían sido las historias de esos hermanos si Caín hubiera aceptado la oportunidad que Dios le ofreció de enfrentarse al dolor de su necesidad insatisfecha de aceptación y aprobación, aceptando la corrección de Dios y dominando la conducta no deseada que le acechaba como una fiera!

Todas nuestras decisiones, conductas y acciones tienen consecuencias.

A veces las consecuencias son sutiles y poco importantes, mientras que otras son manifiestas y de gran trascendencia. Caín se convirtió en «un fugitivo errante» (Génesis 4:12). Sufrió la pérdida de su familia y comunidad, de su identidad incluso, un castigo que, según dijo, era «más de lo que [podía] soportar» (Génesis 4:13). Esto es lo que sucede muchas veces. Las consecuencias de nuestras conductas no deseadas pueden llegar a ser más de lo que podemos soportar. Pero Dios puede redimirnos de ellas cuando afrontamos el dolor de seguir igual y aceptamos de buena gana y en un espíritu de oración la posibilidad de cambiar.

Hay mucho en juego

Hace más de trescientos años, Isaac Newton observó las que acabarían llamándose Leyes del movimiento de Newton. Vistas como revolucionarias en su tiempo, las aceptamos hoy como obvias descripciones de la forma en que funciona el mundo. Son definiciones que han llevado a otros incontables descubrimientos y tecnologías que han permitido volar a los humanos e incluso desplazarse hasta la Luna y volver. La tercera de estas leyes afirma que cada acción va acompañada de una *reacción* igual y contraria (una ley universal, dicho sea de paso, que es igual de cierta para todos los pueblos, culturas y épocas). Igual que el mundo natural es un espacio de causas y efectos, la Biblia enseña que nuestras acciones producen también consecuencias, y que lo que está en juego son nuestras almas, así como nuestra satisfacción y éxito en la vida. Lo que está en juego no podría ser más importante.

Las consecuencias de no tratar con tus anhelos insatisfechos ni conseguir ayuda para superar tus conductas no deseadas casi nunca se reducirán. Tales consecuencias tienden a incrementarse y a ser más graves con el tiempo. En el caso de Caín, la primera consecuencia de su sacrificio y de su forma de ofrecerlo fue el rechazo; sin embargo, su reacción produjo unas consecuencias que se hicieron más graves y costosas a medida que su historia se desarrollaba. No tenía que ser necesariamente así para Caín, y tampoco tiene que serlo para nosotros.

¿Cuáles serán los costes de no aprender a tratar tus anhelos insatisfechos de formas saludables? ¿Valdrá la pena seguir atascado en tus conductas no deseadas que te arrastran más lejos, te roban más tiempo y te cuestan más de lo que nunca habías imaginado? Esto es lo que sucede siempre con este tipo de conductas. Te llevan más lejos de lo que quieres ir. Te roban más tiempo del que quieres quedarte. Te cuestan más de lo que quieres pagar.

Esencialmente, hay tres formas en que experimentamos dolor y consecuencias si no abordamos nuestros anhelos insatisfechos y nuestras conductas no deseadas. La primera consecuencia es la vergüenza, que hemos analizado en capítulos anteriores. Brené Brown dice: «Defino la vergüenza como el sentimiento o experiencia intensamente doloroso de creer que somos personas deficientes y, por ello, indignos de amor y pertenencia; algo que hemos experimentado, hecho o dejado de hacer nos hace indignos de conexión».[3] El paso del tiempo solo intensifica la vergüenza, puesto que esta produce más mentiras, anhelos insatisfechos y soledad. La vergüenza engendra más vergüenza. Cuando yo (Ben) aumenté más de 45 kilos por comer en exceso cuando estaba en la universidad, comencé a intentar perder peso. Me miraba en el espejo y detestaba lo que veía, sentía una inmensa vergüenza, reunía fuerza de voluntad y pedía a mis amigos que me ayudaran pidiéndome cuentas de lo que hacía. Durante unos días iba bien. Pero las ansias y deseos de comer desenfrenadamente se hacían inmanejables. Estuve atrapado durante muchos años en un ciclo que me llevaba a evadir los desafíos de la vida mediante los efectos euforizantes que conseguía con la comida basura; esta respuesta para sobrellevar mis tensiones se había arraigado profundamente en mi cerebro.

Hace algunos años, tras una larga semana de trabajo llena de desafíos, me sentía inadecuado e irritado. Había preparado un sermón, pero no estaba contento con él. Había asumido un número excesivo de compromisos y estaba agotado. Comencé a pensar en salir discretamente de casa para darme un atracón de comida rápida. Mis compañeros de habitación acababan de irse a la cama. La simple *idea* de escabullirme me producía una agradable excitación. Sin pensármelo mucho, subí a mi automóvil, me alejé de casa y sucumbí al deseo de atiborrarme de comida rápida, alta en calorías. Sin embargo, el placer y los efectos euforizantes fueron temporales, y rápidamente me vine de nuevo abajo con sentimientos de vergüenza aún más intensos. Había sucumbido de nuevo al ciclo que me había tenido atrapado durante muchos años. Aquella noche me fui a la cama triste, lleno de vergüenza, sintiéndome solo y peor aún que antes.

La segunda consecuencia de no abordar los anhelos insatisfechos que generan conductas no deseadas es que le romperemos el corazón a Dios y nos haremos daño a nosotros mismos y a otras personas. Cuando pecamos, le damos la espalda a Dios. Como Adán y Eva en Génesis 3, decidimos ignorarle o no tenerle en cuenta. Nuestro pecado nos lleva inevitablemente a distanciarnos de Dios por lo que respecta a nuestra intimidad o conexión con él. Dios no se enfada con nosotros ni nos vuelve la espalda, pero al pecar le estamos resistiendo. Esta clase de decisiones le rompen el corazón porque somos sus hijos y, como cualquier padre, Dios desea tener una estrecha y profunda conexión con nosotros.

Pero las personas heridas también hieren a otras personas. Cuando experimentamos dolor, tendemos a infligir dolor a los demás: expectativas poco razonables, malhumor, actitudes críticas, palabras impertinentes, etc. No tomamos nuestras decisiones malsanas en un vacío. Nuestras elecciones afectan a otras personas. Si no abordamos nuestros patrones malsanos, otras personas tendrán que hacerlo. Nuestras heridas se convierten en nuestras armas cuando no las tratamos. Cuando no eres consciente de tus heridas o no estás dispuesto a reconocerlas y a tratarlas, tu dolor tiende a desbordarse y a afectar a otras personas. En lugar de invitarlas a acercarse para formar parte del proceso de sanación, lo más probable es que las ahuyentemos más lejos; nuestra respuesta natural es alejarnos del dolor, no acercarnos a él. Por ello, el subproducto de tu dolor será distanciarte de Dios y de los demás.

Cuando estaba luchando con mis hábitos alimentarios, la pornografía y la ira, se intensificaron mis luchas con el odio hacia mí mismo. Me irritaba con facilidad. A menudo hería a otras personas. Juzgaba a los demás sin pensar. Apartaba a la gente de mí. Y me odiaba a mí mismo por hacer todas estas cosas. Finalmente, el dolor se intensificó lo suficiente y la perspectiva de recompensa se hizo suficientemente atractiva para que pidiera ayuda y encontrara sanación y libertad.

La tercera consecuencia importante que experimentamos por nuestros anhelos insatisfechos y conductas no deseadas es la insatisfacción. Nos perdemos una vida de plenitud. Aunque nuestras conductas no deseadas pueden proporcionarnos una cierta gratificación o felicidad temporal, experimentamos una creciente insatisfacción. Tenemos la sensación de que algo debe cambiar. Nos cansamos de sentirnos controlados por conductas no deseadas y de no experimentar la libertad para la que fuimos creados. Nos perdemos la felicidad, la satisfacción y el bienestar físico y emocional. Sabemos que no estamos disfrutando de nuestro propósito y potencial, y tampoco de la recompensa que supone causar un impacto en el mundo que nos rodea, lo cual es mucho más gratificante que cualquier placer efímero que nuestras conductas no deseadas puedan ofrecernos.

Todas estas consecuencias nos impiden experimentar la vida abundante que Dios ha planeado para nosotros. Él tiene mucho más para ti. Consideremos, pues, la segunda motivación para el cambio en la vida de una persona, que antes hemos mencionado brevemente: la recompensa de tratar con nuestros anhelos insatisfechos y conductas no deseadas.

Una visión más amplia

La otra motivación para cambiar es el placer o la recompensa. Todas las personas quieren sentirse felices y experimentar satisfacción en la vida, no solo de forma temporal, sino también consistente. Quienes redactaron la Declaración de Independencia de Estados Unidos registraron «la búsqueda de la felicidad» como un derecho humano fundamental y universal. En su caso, esta búsqueda les motivó, junto a muchos de sus contemporáneos, a afrontar penurias, privaciones y hasta la muerte. El deseo de una vida mejor para nosotros y para nuestros seres queridos puede ser la motivación más poderosa para un crecimiento y progreso a largo plazo.

La Biblia nos dice que Jesús estaba motivado por la perspectiva de la recompensa. Afrontó el inconmensurable reto de la traición, el rechazo, la ridiculización, la tortura y el atroz dolor físico, emocional y espiritual, ¿por qué? «*Por el gozo que le esperaba*, soportó la cruz, menospreciando la vergüenza que ella significaba, y ahora está sentado a la derecha del trono de Dios» (Hebreos 12:2, cursivas del autor). Vio que el gozo que había al otro lado del dolor —una tarea terminada (ver Juan 19:30), conseguir la victoria sobre el pecado y la muerte, reconciliar «al mundo consigo mismo» (2 Corintios 5:19) y ejercer toda la autoridad en el cielo y en la tierra (ver Mateo 28:18)— haría que todo hubiera valido la pena.

¿Cuál es, pues, el gozo puesto delante de ti? ¿Ser liberado de la vergüenza? ¿Un mejor matrimonio o futura familia? ¿Ser empoderado para cambiar el mundo que te rodea? ¿Experimentar una mayor conexión y satisfacción en tu relación con Dios y con los demás? ¿No vivir tu vida de forma reactiva limitándote a sobrevivir, sino crecer y disfrutar verdaderamente de todo lo que Dios tiene para ti? ¿Experimentar finalmente una vida de plenitud?

Cuando comencé mi proceso de sanación, tuve que captar una visión de lo que Dios podía hacer por medio de mi vida para seguir avanzando, día a día. Algunos días quería tirar la toalla; no tenía ganas de verme con mi consejero, comunicarme con los demás, decirme la verdad a mí mismo o asistir a las reuniones grupales de recuperación. Sin embargo, al empezar mi proceso de sanación comencé a plantearme adónde me dirigía. Me negaba a llevar mis problemas al matrimonio y a la familia que anhelaba tener. Decidí que necesitaba ayuda; tomé la determinación de no mirar atrás. Imaginé a Dios usándome por todo el mundo para ayudar a otras personas a encontrar sanación y libertad de sus conductas no deseadas. Este gozo futuro me ayudó a afrontar el arduo trabajo de la sanación. Hoy estoy consiguiendo disfrutar una parte de aquel gozo, entonces futuro, y puedo decir por experiencia que todos los esfuerzos han merecido la pena.

Hazte la pregunta: «¿Cuál es el gozo que Dios puede estar poniendo delante de mí?». Tras haber experimentado muchos sufrimientos, naufragios, cárceles, burlas y flagelaciones, el apóstol Pablo dijo que había aprendido a contentarse en toda circunstancia (Filipenses 4:11). ¿Cómo? Sabía que su fortaleza venía de Dios. Sabía que Dios supliría sus necesidades. Sabía que un día estaría con Jesús en el cielo y que todo su arduo trabajo y sufrimiento para compartir el mensaje de Jesús con los demás habría merecido la pena. Conocía la recompensa y el placer de seguir en el ministerio, viendo a Jesús sanar y salvar personas, y sabía que todos sus problemas eran temporales.

Jesús dijo repetidamente a sus seguidores que sus recompensas futuras harían que el dolor del cambio mereciera la pena. Afirmó: «Y todo el que por mi causa haya dejado casas, hermanos, hermanas, padre, madre, hijos o terrenos recibirá cien veces más y heredará la vida eterna» (Mateo 19:29). Prometió un beneficio de «cien veces más» a sus seguidores. Observa que no es un rendimiento de un 100 % de la inversión; esto sería doblar la inversión. «Cien veces más» ¡es un beneficio del 10.000 %! Ninguna inversión de la tierra puede competir con esto.

Esta idea de una mayor recompensa, una visión más amplia y, en última instancia, un propósito o significado para atravesar el dolor no solo es bíblica, sino que también se apoya en la investigación psicológica. Uno de los estudios más importantes de todos los tiempos sobre la relación entre encontrar sentido en la vida a través de acontecimientos trágicos y síntomas traumáticos produjo conclusiones sorprendentes. El estudio, llevado a cabo entre estadounidenses que presenciaron los ataques terroristas del 11 de septiembre de 2001, concluyó que aquellos que encontraron significado en la tragedia eran menos proclives a experimentar síntomas de estrés postraumático. Aquellos que encontraron sentido en aquellas circunstancias también experimentaron un menor temor de futuros ataques terroristas. Se redujeron sus sentimientos de vulnerabilidad.

Sin embargo, aquellos que buscaron sentido pero no lo encontraron fueron más proclives a tener síntomas de estrés postraumático durante los dos años siguientes que aquellos que nunca lo buscaron. La tragedia seguía careciendo de sentido para ellos, y esto empeoraba sus síntomas.[4]

Como seguidores de Jesús, siempre se nos da el sentido de nuestro sufrimiento. Sabemos que nuestros sufrimientos —entre ellos el dolor del cambio— no carecen de sentido, sino que producen recompensas y gloria eterna (2 Corintios 4:17). El sufrimiento produce perseverancia, esperanza y carácter en nosotros (Romanos 5:3–4); nos equipa para consolar a otras personas en su sufrimiento (2 Corintios 1:4); y nos hace maduros y completos (Santiago 1:4).

Otros estudios han revelado un concepto llamado crecimiento postraumático, en que aquellos que han experimentado un dolor intenso acaban viviendo vidas con más sentido que antes. La psicóloga infantil Ann Masten apunta varios factores clave, entre ellos el desarrollo de un sentido en la vida como elemento crucial para crecer después de acontecimientos traumáticos.[5] Otro estudio en que se analizaron las vidas de personas que habían estado encarceladas descubrió que «la presencia de sentido en la vida es sinónimo del bienestar de un individuo y de atributos positivos como el optimismo, la esperanza, la felicidad y una interacción social positiva».[6]

En *El hombre en busca de sentido*, Viktor Frankl cuenta cómo encontró fuerzas para seguir luchando por su vida en un campo de concentración nazi durante la Segunda Guerra Mundial. Extenuado por el exceso de trabajo y la desnutrición e intentando sobrevivir al intenso frío invernal, con amigos muriendo a su alrededor, Frankl comenzó a imaginarse libre de aquel campo de concentración e impartiendo charlas a las multitudes sobre la psicología de los campos. Todos sus desafíos se convirtieron en experiencias que conformarían su futuro trabajo. Encontró propósito en su dolor y una mayor recompensa por la que esforzarse. Por el contrario, aquellos a su alrededor que perdieron la esperanza comenzaron a deteriorarse, sucumbiendo a la enfermedad y a las crisis nerviosas, y rindiéndose a la desesperanza y a la muerte. Frankl sobrevivió a los campos de concentración y fue finalmente liberado por soldados estadounidenses. Frankl escribió libros, estudió un doctorado y dio conferencias por todo el mundo.

Dios diseñó a los seres humanos con un deseo de crecer y sanar, mirando más allá del dolor del cambio y concentrándose en la recompensa. Nos diseñó para que nos motivaran una visión, un sentido y un propósito mayores. Él quiere que vivamos una vida plena, a la luz de una mayor recompensa, a medida que encontramos sentido en medio de nuestro dolor. Dios quiere que conozcamos el gozo puesto delante de *nosotros*. Quiere liberarnos de nuestras conductas no deseadas. Quiere sanar nuestro dolor. Quiere utilizarnos en la vida de otras personas para llevarles sanación y libertad. Quiere que experimentemos una mayor conexión con él y con los demás. Quiere que seamos conscientes de nuestro verdadero valor e importancia. Él quiere que compartamos abiertamente con los demás la sanación, perdón y gozo que encontramos en nuestra relación personal con él, una relación que Dios ofrece a todas las personas.

Jesús prometió que si le entregamos aquellas cosas a las que nos aferramos encontraremos verdadera vida (Mateo 16:25). Cuando rendimos estas cosas —conductas no deseadas, falta de perdón, creencias fundamentales negativas sobre Dios, uno mismo y los demás— y nos esforzamos por seguirle en todas las esferas, encontraremos propósito, crecimiento y máxima satisfacción.

Considera lo que sería vivir con unas creencias fundamentales positivas y la sana satisfacción de tus anhelos a través de Dios, tú mismo y otras personas, en lugar de hacerlo en un caos de mentiras y conductas no deseadas. Piensa detenidamente en las recompensas y beneficios positivos que puedes experimentar al otro lado de tu proceso de sanación. La tabla siguiente te ayudará a considerar algunas de las formas en que estos podrían producirse.

Anhelo	Resultados de la satisfacción de mis anhelos
Aceptación	Estoy seguro de mi valor y de lo mucho que soy amado. No cambio mis normas, horario o renuncio a mis capacidades para conseguir la aceptación o la aprobación de las personas. No respondo a las mentiras ni les hago frente mediante conductas no deseadas. Soy capaz de descansar en mi aceptación en lugar de agotarme luchando por sentirme aceptado.
Aprecio	Sé que Dios aprueba mi esfuerzo y está orgulloso de mí, pase lo que pase. Me siento seguro sabiendo que lo que hago es significativo e importante en este mundo, en lugar de sentirme inseguro y preguntarme siempre si mi vida significa algo.
Afecto	Me respeto a mí mismo y a los demás en lugar de buscar cariño en personas tóxicas o en relaciones inapropiadas.
Acceso	Sé que soy digno del tiempo y el amor de las personas, y que no soy una carga. Creo que Dios está siempre cerca, interesado en los detalles limitados de mi vida y dispuesto a relacionarse conmigo.
Atención	Estoy seguro de mis pensamientos, opiniones y decisiones. Sé acercarme y conocer a otras personas, interesarme en sus vidas y celebrar las diferencias.
Afirmación de sentimientos	Sé que mis pensamientos y sentimientos son legítimos y forman parte de lo que significa ser humano. Sé que soy entendido, visto y que no estoy solo.
Aseguranza de seguridad	Me siento libre de ansiedad y pensamientos obsesivos, y sé que Dios se preocupa de todas mis necesidades y me protegerá.

¿Te parece liberador? En última instancia, vivir con nuestros anhelos satisfechos nos ayuda a sentirnos seguros de nuestro valor, a tener una mayor conexión con Dios y los demás y a vivir según nuestro propósito y potencial. Nos hace libres para dar más a los demás y para amarlos más, puesto que solo podemos amar a nuestro prójimo si nos amamos a nosotros mismos. Piensa en la cantidad de horas que inviertes cada semana haciendo frente a tus conductas no deseadas, sentimientos de vergüenza, o dándoles vueltas a tus remordimientos y heridas. ¿Cuánto espacio mental y tiempo podrías redimir encontrando sanación de estas cosas?

¿Cómo sería vivir con tus anhelos satisfechos y libre de tus conductas no deseadas? ¿Cómo puedes experimentar una mayor felicidad, satisfacción y disfrute en la vida? ¿Cómo puede incrementarse tu conexión con Dios y con los demás? ¿Cómo puedes experimentar una mayor capacidad para amar y darte a los demás?

Las decisiones diarias que yo (Josh) tomaba al confrontar mis anhelos insatisfechos y conductas no deseadas determinaban las historias que contaba. Ha sido un recorrido apasionante. He disfrutado más de cincuenta años de matrimonio (y seguimos sumando) con mi esposa Dottie, una mujer a la que amo y admiro. Tengo una familia que ama al Señor y me encanta ver a mis cuatro hijos criando a nuestros diez nietos en familias que ponen a Jesús en el centro. Tengo un trabajo que me encanta y que sigue apasionándome, aun después de sesenta años. Tengo el honor de ministrar con un equipo que me ha ayudado a servir a millones de personas en viajes por más de 135 países. He tenido el privilegio de impartir más de 27.000 charlas a más de 45 millones de personas y he escrito más de 150 libros. Todo esto hubiera podido verse amenazado si no hubiera encontrado ayuda para tratar mis anhelos insatisfechos y conductas no deseadas. Estoy muy agradecido por haber sido liberado para servir a Jesús y a los demás desde una vida saludable en lugar de ser motivado por mis anhelos insatisfechos. Doy muchas gracias por estar viviendo una vida de plenitud.

Mirando atrás a mis más de sesenta años de ministerio, veo ahora todo lo que había en juego. Aunque nunca sabré lo que habría podido suceder, no creo que descuidar mis anhelos insatisfechos y seguir con mis patrones malsanos me hubiera permitido hoy hablar de salud o calidad de vida. Solo después de abordar mis anhelos insatisfechos comencé a experimentar sanación. No habría podido hacerlo solo. Necesitaba al Dr. Henry Cloud, a mi esposa Dottie y a los incontables amigos que han caminado junto a mí. Puedo decir, honestamente, que me siento el hombre más bendecido del mundo. Tengo mi fe, salud, familia y amigos y, además, puedo seguir haciendo lo que me apasiona. Lo vengo diciendo desde hace años y seguiré haciéndolo: «Quiero amar a Dios con todo lo que tengo, llevar a tantas personas como sea posible al reino y divertirme haciéndolo».

Tu siguiente paso

A lo largo de este libro hemos explorado el modelo de la apologética de la plenitud (p. 38). La plenitud y la sanación se producen cuando sigues viviendo en los conceptos que hemos explorado. Consulta en el diagrama el apartado «Diseño de Dios para la sanación» para ver un resumen de cómo sanar y avanzar en plenitud. También hemos hablado del *Movimiento de resolución* y hemos dicho que quienes se han involucrado en él están superando anhelos insatisfechos y conductas no deseadas. Queremos invitarte también a formar parte de él. Únete a nosotros. Dale este libro a tu pastor, pastor de jóvenes o a un adolescente que conozcas. En nuestra página web (www.resolutionmovement.org) y en otras páginas de redes sociales encontrarás más *posts*, videos y recursos. Sigue equipándote para vencer anhelos insatisfechos y conductas no deseadas.

Al final de este libro encontrarás una sección llamada «Herramientas para el crecimiento». Estas páginas te ayudarán a dar otros pasos en la aplicación a tu vida de los principios de este libro. Sabemos que la información sin aplicación es de poca ayuda en el proceso de crecimiento, así que te animamos a utilizar estas herramientas. Hazlo y comparte los resultados con una persona de confianza.

Por último, hemos recopilado más libros y recursos recomendados que desarrollan aspectos específicos que hemos abordado en este libro. Consulta la lista de recursos recomendados en las páginas siguientes para seguir avanzando en la superación de conductas no deseadas y en la satisfacción de tus anhelos insatisfechos.

Te animamos a seguir en este camino, experimentando sanación y libertad y viviendo en plenitud. Haz que identificar tus anhelos insatisfechos y buscar su satisfacción sea un hábito. Consigue ayuda y apoyo para afrontar tus conductas no deseadas. Aborda este proceso paso a paso, anhelo a anhelo y día a día. Jesús ha puesto ante ti una vida plena y te está invitando a entrar en ella.

APÉNDICES

HERRAMIENTAS PARA EL CRECIMIENTO

LA TABLA DE LOS ANHELOS SATISFECHOS E INSATISFECHOS

Usa esta tabla para identificar la medida en que tus anhelos quedaron insatisfechos durante tu infancia. Esto te ayudará a entender por qué sigues luchando con determinados anhelos insatisfechos y a comenzar a sanar. Contesta a cada categoría con una de las siguientes respuestas: «Casi nunca satisfecho», «A veces satisfecho», «Generalmente satisfecho».

Después de rellenar la tabla, identifica los tres anhelos que quedaron más insatisfechos durante tu infancia:

1.

2.

3.

Anhelos	Mamá	Papá	Hermanos	Amigos
1. Aceptación Ser incluido, amado y aprobado tal como eres, pase lo que pase.				
2. Apreciación Ser objeto de gratitud o ánimo por lo que has hecho.				
3. Afecto Ser cuidado con cariño o compromiso emocional.				

4. Acceso Contar de manera consistente con la presencia física y emocional de determinadas figuras clave.	**5. Atención** Ser conocido y entendido por alguien que entra en tu mundo.	**6. Afirmación de sentimientos** Que tus sentimientos sean afirmados, validados o confirmados por otras personas.	**7. Aseguranza de seguridad** Sentirte seguro, protegido y cubierto emocional, física y económicamente.

¿Qué creencias fundamentales negativas sobre ti mismo puedes haber desarrollado a partir de estos anhelos insatisfechos?

1.

2.

3.

¿Qué creencias fundamentales negativas sobre Dios puedes haber desarrollado a partir de estos anhelos insatisfechos?

1.

2.

3.

¿Qué creencias fundamentales negativas sobre los demás puedes haber desarrollado a partir de estos anhelos insatisfechos?

1.

2.

3.

Ver el apartado «Renovar la mente» en las páginas siguientes para encontrar formas de vencer estas creencias fundamentales negativas.

RENOVAR LA MENTE

No se amolden al mundo actual, sino sean transformados mediante la renovación de su mente *(Romanos 12:2)*.

Destruimos argumentos y toda altivez que se levanta contra el conocimiento de Dios, y llevamos cautivo todo pensamiento para que se someta a Cristo *(2 Corintios 10:5)*.

Utiliza el siguiente ejercicio como una forma de comenzar a reconfigurar tu cerebro diariamente. Medita en estas verdades y experiencias cuando surjan anhelos insatisfechos y mentiras. Te animamos a utilizar esta práctica para reconfigurar creencias fundamentales negativas sobre Dios y sobre otras personas.

Paso uno

Identifica tres mentiras fundamentales que crees sobre ti mismo, Dios y los demás (p. ej., *Soy una persona sin valor, no soy digno de ser amado, nunca estaré a la altura, no puedo confiar en las personas, si les dejo acercarse me dañarán, Dios no me ama*).

A menudo, estas mentiras están directamente vinculadas con experiencias dolorosas de tu infancia.

1.

2.

3.

Paso dos

Identifica un versículo de la Escritura que rebata cada una de estas mentiras (p. ej., *No carezco de valor porque Dios me ama, como dice en 1 Juan 3:1: «¡Fíjense qué gran amor nos ha dado el Padre, que se nos llame hijos de Dios! ¡Y lo somos!»*).

1.

2.

3.

Paso tres

Identifica un momento de tu vida en que experimentaste la verdad de este texto y en que Dios te comunicó esto (p. ej., *En mi primer año en la universidad, entregué otra vez mi vida a Cristo en una reunión de adoración. Durante aquella experiencia me sentí muy amado y aceptado por Dios y por otras personas y experimenté lo que significa ser un amado hijo de Dios, como dice 1 Juan 3:1*).

Recordar esta experiencia pasada activa el sistema límbico, el cerebro emocional, el mismo lugar en que quedan registradas nuestras experiencias de anhelos insatisfechos. Esto ayuda a que la verdad de la Escritura penetre en nuestro corazón y renueve nuestra mente.

1.

2.

3.

APOYO PROACTIVO

Te animamos a identificar a una o dos personas con las que puedas comenzar a hablar durante la semana sobre cómo estás realmente. Quizá quieran leer juntos este libro, pero como mínimo los animamos a utilizar las siguientes preguntas para apoyarse mutuamente en el proceso de crecimiento.

1. ¿Cuál de los siete anhelos han quedado insatisfechos en mi vida durante esta semana?
2. ¿Qué sentimientos y pensamientos me han suscitado?
3. ¿De qué conductas no deseadas puedo ocuparme para afrontar estos anhelos insatisfechos?
4. ¿Cómo puedo satisfacerlos por medio de Dios y de otras personas?

RECONOCIMIENTOS

Este libro es fruto de Jesús y de otras personas, y del modo en que han cambiado nuestras vidas. Queremos expresarles nuestro reconocimiento, honor y gratitud.

Al Dr. Henry Cloud, Dr. Ted Roberts, Stephen Arterburn y Dr. Mark Laaser, por desempeñar un papel decisivo en nuestro proceso de sanación.

A mi esposa, Dottie (Josh). Has cambiado mi vida más que ningún otro ser humano y eres mi mayor fuente de apoyo, ánimo y amistad.

A mi iglesia Northway Church y al equipo de Watermark en Dallas (Ben). Sus incesantes oraciones, ánimo, amistad y apoyo durante la redacción de este libro y en mi vida han sido incomparables.

A Bob Hostetler por sus brillantes aptitudes de redacción, reflexiones y acompañamiento, que han hecho que las palabras de este libro cobren vida para los lectores.

NOTAS

Introducción

1. Ver http://www.resolutionmovement.org.

Capítulo 1: Anhelos legítimos

1. American Psychological Association, «Stress and Eating», 2013, https://www.apa.org/news/press/releases/stress/2013/eating.aspx.
2. Shahram Heshmat, «5 Patterns of Compulsive Buying», *Psychology Today*, 12 junio 2018, https://www.psychologytoday.com/us/blog/science-choice/201806/5-patterns-compulsive-buying-disorder.
3. Christina Gregory, «Internet Addiction Disorder», Psycom, 11 noviembre 2020, https://www.psycom.net/iadcriteria.html.
4. Lea Winerman, «By the Numbers: Our Stressed-Out Nation», *Monitor on Psychology* 48, no. 2 (diciembre 2017): p. 80, https://www.apa.org/monitor/2017/12/numbers.
5. Karen Zraick, «Teenagers Say Depression and Anxiety Are Major Issues among Their Peers», *New York Times*, 20 febrero 2019, https://www.nytimes.com/2019/02/20/health/teenage-depression-statistics.html.
6. Laura Heck, «A Generation on Edge: A Look at Millennials and Mental Health», *Vox*, 19 noviembre 2015, http://www.voxmagazine.com/news/features/a-generation-on-edge-a-look-at-millennials-and-mental/article_533c1384-fe5b-5321-84ae-8070ec158f17.html.
7. Robert L. Leahy, «How Big a Problem Is Anxiety?», *Psychology Today*, 30 abril 2008, https://www.psychologytoday.com/us/blog/anxiety-files/200804/how-big-problem-is-anxiety.
8. Josh McDowell Ministry, *The Porn Phenomenon* (Ventura, CA: Barna, 2016), p. 41.

9. Ver http://www.resolutionmovement.org.

10. Mark y Debbie Laaser, *Seven Desires* (Grand Rapids, MI: Zondervan, 2013), p. 13 [Los siete deseos de todo corazón (Miami, FL: Vida, 2009)].

11. Dan B. Allender, *To Be Told. God Invites You to Coauthor Your Future* (Colorado Springs, CO: WaterBrook, 2006), pp. 47–48.

12. Touré Roberts, *Wholeness* (Grand Rapids, MI: Zondervan, 2018), p. 12 (énfasis en el original).

Capítulo 2: Tus siete anhelos

1. Sally Lloyd-Jones, *The Jesus Storybook Bible: Every Story Whispers His Name* (Grand Rapids, MI: Zonderkidz, 2007), pp. 260, 262 [*Historias bíblicas de Jesús para niños* (Miami, FL: Editorial Vida, 2012)].

2. Francis J. Flynn, «Gratitude, the Gift that Keeps on Giving», *Insights*, 1 marzo 2012, https://www.gsb.stanford.edu/insights/ frank-flynn-gratitude-gift-keeps-giving.

3. Talia Joubert, «US Experiment on Infants Withholding Attention», St. Paul's Collegiate School Hamilton, 8 enero 2013, https://stpauls.vxcommunity.com/Issue/ us-experiment-on-infants-withholding-affection/13213.

4. Joubert, «US Experiment on Infants Withholding Attention».

5. Joubert, «US Experiment on Infants Withholding Attention».

6. Mark y Debbie Laaser, *Seven Desires* (Grand Rapids, MI: Zondervan, 2013), p. 28.

7. Liz Mineo, «Good Genes Are Nice, But Joy Is Better», *The Harvard Gazette*, 11 abril 2017, https://news.harvard.edu/gazette/ story/2017/04/over-nearly-80-years-harvard-study-has-been-showing-how-to-live-a-healthy-and-happy-life/.

8. Mineo, «Good Genes Are Nice, But Joy Is Better».

Capítulo 3: Tus anhelos insatisfechos

1. Sigmund Freud, *Civilization and Its Discontents* (Viena, Austria: Internationaler Psychoanalytischer Verlag, 1930), p. 77 [*La civilización y sus descontentos* (Londres: Penguin, 2002)].

2. Arielle Schwartz, *The Complex PTSD Workbook* (Berkeley, CA: Althea Press, 2016), p. 11.

3. Christine Caine, *Unashamed* (Grand Rapids, MI: Zondervan, 2016), p. 120 [*Inavergonzable* (New Kensington, PA: Whitaker House, 2017)].
4. Dan B. Allender, *To Be Told: God Invites You to Coauthor Your Future* (Colorado Springs, CO: WaterBrook, 2006), p. 5.
5. Henry Cloud y John Townsend, ¿*Cómo crecemos?: lo que la revela la Biblia sobre el crecimiento personal* (Miami: Editorial Vida 2005), p. 61.

Capítulo 4: Identifica aquello que no deseas

1. W. A. Elwell, *Evangelical Dictionary of Theology: Second Edition* (Grand Rapids, MI: Baker Academic, 2001), p. 1103.
2. Klyne Snodgrass, *Ephesians*, NVI Application Commentary (Grand Rapids, MI: Zondervan, 1996), p. 231 [*Efesios*, Comentarios bíblicos con aplicación (Miami, FL: Editorial Vida, 2009)].
3. C. S. Lewis, *Mero cristianismo* (Nueva York: Rayo Publishers, 2006), p. 61.
4. Lewis, *Mero Cristianismo*, p. 61.
5. Mark y Debbie Laaser, *Seven Desires* (Grand Rapids, MI: Zondervan, 2013), p. 105.
6. Multivu, «New Cigna Study Reveals Loneliness at Epidemic Levels in America», 1 mayo 2018, http://www.multivu.com/players/English/8294451-cigna-us-loneliness-survey/.
7. Alexis C. Madrigal, «When Did TV Watching Peak?», *The Atlantic*, 30 mayo 2018, http://www.theatlantic.com/technology/archive/2018/05/when-did-tv-watching-peak/561464/.
8. Ingrid Solano, Nicholas R. Eaton y K. Daniel O'Leary, «Pornography Consumption, Modality and Function in a Large Internet Sample», *Journal of Sex Research* 57, no. 1 (enero 2020): pp. 92–103, https://doi.org/10.1080/00224499.2018.1532488.
9. Ver Mark Levy, «A Problem Well-Stated Is Half-Solved», *Compelling* (blog), Levy Innovation, http://www.levyinnovation.com/a-problem-well-stated-is-half-solved/.
10. Mark y Debbie Laaser, *Seven Desires* (Grand Rapids, MI: Zondervan, 2013), p. 111–16.
11. Lewis, *Mero Cristianismo*, p. 148.
12. Snodgrass, *Ephesians*, p. 237.

NOTAS

Capítulo 5: Escucha tus anhelos

1. Peter Scazzero, *Emotionally Healthy Spirituality: Unleash a Revolution in Your Life in Christ* (Grand Rapids, MI: Zondervan, 2017), p. 19 [*Espiritualidad emocionalmente sana* (Miami FL: Editorial Vida, 2015)].
2. Ver http://cityonahilldfw.com/about-us/.
3. Ted Roberts, *Seven Pillars of Freedom* (Gresham, OR: Pure Desire Ministries International 2015), p. 157.
4. Mark Laaser, *Healing the Wounds of Sexual Addiction* (Grand Rapids, MI: Zondervan, 2004) p. 24 [*Cómo sanar las heridas de la adiccion sexual* (Miami, FL: Vida, 2015)].
5. John Perkins, *Dream With Me: Race, Love, and the Struggle We Must Win* (Grand Rapids, MI: Baker, 2017), p. 23.
6. Dan Allender y Tremper Longman III, *The Cry of the Soul* (Dallas: Word, 1994), pp. 24–25 [*El grito del alma* (Colombia: DL, 1999)].

Capítulo 6: Lo que tu cerebro necesita que sepas

1. Norman Doidge, *The Brain That Changes Itself* (Nueva York: Penguin Books, 2007), p. 304 [*El cerebro se cambia a sí mismo* (Madrid: Aguilar, 2008)].
2. Michael Dye, *The Genesis Process* (Auburn, CA: Genesis Addiction Process & Programs, 2012), p. 10.
3. Ted Roberts, *Seven Pillars of Freedom* (Gresham, OR: Pure Desire Ministries International 2015), p. 233.
4. Doidge, *The Brain That Changes Itself*, pp. 53–54.
5. Doidge, *The Brain That Changes Itself*, p. 63.
6. Doidge, *The Brain That Changes Itself*, p. 108.
7. Ted Roberts, Ben Bennett y Brett Butcher, *Living Free* (Gresham, OR: Pure Desire Ministries International, 2016), p. 189.
8. Doidge, *The Brain That Changes Itself*, xix.
9. Doidge, *The Brain That Changes Itself*, p. 288.
10. Doidge, *The Brain That Changes Itself*, p. 64.
11. Caroline Leaf, *Switch on Your Brain: The Key to Peak Happiness, Thinking, and Health* (Grand Rapids, MI: Baker Books, 2015), p. 20 [*Enciende tu cerebro: la clave para la felicidad, la manera de pensar y la salud* (Grand Rapids, MI: BakerBooks, 2017)].
12. Ver http://www.resolutionmovement.org.

NOTAS

Capítulo 7: Te has equivocado de Dios

1. John Lynch, Bruce McNicol y Bill Thrall, *The Cure: What If God Isn't Who You Think He Is and Neither Are You* (Phoenix, AZ: Trueface, 2011), p. 34.

2. Josh McDowell, *The Father Connection: How You Can Make the Difference in Your Child's Self-Esteem and Sense of Purpose* (Nashville, TN: B&H Books, 2008), pp. 18–19 [*El padre que yo quiero ser* (El Paso, TX: Mundo Hispano, 1999)].

3. *The Heart of Man*, dirigida por Eric Esau (2017; Sypher Studios), 102 min.

4. Jon Dorbolo, «Augustine: On Evil», InterQuest, Oregon State University, 2002, https://oregonstate.edu/instruct/phl201/modules/Philosophers/Augustine/augustine_evil.html.

5. John Eldredge, *Fathered by God: Learning What Your Dad Could Never Teach You* (Nashville: Thomas Nelson, 2009), p. 27 [*Forjado por el Padre: aprende lo que tu padre jamás pudo enseñarte* (Nashville, TS: Grupo Nelson, 2018)].

6. Sally Lloyd-Jones, *The Jesus Storybook Bible* (Grand Rapids: ZonderKids, 2007), p. 36 [*Historias bíblicas de Jesús para niños* (Miami, FL: Editorial Vida 2012)].

7. Billy Graham, «Why Easter Matters: 10 Quotes from Billy Graham», Billy Graham Evangelistic Association, 11 abril 2019, https://billygraham.org/story/why-easter-matters-10-billy-graham-quotes/.

8. Josh McDowell, *The Father Connection: How You Can Make the Difference in Your Child's Self-Esteem and Sense of Purpose* (Nashville, TN: B&H Books, 2008), pp. 19–21.

9. Salmos 51:5; Romanos 6:23; Efesios 2:1.

10. 1 Timoteo 2:4; Juan 3:16.

11. 1 Pedro 2:22.

12. 2 Corintios 5:21; Romanos 5:8.

13. 1 Corintios 15:4.

14. Efesios 1:7; 1 Juan 1:9; Romanos 5:10; Hechos 3:19.

15. Juan 14:6.

16. Efesios 2:8–9.

17. Romanos 10:9, 13.

NOTAS

Capítulo 8: Viéndote como te ve Dios

1. Brené Brown, «Listening to Shame», TED, 16 marzo 2012, video de YouTube, 20:38, https://www.youtube.com/watch?v=ps N1DORYYV0.
2. John Lynch, Bruce McNicol y Bill Thrall, *The Cure: What If God Isn't Who You Think He Is and Neither Are You* (Phoenix, AZ: Trueface, 2011), p. 17.
3. Josh McDowell, *See Yourself as God Sees You* (Wheaton, IL: Tyndale, 1999), p. 21 [*Mírate como Dios te mira* (Miami FL: Vida, 2001)].
4. Kathleen Kingsbury, «The Value of a Human Life: $129,000», *Time*, 20 mayo 2008, http://content.time.com/time/health/article/0,8599,1808049,00.html.
5. Lynch, McNicol y Thrall, *The Cure*, p. 33.

Capítulo 9: Estás hecho para algo más

1. K. A. Mathews, *Genesis 1–11:26*, The New American Commentary (Nashville, TN: Broadman & Holman Publishers, 1996), p. 213.
2. Naomi V. Ekas, John D. Haltigan y Daniel S. Messinger, «The Dynamic Still-Face Effect: Do Infants Decrease Bidding over Time When Parents Are Not Responsive?», *Developmental Psychology* 49, no. 6 (junio 2013): pp. 1027–35, https://doi.org/10.1037/a0029330.
3. Timothy Keller y Kathy Keller, *The Meaning of Marriage: Facing the Complexities of Commitment with the Wisdom of God* (Nueva York: Penguin Books, 2011), p. 101 [*El significado del matrimonio* (Nashville, TN: Broadman & Holman Publishers, 2017].
4. Brené Brown, *Daring Greatly: How the Courage to Be Vulnerable Transforms the Way We Live, Love, Parent, and Lead* (Nueva York: Avery, 2012), p. 34.
5. Brown, *Daring Greatly*, p. 34.
6. C. S. Lewis, *Los cuatro amores* (Madrid: Rialp, 2018), p. 135.
7. Johann Hari, «Everything You Think You Know about Addiction Is Wrong», video de TEDGlobalLondon, junio 2015, 14:34, https://www.ted.com/talks/johann_hari_everything_you_think_you_know_about_addiction_is_wrong#t-202527.
8. Hari, «Addiction».
9. Victoria Woollaston, «Why Talking about Yourself with Friends Can Be as Pleasurable as SEX», *Daily Mail*, 18 julio 2013, https://

www.dailymail.co.uk/sciencetech/article-2368451/Why-talking-friends-pleasurable-SEX.html.
10. Ver http://www.resolutionmovement.org.

Capítulo 10: Lo que es verdad para mí lo es también para ti

1. Merriam-Webster's Collegiate Dictionary, 10ª ed. (1994), s.v. «truth».
2. Michael Wolff, «Trump Unfit for Office», entrevista de Katy Tur, *Morning Joe*, MSNBC, 8 enero 2018, https://www.msnbc.com/morning-joe/watch/-fire-and-fury-author-michael-wolff-trump-unfit-for-office-1131721795518.
3. Merriam-Webster's Collegiate Dictionary, 10ª ed. (1994), s.v. «truth».
4. C. S. Lewis, *Dios en el banquillo* (Madrid: Rialp, 2017), 101.
5. C. S. Lewis, *El peso de la gloria* (Nashville, TS: HarperCollins, 2016), p. 137.

Capítulo 11: Te toca a ti

1. Lexico, s.v. «Motivation», acceso 25 noviembre 2020, https://www.lexico.com/definition/motivation.
2. C. S. Lewis, *El problema del dolor* (Madrid: Rialp, 2017), p. 97.
3. Brené Brown, «Shame v. Guilt», brenebrown.com, 14 enero 2013, https://brenebrown.com/articles/2013/01/15/shame-v-guilt/.
4. John A. Updegraff, Roxane Cohen Silver y E. Alison Holman, «Searching for and Finding Meaning in Collective Trauma: Results from a National Longitudinal Study of the 9/11 Terrorist Attacks», *Journal of Personality and Social Psychology* 95, no. 3 (septiembre 2008): pp. 709–22, https://doi.org/10.1037/0022-3514.95.3.709.
5. Michael Bond, «The Secrets of Extraordinary Survivors», *BBC*, 14 agosto 2015, http://www.bbc.com/future/story/20150813-the-secrets-of-extraordinary-survivors.
6. Francesca Flood, «Reframing Trauma: The Transformative Power of Meaning in Life, Work, and Community», *Journal of Psychiatry and Psychiatric Disorders* 2 (2018): pp. 145–66.